KB086146

2024

한국사능력검정시험
실전모의고사

기본

정답 및 해설

시스컴
SISCOM

인쇄일 2024년 2월 5일 5판 1쇄 인쇄
발행일 2024년 2월 10일 5판 1쇄 발행
등　록 제17-269호
판　권 시스컴 2024

발행처 시스컴 출판사
발행인 송인식
지은이 한국사능력검정 연구회

ISBN 979-11-6941-329-9 13900
정　가 12,000원

주소 서울시 금천구 가산디지털1로 225, 513호(가산포휴) ｜ **홈페이지** www.nadoogong.com
E-mail siscombooks@naver.com ｜ **전화** 02)866-9311 ｜ Fax 02)866-9312

빠른 정답 찾기

제1회 정답 및 해설

1. 청동기 시대의 생활 모습

정답 ②

🏷️ 암기박사 비파형 동검 제작 ⇒ 청동기 시대

정답 해설

청동기 시대에는 벼농사가 시작되어 반달 돌칼을 이용하여 곡식을 수확하였다. 또한 청동기 시대에는 거푸집을 이용하여 비파형 동검을 제작하였다.

오답 해설

① 우경 보급 → 신라 : 지증왕

신라 지증왕 때 권농책으로 우경이 널리 보급되어 깊이갈이가 가능해졌다. → 소를 이용한 농사

③ 철제 농기구 → 철기 시대

철기 시대에는 기존의 석기나 목기 외에 쟁기, 쇠스랑 등의 철제 농기구를 사용하여 농사를 지었다.

④ 동굴, 막집 → 구석기 시대

구석기 시대에는 주로 동굴이나 강가의 막집에서 거주하였고 도구를 사용하여 사냥을 하거나 어로, 채집 생활을 하였다.

👆 핵심노트 ▶ 청동기 시대의 유물

- 무덤 : 고인돌, 돌널 무덤, 돌무지 무덤 등 당시의 무덤에서 출토
- 농기구 : 청동 농기구는 없으며, 석기·목기로 제작된 농기구가 사용됨, 반달 돌칼(추수용), 바퀴날 도끼(환상석부), 홈자귀(유구석부, 경작용), 돌괭이, 나무 쟁기 등
- 청동기 : 무기(비파형 동검 등), 제기(祭器), 공구, 거친무늬 거울, 장신구(호랑이·말 모양의 띠고리 장식, 팔찌, 비녀, 말 재갈 등)

2. 삼한의 사회 모습

정답 ③

🏷️ 암기박사 신지 : 대군장, 읍차 : 소군장 ⇒ 삼한

정답 해설

                                              솟대를 세워 표시함 ◀
한반도 남부에서 철기 문화를 바탕으로 발전한 나라는 삼한으로, 신성 지역인 소도에서 의례를 주관하는 천군이라는 제사장이 존재하였다. 또한 삼한에는 대군장인 신지와 소군장인 읍차 등의 지배자가 있었으며, 씨뿌리기를 끝낸 5월과 추수를 마친 10월에 계절제를 지냈다.

오답 해설

① 범금 8조 : 사회 질서 유지 법 → 고조선

고조선은 사회 질서를 유지하고 백성을 다스리기 위해 범금 8조를 두었는데, 살인·절도 등의 죄를 다스린 만민법이다.

② 서옥제 : 혼인 풍속 → 고구려

고구려에는 혼인을 정한 뒤 신랑이 신부 집의 뒤꼍에 조그만 집(서옥)을 짓고 거기서 자식을 낳아 기르며, 자식이 장성하면 가족이 함께 신랑 집

으로 돌아가는 서옥제(데릴사위제)라는 혼인 풍속이 있었다. → 처가에 머무르며 봉사하는 봉사혼의 일종으로 모계사회의 유습에 해당함

④ 가(加) : 사출도 주관 → 부여

부여는 왕 아래 가축의 이름을 딴 여러 가(加)들이 별도로 사출도를 주관하였다. → 마가, 우가, 저가, 구가   → 4가(加)의 행정 구역

👆 핵심노트 ▶ 삼한의 주도 세력

- 삼한 중에서 세력이 가장 컸던 마한의 소국 중 하나인 목지국의 지배자가 마한왕 또는 진왕으로 추대되어 삼한 전체의 주도 세력(총연맹장)이 됨
- 삼한의 지배자 중 세력이 큰 대군장은 신지·견지 등으로, 세력이 이보다 작은 소군장은 부례·읍차 등으로 불림

3. 금관가야의 역사

정답 ④

🏷️ 암기박사 구지가 : 건국 신화 ⇒ 김수로왕 : 금관가야

정답 해설

김수로왕이 건국한 나라는 김해를 중심으로 한 금관가야이다. 구지가는 시조인 김수로왕의 건국 신화 속에 삽입된 노래이다.

오답 해설

① 사비 천도 → 백제 성왕

백제 성왕은 웅진에서 사비로 천도하고 국호를 남부여로 변경하였다.

② 이사부 : 우산국 복속 → 신라 지증왕

신라 지증왕은 이사부를 파견하여 우산국(울릉도)을 복속하였다.

③ 장보고 : 청해진 → 통일 신라 흥덕왕

통일 신라 흥덕왕 때 장보고는 완도에 청해진을 설치하여 해적들을 소탕하고 해상 무역을 장악하였다.

4. 호우명 그릇

정답 ①

🏷️ 암기박사 호우명 그릇 ⇒ 신라와 고구려의 관계

정답 해설

호우명 그릇은 고구려군이 쓰던 그릇이다. 고구려군은 신라에 왜구를 물리치기 위한 지원병으로 갔을 당시 이 그릇을 사용하였다. 고구려군이 신라에 침입한 왜구를 격퇴한 이후, 신라는 고구려의 정치적 간섭을 받게 되었다. 따라서 호우명 그릇을 통해 당시 신라와 고구려의 관계에 대해 분석해볼 수 있다.

오답 해설

② 신라 황남대총 : 서역 문화 → 서역인과의 교류

신라 황남대총에서 발견된 서역 문화를 통해 당시 신라와 서역인과의 교류를 알 수 있다.

③ 무덤 양식 : 유사성 → 백제 건국 세력과 고구려의 관계

백제의 돌무지무덤과 고구려의 돌무지무덤의 유사성을 통해 백제 건국 세력과 고구려의 관계를 파악할 수 있다.

④ 백제 성왕 : 노리사치계 → 일본에 불교문화 전파

백제 성왕 때 노리사치계를 통해 일본에 불교문화를 전하였다.

핵심노트 ▶ 호우명 그릇

호우명 그릇은 신라 호우총에서 발견된 청동 그릇으로, 고구려 광개토대왕의 이름이 새겨져 있다. 고구려 광개토대왕의 정식 묘호는 '국강상광개토경평안호태왕'이다. 이는 4세기 말에서 5세기 초 신라에 대한 고구려의 영향력을 가늠할 수 있는 유물이다.

5. 매소성 전투

암기박사 나·당 전쟁 : 매소성 전투, 기벌포 해전 ⇒ 삼국 통일
정답 ③

정답 해설

신라 문무왕은 매소성 전투(675)와 기벌포 해전(676)에서 설인귀가 이끄는 당군을 격퇴하고 나·당 전쟁에서 승리하여 삼국 통일을 이룩하였다.

오답 해설

① 안시성 전투 → 고구려 양만춘

연개소문이 정변을 일으키자 당 태종(이세민)이 이를 빌미로 고구려를 공격하였고 양만춘이 안시성 전투에서 당의 군대를 격퇴하였다(645).

② 황산벌 전투 → 백제 계백

백제 의자왕 때 계백이 이끄는 백제의 군대가 신라군에 맞서 황산벌에서 최후의 전투를 벌였다(660).

④ 처인성 전투 → 고려 김윤후

고려 고종 때 김윤후가 처인성에서 적장 살리타를 사살하고 몽골군을 물리쳤다(1232).

핵심노트 ▶ 신라의 삼국 통일

• 당은 한반도 전체를 장악하고자 신라와 연합한 것으로, 백제의 옛 땅에 웅진도독부를, 고구려의 옛 땅에 안동도호부를 두어 지배 야욕을 보임
• 신라의 경주에도 계림도독부를 두고 문무왕을 계림 도독으로 칭하였으며, 신라 귀족의 분열을 획책함
• 고구려 부흥 운동 세력을 후원하고 백제 땅의 웅진 도독부를 탈환하여 소부리주를 설치(671)
• 마전·적성에서 당군을 물리치고, 이어 당의 대군을 매소성(매초성)에서 격파(676)
• 금강 하구의 기벌포에서 당의 수군을 섬멸하고, 안동도호부를 요동성으로 밀어내는 데 성공함으로써 삼국 통일을 달성(676)

6. 백제 부흥 운동

암기박사 백강 전투 ⇒ 백제 부흥 운동
정답 ③

정답 해설

김유신이 지휘한 신라군은 탄현을 공격하고 황산벌에서 계백이 이끈 백제의 결사대를 격파한 뒤 사비성으로 진출하여 백제를 멸망에 이르게 하였다(660).

백제가 멸망한 후 백제 부흥군은 왜에 원군을 요청하였으나, 나·당 연합군이 백강에서 왜군을 물리쳐 백제 부흥 운동은 실패로 돌아갔다(663).

핵심노트 ▶ 백제 부흥 운동(660~663)

• 복신과 도침이 왕자 풍을 왕으로 추대하여 주류성(한산)에서 백제 부흥 운동 전개
• 흑치상지와 지수신은 임존성(대흥)에서 전개
• 왜에 원군을 요청하여 나·당 연합군과 백강에서 전투
• 지배층의 내분과 나·당 연합군의 공격으로 실패

7. 신라의 역사

암기박사 화랑도 : 청소년 집단 ⇒ 신라
정답 ④

정답 해설

골품이라는 신분에 따라 관등 승진에 제한이 있었던 나라는 신라이다. 신라에는 씨족 공동체의 전통을 가진 원시 청소년 집단으로 화랑도가 있었다. 국선도, 풍류도, 풍월도라고도 불렸으며 대표적인 화랑으로 김유신이 있다.

오답 해설

① 진대법 : 빈민 구제 → 고구려

고구려는 고국천왕 때 을파소의 건의로 빈민을 구제하기 위해 진대법을 실시하였다.

② 기인 제도 : 지방 호족 통제 → 고려

고려 태조는 지방 호족 세력을 통제하기 위해 지방 호족과 향리의 자제를 인질로 뽑아 중앙에 머무르게 하는 기인 제도를 실시하였다.

③ 22담로 : 왕족 파견 → 백제

백제 무령왕은 지방 통제를 강화하기 위해 지방의 주요 지점에 22담로를 설치하고 왕족을 파견하였다.

핵심노트 ▶ 골품제의 성격

• 왕권을 강화하면서 혈연에 따라 사회적 제약이 가해지는 폐쇄적 신분 제도
• 개인의 사회 활동과 정치 활동의 범위까지 엄격히 제한
• 관등 승진의 상한선이 골품에 따라 정해져 불만 세력 발생
• 가옥의 규모와 장식물, 복색, 수레 등 일상생활까지 규제하는 기준

8. 원효의 사상

암기박사 화쟁 사상 주장 ⇒ 원효
정답 ④

정답 해설

일심 사상을 주장하고 무애가를 지어 불교 대중화에 기여하였으며 대승기신소 등을 저술한 인물은 원효이다. 원효는 다른 종파들과의 대립과 갈등을 종식시키기 위해 화쟁 사상을 주장하였다.

오답 해설

① 세속 5계 : 화랑도의 규범 → 원광

원광은 화랑도의 규범으로 사군이충, 사친이효, 교우이신, 임전무퇴, 살생유택의 세속 5계를 지었다.

② 국청사 : 천태종 창시 → 의천

대각국사 의천은 선종을 통합하기 위해 국청사를 창건하고 해동 천태
종을 창시하였다. → 교종의 입장에서 선종을 통합

③ 돈오점수 : 깨달음 실천 → 지눌

지눌은 인간의 마음이 곧 부처의 마음임을 깨닫고 그 뒤에 깨달음을
실천하는 돈오점수를 강조하였다.

👆 **핵심노트** ▶ 원효(617~686)

- 모든 불교 서적을 폭넓게 이해하고 대승기신론소, 금강삼매경론, 십문화쟁론 등을 저
  술 → 불교의 사상적 이해 기준을 확립
- 대승기신론소에서 대승 불교의 중관파와 유식파의 대립 문제를 연구 · 비판하여 일심
  사상으로 체계화
- '모든 것이 한마음에서 나온다'는 일심 사상을 바탕으로 종파들 간의 사상적 대립을
  조화시키고, 여러 종파의 사상을 융합하는 화쟁 사상을 주장
- 파계하고 대중 속에 들어가 극락에 가고자 하는 아미타 신앙을 전도하며 정토종을 보
  급하여 불교 대중화의 길을 엶 → 고려 시대 의천과 지눌에 영향을 미침
- 경주 분황사에서 법성종을 개창

9. 신라 하대의 난

정답 ③

암기박사 신라 하대의 난 : 김헌창의 난 ⇒ 원종과 애노의 난 ⇒ 적
고적의 난

정답해설

- **김헌창의 난(822)** : 신라 하대 헌덕왕 때 웅천주(공주) 도독 김헌창이 아
  버지가 왕위 쟁탈전에서 패한 것에 대해 불만을 품고 반란을 일으켰다.
- **원종과 애노의 난(889)** : 신라 하대 진성여왕 때 중앙 정부의 기강이 극
  도로 문란해져 사벌주(상주)의 원종과 애노의 난을 시작으로 농민의 항
  쟁이 전국적으로 확산되었다.
- **적고적의 난(896)** : 신라 하대 진성여왕 때 서남쪽에서 봉기한 도적들
  로, 붉은 바지를 입어 적고적이라 불렸다.

오답해설

① 묘청의 난 → 고려　　→ 지금의 평양

고려 인종 때 묘청의 서경파가 풍수지리설에 근거하여 서경 천도와 금
국 정벌을 주장하며 난을 일으켰으나, 김부식이 이끈 관군의 공격으로
약 1년 만에 진압되었다(1135).

② 홍경래의 난 → 조선　→ 평안도민

조선 순조 때 서북민에 대한 차별과 가혹한 수취에 반발하여 홍경래
등이 봉기하여 난을 일으켰다(1811).

④ 망이 · 망소이의 난 → 고려

고려 무신 집권기 때 망이 · 망소이가 가혹한 수탈에 저항하여 공주 명
학소에서 난을 일으켰다(1176).

👆 **핵심노트** ▶ 적고적의 난(896)

진성여왕 10년, 도적들이 나라의 수도 서남쪽 방면에서 일어나 붉은색 바지를 입어 스스
로 달리 하매, 사람들이 적고적이라고 불렀다. 그들은 신라의 주와 현을 무찌르고 금성
(경주)의 서쪽 모량리에 이르러 민가를 약탈하였다.

10. 발해의 역사

정답 ③

암기박사 발해 건국 ⇒ 대조영

정답해설

치미와 용머리 상은 전성기 때 해동성국이라 불렸던 발해의 문화유산이
다. 발해는 고구려 출신 대조영이 고구려 유민과 말갈 집단들을 규합하여
동모산에서 건국하였다.

오답해설

① 9주 5소경 설치 → 통일 신라

통일 신라는 통일 전 5주 2소경을 9주 5소경 체제로 정비하여 중앙 집
권 및 지방 통제력을 강화하였다.

② 한의 침략으로 멸망 → 고조선

고조선은 우거왕 때 한 무제의 침략으로 왕검성이 함락되어 멸망하
였다.　　　　　　　　　　　　→ 지금의 평양성

④ 안시성 전투 → 고구려

당 태종(이세민)이 고구려를 공격하자 양만춘이 안시성 전투에서 당의
군대를 격퇴하였다.

👆 **핵심노트** ▶ 발해의 건국

- 고구려 장군 대조영을 중심으로 한 고구려 유민과 말갈 집단들은 길림성의 돈화시 동
  모산 기슭에서 발해를 건국(698) → 남쪽의 신라와 남북국의 형세를 형성
- 연호를 천통이라 하였고, 처음에 국호를 진(震)이라 하였다가 곧 발해로 고침(713)
- 건국 후 대조영(고왕)은 당 침략에 대비해 돌궐과 신라에 사신을 보내 통교하였고, 이
  후 당과도 외교관계를 수립(713)

11. 후삼국 통일 과정

정답 ②

암기박사 고려 건국(918) ⇒ 고창 전투(930) ⇒ 일리천 전투(936)

정답해설

(가) **고려 건국(918)** : 송악의 호족 출신인 왕건이 왕위에서 궁예를 축출하
고 고려를 건국하였다.

(다) **고창 전투(930)** : 고려 태조 왕건이 고창 전투에서 견훤의 후백제군을
상대로 승리하였다.

(나) **일리천 전투(936)** : 견훤의 장남인 신검이 일리천에서 고려군에게 패
하여 후백제는 멸망하게 되었다.

12. 공민왕의 반원 자주 정책

정답 ④

암기박사 정동행성이문소 폐지 ⇒ 고려 공민왕

정답해설

쌍성총관부를 공격하여 원에 빼앗긴 철령 이북의 땅을 되찾은 왕은 고려
공민왕이다. 공민왕은 내정을 간섭하던 정동행성 이문소를 폐지하는 등
원의 간섭을 물리치기 위해 노력하였다.

오답 해설

① 균역법 시행 → 조선 영조
　조선 영조 때 농민의 부담을 덜어주기 위해 군포 2필을 부담하던 것을 1년에 군포 1필로 경감하는 균역법을 시행하였다.
② 독서삼품과 실시 → 통일 신라 원성왕
　통일 신라의 원성왕은 관리 등용 제도인 독서삼품과를 실시하여 인재를 등용하였다.
③ 삼강행실도 편찬 → 조선 세종
　조선 세종 때 모범적인 충신, 효자, 열녀를 알리기 위해 윤리서인 삼강행실도를 편찬하였다.

핵심노트 ▶ 공민왕의 반원 자주 정책

- 원의 연호를 폐지하고 기철 등 친원파 숙청
- 내정을 간섭하던 정동행성이문소 폐지, 원의 관제를 폐지하고 2성 6부의 관제를 복구
- 무력으로 쌍성총관부를 공격하여 철령 이북의 땅을 수복(유인우), 동녕부 요양을 정벌하여 옛 고구려의 영토를 수복(이성계)
- 원(나하추)의 침입을 이성계 등이 격퇴
- 친명 정책의 전개 → 사신 파견, 명의 연호 사용
- 몽골풍의 폐지 → 몽골풍의 의복과 체두변발 금지

13. 강감찬의 귀주 대첩

암기박사 귀주 대첩 : 거란의 3차 침입 ⇒ 강감찬 　정답 ②

정답 해설

거란의 3차 침입 때 귀주에서 적의 대군을 격파하고 큰 승리를 거둔 인물은 강감찬이다. 그는 거란군을 물리친 후 개경에 나성을 쌓아 북방 세력의 침입에 대비할 것을 건의하였다.

오답 해설

① 별무반 : 동북 9성 축조 → 윤관
　고려 예종 때 윤관이 별무반을 이끌고 여진을 정벌하여 동북 9성을 축조하였다.
③ 여진 정벌 : 6진 개척 → 김종서
　조선 세종 때 김종서는 여진을 정벌하고 두만강 유역의 6진을 개척하였다. → 온성·종성·경원·부령·회령·경흥
④ 천리장성 축조 → 연개소문
　연개소문은 고구려 말기의 장군이자 재상으로 천리장성을 축조하였고, 정변을 일으켜 영류왕을 죽이고 보장왕을 옹립하여 막리지가 되었다.

핵심노트 ▶ 거란의 침입

구분	원인	결과
1차 침입 (성종 993)	송과의 단절 요구, 정안국의 존재	서희의 외교 담판 → 강동 6주 획득
2차 침입 (현종 1010)	강조의 정변	양규의 흥화진 전투
3차 침입 (현종 1018)	현종의 입조 및 강동 6주 반환 거부	강감찬의 귀주대첩

14. 고려 시대의 경제 상황

암기박사 전시과 제도 ⇒ 고려 경종 　정답 ①

정답 해설

고려 시대에는 송을 비롯한 여러 나라 상인들이 예성강 하구의 벽란도를 통해 무역을 하였다. 고려 경종 때 전시과 제도가 실시되어 관리들에게 전지와 시지를 품계에 따라 차등 지급하였다.
→ 땔감을 얻을 수 있는 임야
→ 농작물을 수확할 수 있는 논이나 밭

오답 해설

② 고구마, 감자 재배 → 조선 후기
　조선 후기에는 일본에서 들여 온 고구마와 청에서 들여온 감자 등의 구황 작물이 널리 재배되었다.
③ 모내기법 전국 확산 → 조선 후기 →기후가 불순한 흉년에도 비교적 안정된 수확을 얻을 수 있는 작물
　조선 후기에는 모내기법이 전국적으로 확산되면서 벼와 보리의 이모작이 성행하였다.
④ 동시전 : 시장 감독 → 신라 지증왕
　신라 지증왕 때 시장을 감독하는 관청인 동시전이 수도 경주에 설치되었다.

핵심노트 ▶ 전시과 제도

- 전지와 시지의 차등 지급 : 관리를 18등급으로 나누어 곡물을 수취할 수 있는 일반 농지인 전지와 땔감을 얻을 수 있는 척박한 토지인 시지를 차등적으로 지급
- 수조권만을 지급 : 왕토 사상을 토대로, 지급된 토지는 소유권을 인정하지 않고 수조권만을 지급
- 수조권 분급 : 과전의 경우 1/10, 둔전·내장전·공해전의 경우 1/4, 소유가 가능한 공음전·공신전의 경우 1/2을 수취
- 수조권의 공유적 성격 : 농민으로부터 직접 수취하는 것은 불가하며, 지방관에 의해 징수되어 국가의 창고에 수송된 뒤에 이를 받아감
- 반납의 원칙 : 관직 복무와 직역에 대한 대가로 수조권만 지급한 것이므로 받은 자가 죽거나 관직에서 물러날 때는 토지를 국가에 반납 → 단, 직역 승계에 따라 세습 가능

15. 고려 숙종의 업적

암기박사 별무반 조직 ⇒ 고려 숙종 　정답 ①

정답 해설

고려 제15대 왕인 숙종은 국자감에 목판 인쇄 기관인 서적포를 설치하였고, 화폐 유통의 촉진을 도모하기 위해 주전도감에서 해동통보를 제작하였다. 또한 윤관의 건의로 여진 정벌을 위한 특수 부대인 별무반을 조직하였다.

오답 해설

② 건원중보 → 고려 성종
　건원중보는 고려 성종 때 제작된 우리나라 최초의 화폐로 뒷면에 동국(東國)이라는 글자가 새겨져 있다.
③ 화통도감 설치 → 고려 우왕
　고려 우왕 때 최무선은 화통도감을 설치하여 화약 무기를 개발하고 화포를 제작하였다.
④ 노비안검법 실시 → 고려 광종
　고려 광종은 노비안검법을 실시하여 양인이었다가 불법으로 노비가 된 자를 조사하여 해방시켜 줌으로써 호족과 공신 세력을 견제하였다.

👆 핵심노트 ▶ 별무반의 여진 정벌과 동북 9성

고려는 여진에게 패배한 원인을 첫째, 여진이 기병 중심인 데 반해 고려는 보병 중심인 점, 둘째, 6위가 약화되었다는 점에서 찾았다. 이에 윤관은 숙종에게 신기군(기병), 신보군(보병), 항마군(승병)으로 구성된 별무반을 건의하였다. 예종 2년, 윤관은 별무반을 이끌고 출전하여 갈라전 일대를 점령하고 동북 9성을 축조하였다. 그러나 이어진 여진의 무력 항쟁으로 불리해진 고려는 9성을 환부하고 여진과 화친을 맺었다. 여기에는 장기간 계속된 전쟁 준비로 물자 및 인명 피해가 컸다는 점과, 개경과 9성 사이의 거리가 너무 멀다는 점, 지형 조건상 9성을 지키기 어려웠다는 점도 작용하였다.

16. 직지심체요절

정답 ④

🏷 암기박사 현존 최고(最古)의 금속 활자본 ⇒ 직지심체요절

정답 해설

청주 흥덕사에서 간행되었으며 현재 프랑스 국립 도서관에 소장되어 있는 문화유산은 직지심체요절이다. 박병선 박사가 발견하여 세상에 알려진 직지심체요절은 현존하는 세계에서 가장 오래된 금속 활자본이다.

오답 해설

① 김부식이 왕명을 받아 편찬 → 삼국사기
  삼국사기는 고려 인종 때 김부식이 왕명을 받아 편찬한 현존하는 우리나라 최고의 역사서로, 유교 사관에 입각하여 기전체 형식으로 구성되어 있다.
② 우리 풍토에 맞는 농법 소개 → 농사직설
  농사직설은 조선 세종 때 정초 등이 우리 풍토에 맞는 농법을 소개한 농서이다.
③ 정조가 세손 시절부터 쓴 일기 → 일성록
  조선의 역대 임금의 동정과 국정을 기록한 일기인 일성록은 조선 영조 때부터 기록되기 시작하였으며, 정조가 세손 시절부터 쓴 일기에서 유래하였다.

17. 일연의 삼국유사

정답 ④

🏷 암기박사 불교사 중심 고대 민간 설화 수록 ⇒ 삼국유사

정답 해설

승려 일연이 저술한 역사서는 삼국유사로 왕력, 기이, 홍법 등 9편으로 구성되어 있다. 일연의 삼국유사에는 단군부터 고려 말까지의 불교사를 중심으로 고대의 민간 설화 등이 수록되어 있다.

오답 해설

① 사초, 시정기 바탕 → 조선왕조실록 ┌─ 조선 시대 춘추관에서 각 관서들의 업무 기록을 종합하여 편찬한 국정 기록물
  조선왕조실록은 왕의 사후 사초, 시정기 등을 바탕으로 춘추관에 설치된 실록청에서 편찬되었다. └─ 사관이 매일 기록한 역사 편찬의 자료
② 남북국이라는 용어 최초 사용 → 발해고
  발해고는 조선 후기 실학자 유득공이 저술한 역사서로 발해를 북국, 신라를 남국으로 칭하며 남북국이라는 용어가 처음 사용되었다.
③ 유교 사관, 기전체 서술 → 삼국사기
  삼국사기는 고려 인종 때 김부식 등이 왕명을 받아 편찬한 현존하는 우리나라 최고의 역사서로, 유교 사관에 기초하여 기전체로 서술되었다.

👆 핵심노트 ▶ 삼국유사

시기 및 저자	원 간섭기인 충렬왕 11년(1285)에 일연이 저술
사관	불교적 · 자주적 · 신이적
체제	기사본말체, 총 9권
내용	• 단군~고려 말 충렬왕 때까지 기록, 신라 관계 기록이 다수 수록됨 • 단군 조선과 가야 등의 기록, 수많은 민간전승과 불교 설화 및 향가 등 수록

18. 조선 태종의 업적

정답 ④

🏷 암기박사 6조 직계제 실시 ⇒ 조선 태종

정답 해설

두 차례 왕자의 난을 통해 집권한 조선 제3대 왕은 태종으로, 호구의 정확한 파악을 위해 16세 이상의 남자들에게 호패를 발급하는 호패법을 시행하였다. 또한 왕권 강화를 위해 의정부의 권한을 약화시키고 6조 직계제를 실시하였다.

오답 해설

① 균역법 시행 → 조선 영조
  영조 때 농민의 부담을 덜어주기 위해 군포 2필을 부담하던 것을 1년에 군포 1필로 경감하는 균역법을 시행하였다.
② 직전법 실시 → 조선 세조 ┌─ 토지로부터 조세를 거둘 수 있는 권리
  세조는 과전이 부족해지자 직전법을 실시하여 현직 관리에게만 수조권을 지급하였다.
③ 5군영 체제 완성 → 조선 숙종 ┌─ 훈련도감 → 총융청 → 수어청 → 어영청 → 금위영
  숙종 때 궁궐 수비를 담당하는 기병으로 구성된 금위영을 설치하여 5군영 체제를 완성하였다.

👆 핵심노트 ▶ 조선 태종의 업적

• 국왕 중심의 통치 체제 정비 : 의정부 권한의 약화, 육조 직계제 채택, 사병 혁파, 언론 · 언관의 억제, 외척과 종친 견제
• 경제 기반의 안정 : 호패법 실시, 양전 사업 실시, 유향소 폐지, 노비변정도감 설치
• 억불숭유 : 사원 정리, 사원전 몰수, 서얼 차대법, 삼가 금지법
• 기타 업적 : 신문고 설치, 주자소 설치, 아악서 설치, 사섬서 설치, 5부 학당 설치
  └→ 계미자 등 동활자 주조   └→ 지폐인 저화 발행

19. 조선 세종의 업적

정답 ②

🏷 암기박사 정초 : 농사직설 간행 ⇒ 조선 세종

정답 해설

박연이 아악을 정비한 것은 조선 세종 때의 일이다. 이 시기에 정초는 우리 풍토에 맞는 농법을 기록한 농사직설을 간행하였다.
  └→ 우리나라 최초의 농서

오답 해설

① 만권당 설치 → 고려 충선왕
  고려 충선왕은 원의 연경에 독서당인 만권당을 세워 원의 학자들과 교유하도록 하였다.

③ 대전회통 편찬 → 흥선 대원군

흥선 대원군은 경국대전, 속대전, 대전통편 등을 보완한 대전회통을 편찬하여 통치 체제를 정비하였다.

④ 초계문신제 시행 → 조선 정조

조선 정조는 신진 인물이나 중·하급 관리 가운데 능력 있는 자들을 재교육시키고 시험을 통해 승진시키는 초계문신제를 시행하였다.

☞ 핵심노트 ▶ 농사직설

- 세종 때 정초가 편찬
- 중국 농업 기술 수용, 우리 실정 참고
- 우리나라의 풍토에 맞는 농사기술 정리
- 씨앗의 저장법, 토질의 개량법, 모내기법 등

20. 임진왜란의 경과

○ 암기박사 탄금대 전투 ⇒ 진주 대첩 ⇒ 명량 대첩

정답 ③

정답 해설

- 신립의 탄금대 전투(1592. 4) : 임진왜란 때 부산에 상륙한 왜군이 파죽지세로 쳐들어오자 도순변사 신립이 충주 탄금대에서 배수진을 치고 항전하였다.

(가) 김시민의 진주 대첩(1592. 10) : 임진왜란 당시 진주 목사 김시민의 지휘 아래 조선군은 왜군에 맞서 진주성에서 항전하였다.

- 이순신의 명량 대첩(1597. 9) : 이순신이 명량의 울돌목에서 열두 척의 배로 왜의 수군을 대파하였고 왜군은 남해안 일대로 후퇴하였다.

오답 해설

① 왜구 침입 → 최영 : 홍산 전투(1376)

고려 우왕 때 왜구가 충남 내륙 지방까지 쳐들어오자 최영 장군이 군대를 이끌고 홍산에서 왜구를 물리쳤다.

② 청나라 침입 → 임경업 : 백마산성 전투(1636) → 지금의 충남 부여 지역

임경업 장군은 병자호란 당시 청나라 군사의 침입을 막기 위해 민병대를 훈련시키고 백마산성에서 항전하였다.

④ 몽골 침입 → 김윤후 : 처인성 전투(1232)

고려 고종 때 김윤후가 처인성에서 적장 살리타를 사살하고 몽골군을 막아냈다.

☞ 핵심노트 ▶ 임진왜란의 주요 전투

충주 탄금대 전투(1592. 4) → 한산도 대첩(1592. 7) → 진주성 싸움(1592. 10) → 평양성 탈환 전투(1593. 1) → 행주대첩(1593. 2) → 명량대첩(1597. 9) → 노량해전(1598. 11)

21. 홍문관의 기능

○ 암기박사 서적 관리 및 왕의 자문 ⇒ 홍문관

정답 ④

정답 해설

궁궐 내의 서적을 관리하고 왕의 각종 자문에 응하는 기구는 홍문관으로 그 수장은 대제학(정2품)이 맡았다. 홍문관은 조선 성종 때 집현전을 계승하여 설치된 학술·언론 기관으로 사헌부, 사간원과 함께 삼사로 불렸다.

오답 해설

① 왕에 대한 간쟁 → 사간원

사간원은 대사간을 수장으로 하는 언관으로서, 왕에 대한 간쟁과 논박을 담당하였다.

② 감찰 탄핵 기관 → 사헌부

사헌부는 감찰 탄핵 기관으로 사간원과 함께 대간을 구성하여 서경권을 행사하였다. ← 인사 이동이나 법을 제정 등에서 대간의 서명을 받는 제도 : 왕권 견제

③ 왕명 출납 및 비서 기관 → 승정원

승정원은 국왕의 직속 기관으로 왕명의 출납을 맡은 왕의 비서 기관이다.

☞ 핵심노트 ▶ 조선의 중앙 관제

의정부	최고 관부, 삼정승이 국정 총괄
승정원	왕명을 출납하는 비서 기관
의금부	국가의 큰 죄인을 다스리는 기관
사헌부	감찰 탄핵 기관
사간원	언관으로서 왕에 대한 간쟁
홍문관	경연 관장, 문필·학술 기관, 고문 역할
한성부	수도의 행정과 치안 담당
춘추관	역사서 편찬과 보관 담당
예문관	국왕의 교서 관리
성균관	최고 교육 기관(국립대학)

22. 한식의 세시 풍속

○ 암기박사 찬 음식 먹는 날 ⇒ 한식

정답 ③

정답 해설

동지 후 105일째 되는 한식은 찬 음식을 먹는다고 해서 그 이름이 유래되었다. 설날, 단오, 추석과 함께 4대 명절의 하나이며, 일정 기간 불의 사용을 금한다. '손 없는 날'이라 하여 산소에 잔디를 새로 입히거나 이장을 한다.

오답 해설

① 차례, 떡국 먹기 → 설날

설날은 한 해의 시작인 음력 정월 초하루로, 아침에 설빔을 입고 조상에게 차례를 지내며 떡국을 먹고 어른들에게 세배를 한다.

② 수리취떡, 창포물, 씨름 → 단오

단오는 음력 5월 5일로 수레바퀴 모양의 떡살로 문양을 내는 수리취떡을 해먹고, 여자는 창포물에 머리를 감고 그네를 뛰며 남자는 씨름을 한다.

④ 진달래꽃 화전, 풀각시 놀이 → 삼짇날

삼짇날은 음력 3월 3일로 답청절이라고 하는데, 진달래가 피는 봄이면 찹쌀가루로 빚은 전 위에 진달래꽃을 올려 화전을 부쳐 먹고, 여자 아이들은 지랑풀이나 각시풀 같은 풀을 가지고 각시 인형을 만들고 놀았다.

23. 광해군 재위 기간의 사실

정답 ④

암기박사 허준 : 동의보감 편찬 ⇒ 광해군

정답 해설

인조반정으로 폐위되어 강화도로 유배된 후 제주도에서 생을 마감한 왕은 광해군이다. 이 시기에 허준이 전통 한의학을 집대성한 동의보감을 편찬하여 의료 지식의 민간 보급에 기여하였다.

오답 해설

① 직전법 제정 → 세조

조선 세조는 과전이 부족해지자 현직 관리에게만 수조권을 지급하는 직전법을 제정하였다. ┌ 토지로부터 조세를 거둘 수 있는 권리

② 왕의 친위 부대 : 장용영 설치 → 정조

장용영은 조선 정조 때 설치된 왕의 친위 부대로 한양에는 내영, 수원 화성에는 외영을 두었다.

③ 만동묘 철폐 → 흥선 대원군

만동묘는 임진왜란 때 조선을 도와준 명나라에 대한 보답으로 지은 사당으로, 노론의 소굴이 되어 상소와 비판을 올리고 양민을 수탈하는 등 폐해가 심해 흥선 대원군 때 철폐되었다.

핵심노트 ▶ 광해군의 정치와 인조반정

• **중립 외교** : 명과 후금 사이에서 중립 외교 전개, 전후 복구 사업 추진
• **북인의 독점** : 광해군의 지지 세력인 북인은 서인과 남인 등을 배제
• **인조반정(1623)** : 인목대비 유폐, 영창대군 살해, 재정 악화, 민심 이탈 등을 계기로 발발한 인조반정으로 몰락

24. 조선 영조의 업적

정답 ①

암기박사 균역법 실시 ⇒ 조선 영조

정답 해설

붕당 정치의 폐해를 경계하기 위해 성균관 입구에 탕평비를 건립한 왕은 조선 영조이다. 영조는 농민들의 군역 부담을 덜어주고자 균역법을 실시하여 1년에 군포 2필을 부담하던 것을 1필로 경감하였다.

오답 해설

② 신해통공 시행 → 조선 정조 ┌ 명주, 종이, 어물, 모시와 베, 무명, 비단을 파는 점포

조선 정조는 신해통공을 시행하여 육의전을 제외한 시전 상인의 금난전권을 폐지하였다. ┌ 시전 상인이 왕실이나 관청에 물품을 공급하는 대신 부여받은 독점 판매권으로, 난전을 단속할 수 있는 권한

③ 나선 정벌 → 조선 효종

효종은 러시아의 남하로 청과 러시아 간 국경 충돌이 발생하자 청의 원병 요청으로 나선 정벌을 추진하였다.

④ 백두산정계비 건립 → 조선 숙종

조선 숙종은 청의 요구로 조선과 청의 경계를 정한 백두산정계비를 세워, 동쪽으로 토문강과 서쪽으로 압록강을 경계로 삼았다.

핵심노트 ▶ 조선 영조의 업적

• **완론 탕평** : 각 붕당의 타협적 인물들 등용
• **탕평파 육성** : 탕평파를 육성하고 탕평비를 건립
• **산림 부정, 서원 정리** : 붕당의 뿌리를 제거하기 위해 공론의 주재자로 인식되던 산림을 부정, 붕당의 본거지인 서원 대폭 정리
• **이조 전랑 권한 약화** : 붕당의 이익을 대변하던 이조 전랑의 권한을 약화
• **균역법** : 군역 부담 경감을 위해 군포를 2필에서 1필로 경감
• **가혹한 형벌 폐지** : 심한 고문, 형벌 등 폐지
• **서적 간행** : 속오례의 속대전, 동국문헌비고 등

25. 유형원의 균전제

정답 ②

암기박사 균전제 : 토지의 차등 분배 ⇒ 유형원

정답 해설

사회 개혁을 뒷받침할 학문 연구를 위해 전북 부안에 내려가 반계수록을 저술한 인물은 조선의 실학자 유형원이다. 그는 신분에 따른 토지의 차등 분배를 주장한 균전제의 실시를 제안하였다.

오답 해설

① 정혜결사 제창 → 보조국사 지눌

보조국사 지눌은 불교의 수행에 있어 정과 혜를 함께 수행하여야 한다는 정혜결사를 제창하고 불교 개혁에 앞장섰다.

③ 훈련도감 창설 → 유성룡

조선 선조 때 유성룡은 임진왜란 중 왜군의 조총에 대응하고 국방력을 강화하기 위해 훈련도감을 창설하였다.

④ 전민변정도감 설치 → 신돈

고려 공민왕 때 신돈은 전민변정도감을 설치하고 권문세족에게 빼앗긴 토지와 노비를 본래의 소유주에게 돌려주거나 양민으로 해방시켰다.

핵심노트 ▶ 유형원의 균전론

• 주나라 정전법의 영향을 받아 자영농 육성을 위한 토지 제도의 개혁을 주장
• 관리 · 선비 · 농민에게 토지의 차등적 재분배를 주장
• 토지 국유제 원칙에서 토지 매매 금지와 대토지 소유 방지를 주장
• 자영농 육성을 통한 병농일치의 군사 제도, 사농일치의 교육 제도 확립을 주장

26. 조선 통신사

정답 ③

암기박사 일본과 시문, 서화 등을 통해 문화 교류 ⇒ 통신사

정답 해설

일본 에도 막부의 요청으로 조선이 파견한 공식 외교 사절단은 통신사이다. 임진왜란 이후 조선은 19세기 초까지 12회에 걸쳐 일본에 통신사를 파견하고 시문, 서화 등을 통해 문화 교류를 하였다.

오답 해설

① 동지사, 정조사, 성절사 → 명 · 청에 보낸 사절단 ┌ 동지에 보내는 사신

조선은 건국 직후부터 명 · 청에 매년 정기적 또는 부정기적으로 동지사, 정조사, 성절사 등으로 불리는 사절단을 파견하였다.
┌ 새해를 맞이하여 보내는 사신 └ 황제의 탄신일에 보내는 사신

② 해국도지, 영환지략 국내 소개 → 오경석 _세계 지리서_
역관인 오경석은 청나라로부터 해국도지, 영환지략을 들여와 국내에 소개하였으며, 개화파 형성에 영향을 미쳤다.
④ 청의 무기 제조 기술 습득 → 영선사
김윤식을 단장으로 하는 영선사가 청에 파견되어 톈진 기기국에서 무기 제조 기술을 습득하고 돌아왔다. → 서울에 최초의 근대적 병기 공장인 기기창 설치

👆 핵심노트 ▶ 통신사 파견

조선의 왕이 막부의 장군(쇼군)에게 파견하던 사절이다. 실제로 일본에 건너가 통신사로서의 임무를 수행한 것은 세종 11년(1429) 교토에 파견된 정사 박서생의 사절단이 최초이다. 조선 후기의 통신사는 막부의 장군이 있는 에도(도쿄)를 목적지로 파견되었는데, 그곳까지 가는 도중에 통신사가 묵는 객사는 한시문과 학술의 필담창화라고 하는 문화 교류의 장이 되었다.

27. 대동여지도

암기박사 역참, 봉수 등 기호로 표기 ⇒ 김정호 : 대동여지도
정답 ②

정답 해설

김정호가 조선의 지도 제작 기술을 집대성하여 만든 지도는 대동여지도이다. 총 22첩의 목판본 지도로 10리마다 눈금을 표시하였다. 역참, 봉수 등 주요 시설물을 기호로 표기하여 다양한 지리 정보를 전달하였다.

오답 해설

① 중국 중심의 세계관을 표현한 관념도 → 천하도
천하도는 중국 중심의 세계관을 표현한 작자 미상의 관념도로, 조선 중기 이후 여러 종류가 제작되어 민간에서 사용되었다.
③ 서양식 세계 지도 → 곤여만국전도
천주교의 전도를 위해 중국에 온 이탈리아 선교사 마테오 리치가 제작한 세계 지도를 조선 선조 때 이광정이 전하였다.
④ 우리나라에서 제작된 현존 최고(最古)의 세계 지도 → 혼일강리역대국도지도
혼일강리역대국도지도는 우리나라에서 제작된 현존 최고(最古)의 세계 지도로 조선 태종 때 권근, 김사형, 이회 등에 의해 제작되었다.

👆 핵심노트 ▶ 대동여지도

• 철종 12년(1861) 김정호가 제작한 우리나라 대축척 지도로, 산맥 · 하천 · 포구 · 도로망의 표시가 정밀해지고 거리를 알 수 있도록 10리마다 눈금을 표시
• 전도를 22첩으로 나누어 각 첩을 책처럼 접을 수 있게 만든 분첩절첩식 지도로서, 목판으로 인쇄

28. 황성신문

암기박사 장지연 : 시일야방성대곡 게재 ⇒ 황성신문
정답 ③

정답 해설

황성신문은 남궁억, 유근 등 개신 유학자들에 의해 발행된 국한문 혼용체 신문이다. 을사늑약의 부당성을 알리기 위해 장지연의 시일야방성대곡이 황성신문에 게재되었다.

오답 해설

① 천도교의 기관지 → 만세보
천도교의 후원을 받아 오세창이 발간한 만세보는 천도교의 기관지로 민중 계몽에 힘쓰고 일진회의 국민신보에 대항하였다.
② 최초의 근대 신문 → 박문국 : 한성순보
한성순보는 박영효 등 개화파가 박문국에서 발간한 최초의 근대 신문으로, 정부에서 발표한 새로운 행정 사항 및 해외 여러 나라의 소식을 순 한문으로 열흘마다 발행하였다.
④ 국채 보상 운동 후원 → 대한매일신보
영국인 베델과 양기탁이 함께 창간한 대한매일신보는 신민회의 기관지로 국채 보상 운동의 확산에 기여하였다.

👆 핵심노트 ▶ 개항기 발행 신문

언론기관	주요 활동
한성순보 (1883~1884)	박영효 등 개화파가 창간하여 박문국에서 발간한 최초의 신문, 관보 성격의 순한문판 신문으로, 10일 주기로 발간
한성주보 (1886~1888)	박문국 재설치 후 한성순보를 이어 속간, 최초의 국한문 혼용, 최초의 상업광고
독립신문 (1896~1899)	서재필이 발행한 독립 협회의 기관지, 최초의 민간지, 격일간지, 순한글판과 영문판 간행, 띄어쓰기 실시
매일신문 (1898~1899)	협성회의 회보를 발전시킨 최초의 순한글 일간지, 독립 협회 해산으로 폐간
황성신문 (1898~1910)	남궁억, 유근 등 개신유학자들이 발간, 국한문 혼용, 민족주의적 성격의 항일 신문, 보안회 지원, 장지연의 '시일야방성대곡'을 게재하고 을사조약을 폭로하여 80일간 정간
제국신문 (1898~1910)	이종일이 발행할 순한글의 계몽적 일간지 → 일반 대중과 부녀자 중심
대한매일신보 (1904~1910)	영국인 베델이 양기탁 등과 함께 창간, 국한문판 · 한글판 · 영문판 간행(최대 발행부수), 신민회 기관지, 국채 보상 운동에 주도적 참여, 총독부에 매수되어 일제 기관지(매일신보)로 속간
만세보 (1906~1907)	천도교의 후원을 받아 오세창이 창간한 천도교 기관지, 이인직의 혈의 누 연재
경향신문 (1906)	가톨릭 교회의 기관지, 주간지, 민족성 강조
대한민보 (1909~1910)	대한협회의 기관지로, 일진회의 기관지인 국민신보에 대항
경남일보 (1909)	최초의 지방지

29. 혜원 신윤복

암기박사 월하정인 ⇒ 혜원 신윤복
정답 ③

정답 해설

월하정인은 조선 후기의 대표적인 풍속 화가 혜원 신윤복이 그린 작품으로, 늦은 밤 인적이 드문 뒷골목에서 남녀 간의 연애를 소재로 한 그림이다.

오답 해설

① 인왕제색도 → 정선

인왕제색도는 조선 후기 진경산수화의 대가 겸재 정선의 작품으로, 비가 내린 뒤의 인왕산의 분위기를 적묵법으로 진하고 묵직하게 표현한 산수화이다.

② 대장간 → 김홍도

대장간은 조선 후기의 대표적인 풍속화가 김홍도의 작품으로 대장간에서 일하는 사람들의 특징을 소탈하고 익살스럽게 표현하였다.

④ 몽유도원도 → 안견

몽유도원도는 조선 전기 세종 때 안견이 안평대군의 꿈 이야기를 듣고 표현한 그림으로, 자연스러운 현실 세계와 환상적인 이상 세계를 웅장하면서도 능숙하게 처리하였다.

핵심노트 ▶ 조선 후기 풍속화가 비교

- 김홍도 : 소탈하고 익살스럽고 정감 어린 필치의 풍속화로 유명 → 전원 화가
- 김득신 : 김홍도의 제자이며, 관인 화가로 풍속화에 능했음 → 궁정 화가
- 신윤복 : 간결하고 소탈한 김홍도에 비해 섬세하고 세련된 필치를 구사 → 도화지 화가

30. 임오군란

정답 ③

암기박사 구식 군인에 대한 차별 ⇒ 임오군란

정답 해설

일본에 조사 시찰단이 파견된 이후 개화 정책의 일환으로 신식 군대인 별기군이 창설되었다. 그러나 개화 정책에 대한 불만과 차별을 받던 구식 군인들이 임오군란을 일으켰다(1882).

오답 해설

① 진주 민란 → 임술 농민 봉기

삼정의 문란과 포악한 관리의 수탈에 진주 지역 농민들이 진주성을 점령하는 임술 농민 봉기가 발생하였다(1862).

② 신미양요 → 어재연 : 광성보 전투

미국이 제너럴셔먼호 사건을 구실로 강화도를 공격하여 신미양요가 발발하자, 어재연 부대가 강화도 초지진의 광성보에서 미군에 맞서 싸웠다(1871).

④ 미국 : 통상 요구 → 제너럴셔먼호 사건

평양 관민이 대동강에 침입하여 통상을 요구하는 미국 상선 제너럴셔먼호를 불태웠다(1866).

31. 위정 척사 운동의 전개

정답 ②

암기박사 (가) 이항로 : 척화 주전론 ⇒ 1860년대 통상 반대 운동
(다) 최익현 : 왜양일체론 ⇒ 1870년대 개항 반대 운동
(나) 이만손 : 영남 만인소 ⇒ 1880년대 개화 반대 운동

정답 해설

(가) 이항로의 척화 주전론(1860년대 통상 반대 운동)

이항로를 중심으로 한 유생들은 서양 오랑캐와의 화친을 거부하고 끝까지 싸우자는 척화 주전론을 내세웠다.

(다) 최익현의 왜양일체론(1870년대 개항 반대 운동)

일본이 조선에 개항을 요구하자 최익현 등의 유생들은 일본이 서양 오랑캐와 다를 것이 없다는 왜양일체론을 주장하며 개항에 반대하였다.

(나) 이만손의 영남만인소(1880년대 개화 반대 운동)

이만손을 비롯한 영남 유생들은 김홍집의 조선책략 유포에 반발하여 미국과의 수교에 반대하는 만인소를 올렸다.

핵심노트 ▶ 위정척사 운동의 전개

- 1860년대(통상 반대 운동) : 척화 주전론(이항로, 기정진), 통상 수교 거부 정책을 뒷받침
- 1870년대(개항 반대 운동) : 왜양 일체론(최익현), 개항 불가론
- 1880년대(개화 반대 운동) : 영남 만인소(이만손), 만언척사소(홍재학)
- 1890년대(항일 의병 운동) : 항일 투쟁(유인석, 이소응)

32. 경천사지 십층 석탑

정답 ③

암기박사 경천사지 십층 석탑 ⇒ 고려 후기

정답 해설

고려 후기 충목왕 때 개성의 경천사지에 조성된 석탑으로, 원의 영향을 받은 다각 다층의 대리석 석탑이다. 기존의 신라계 석탑과는 양식을 달리하는 가장 특이하고 정련한 기교를 보이는 탑이다.

오답 해설

① 미륵사지 석탑 → 백제 → 석탑 보수 과정에서 금제 사리 봉안기가 발견됨

전북 익산에 있는 미륵사지 석탑은 백제 시대의 석탑으로, 목탑 양식을 계승한 우리나라에서 가장 오래된 탑이다.

② 분황사 모전 석탑 → 신라

경북 경주의 분황사에 있는 모전 석탑은 석재를 벽돌 모양으로 만들어 쌓은 탑으로, 현존하는 신라 석탑 중 가장 오래된 석탑이다.

④ 불국사 삼층 석탑 → 통일 신라

경북 경주의 불국사에 있는 통일 신라의 석탑으로, 내부에서 현존하는 세계 최고(最古)의 목판 인쇄물인 무구정광대다라니경이 발견되었다.

33. 신민회의 활동

정답 ①

암기박사 105인 사건 ⇒ 신민회 해체

정답 해설

신민회는 안창호, 양기탁 등이 중심이 되어 비밀리에 조직한 단체로, 국권 회복과 공화 정체의 근대 국가 건설을 목표로 하였다. 신민회는 일제가 데라우치 총독 암살 미수 사건이라고 날조한 105인 사건으로 해체되었다.

오답 해설

② 서북 학회 → 애국 계몽 단체

관서 지방의 서우학회와 관북 지방의 한북학회를 통합해 설립된 애국 계몽 단체로, 국권을 회복하고 인권을 신장하여 입헌공화국을 수립하는 데 목적을 두었다.

③ 헌정 연구회 → 애국 운동 단체

민족의 정치의식 고취와 입헌정치 체제 수립을 목적으로 이준, 양한묵, 윤효정 등이 창설한 애국 운동 단체이다.

④ 북로 군정서 → 무장 독립군 단체

3 · 1 운동 직후 대종교의 중광단이 개편되어 만주에서 결성된 무장 독립군 단체로 청산리 전투에서 일본군에 대승을 거두었다.

👆 **핵심노트** ▶ 105인 사건

> 일본 경찰은 안중근의 사촌인 안명근이 무관 학교를 세울 자금을 모으다가 체포되자 이를 총독 데라우치 마사타케의 암살 미수 사건으로 날조하여, 신민회 회원을 비롯한 민족주의자 6백여 명을 검거해 고문을 가하였다. 그 결과 105명이 기소되었는데, 그들 중 윤치호, 양기탁, 안태국, 이승훈, 임치정, 옥관빈 등 6명만이 징역을 선고받았다. 기소된 인물이 105명이라 105인 사건이라 명명되었다(1911).

34. 6 · 10 만세 운동

정답 ②

🏷️ **암기박사** 순종의 인산일 계기 ⇒ 6 · 10 만세 운동

📝 **정답 해설**

순종의 인산일을 계기로 중앙 고보 학생들이 격문을 뿌리고 조선 학생 과학 연구회 학생들이 주도한 만세 시위 운동은 6 · 10 만세 운동이다. 6 · 10 만세 운동은 민족주의 세력과 사회주의 세력이 연대하여 민족 유일당인 신간회 창립의 계기가 되었다(1926).

📝 **오답 해설**

① 고종의 인산일 계기 → 3 · 1운동

고종의 인산일에 민족 대표 33인의 이름으로 독립 선언서를 발표함으로써 전개된 3 · 1 운동은 대한민국 임시 정부 수립에 영향을 주었다(1919).

③ 신군부의 비상계엄 확대 → 5 · 18 민주화 운동

전두환 · 노태우 등의 신군부 세력이 쿠데타를 일으켜 권력을 장악하고 비상계엄을 전국으로 확대하자 이에 저항하여 5 · 18 민주화 운동이 전개되었다(1980).

④ 한 · 일 학생 간 충돌 → 광주 학생 항일 운동

광주에서 발생한 한 · 일 학생 간의 충돌을 일본 경찰이 편파적으로 처리하여 광주 학생 항일 운동이 촉발되었다(1929).

👆 **핵심노트** ▶ 6 · 10 만세 운동(1926)

- **배경** : 순종의 사망을 계기로 민족 감정 고조(제2의 3 · 1 운동), 일제의 수탈 정책과 식민지 교육에 대한 반발
- **준비** : 민족주의 계열(천도교)과 사회주의 계열이 연대하여 만세 시위 운동을 준비하였으나 사전에 발각
- **전개** : 조선 학생 과학 연구회(사회주의계)를 비롯한 전문학교와 고등보통학교 학생들이 주도
- **결과** : 200여 명의 학생이 검거됨
- **의의** : 민족주의계와 사회주의계가 연대하는 계기 마련 → 신간회 결성(1927)에 영향을 미침

35. 목포 지역의 역사

정답 ②

🏷️ **암기박사** 암태도 소작 쟁의 ⇒ 목포

📝 **정답 해설**

암태도 소작 쟁의는 전남 신안군 암태도의 소작농민들이 전개한 농민운동으로, 지주들의 소작료 인상률 저지와 1920년대 각지의 소작운동에 큰 영향을 미쳤다(1923).

36. 독립 협회의 활동

정답 ②

🏷️ **암기박사** 헌의 6조 건의 ⇒ 독립 협회

📝 **정답 해설**

러시아가 저탄소 설치를 위해 절영도의 조차를 요구하자 독립 협회는 만민 공동회를 개최하여 러시아의 요구를 저지하였다. 또한 독립 협회는 국정개혁안으로 정부에 헌의 6조를 건의하였으나 실현하지는 못했다.

→ 지금의 부산 영도 → 조약에 의해 다른 나라로부터 유상 또는 무상으로 영토를 빌림

📝 **오답 해설**

① 독립 공채 발행 → 대한민국 임시 정부

대한민국 임시 정부는 국외 거주 동포들에게 독립 공채를 발행하거나 국민의 의연금으로 독립운동에 필요한 군자금을 마련하였다.

③ 한글 맞춤법 통일안 발표 → 조선어 학회

조선어 학회는 한글 맞춤법 통일안과 표준어를 제정하고 조선말 큰사전 편찬을 주도하였다.

④ 광주 학생 항일 운동 : 진상 조사단 파견 → 신간회

광주에서 발생한 한 · 일 학생 간의 충돌을 일본 경찰이 편파적으로 처리하여 광주 학생 항일 운동이 발생하자 신간회 중앙 본부가 진상 조사단을 파견하였다.

👆 **핵심노트** ▶ 독립 협회의 활동

- **이권 수호 운동** : 러시아의 절영도 조차 요구 규탄, 한 · 러 은행 폐쇄
- **독립 기념물의 건립** : 자주 독립의 상징인 독립문을 세우고, 모화관을 독립관으로 개수
- **민중의 계도** : 강연회 · 토론회 개최, 독립신문의 발간 등을 통해 근대적 지식과 국권 · 민권 사상을 고취
- **만민 공동회 개최** : 우리나라 최초의 근대적 민중 대회 → 외국의 내정 간섭 · 이권 요구 · 토지 조사 요구 등에 대항하여 반환을 요구
- **관민 공동회 개최** : 만민 공동회의 규탄을 받던 보수 정부가 무너지고 개혁파 박정양이 정권을 장악하자, 정부 관료와 각계각층의 시민 등 만여 명이 참여하여 개최
- **의회 설립 추진** : 의회식 중추원 신관제를 반포하여 최초로 국회 설립 단계까지 진행(1898. 11)
- **헌의 6조** : 헌의 6조를 결의하고 국왕의 재가를 받음 → 실현되지는 못함

37. 민족 운동 지도자 이상재

정답 ④

🏷️ **암기박사** 민립 대학 설립 운동 ⇒ 이상재

📝 **정답 해설**

이상재는 신간회의 초대 회장으로 민족 유일당 운동에 앞장섰다. 그는 우리 손으로 대학을 설립하고자 조선 민립 대학 기성회를 중심으로 민립 대학 설립 운동을 주도하였다.

오답 해설

① 한국통사 저술 → 박은식

박은식은 근대 이후 일본의 침략 과정을 서술한 한국통사를 저술하였다. → "나라는 형(形)이요, 역사는 신(神)이다.

② 삼균주의 주창 → 조소앙

조소앙은 새로운 국가 건설의 이념으로 삼균주의를 주창하였고, 대한민국 임시 정부는 조소앙의 삼균주의에 따라 정치·경제·교육의 균등을 주장한 대한민국 건국 강령을 제정하였다.

③ 조선 건국 동맹 결성 → 여운형

여운형은 일제의 패망과 광복에 대비하여 일제 타도와 민주국가 건설을 목표로 조선 건국 동맹을 결성하였다.

핵심노트 ▶ 민립 대학 설립 운동

① 배경 : 민족 역량 강화 위해 고등 교육의 필요성
② 전개
 • 총독부가 대학 설립 요구를 묵살하자 조선 교육회는 우리 손으로 대학을 설립하고자 조선 민립 대학 기성 준비회(이상재, 1922)를 결성
 • 모금 운동 전개(1923) : 조선 민립 대학 기성회를 중심으로 모금 운동 전개 → 한민족 1 천만이 한 학 사랑 1원씩
③ 결과
 • 지역 유지들과 사회단체의 후원으로 순조롭게 진행되었으나 일제의 방해와 남부 지방의 가뭄과 수해로 모금이 어려워져 결국 좌절
 • 일제는 1924년 경성 제국 대학을 설립을 통해 조선인의 불만 무마를 시도

38. 1920년대의 사회 모습

정답 ④

암기박사 치안 유지법 제정 ⇒ 1920년대

정답 해설

일제는 자국의 식량 문제를 해결하기 위해 1920년부터 산미 증식 계획을 실시하였다. 이 시기에 일제는 사상 통제법으로 치안 유지법을 제정하여 독립 운동가들을 탄압하였다(1925).

오답 해설

① 칼을 찬 교사 → 1910년대

일제는 무단 통치기에 위협적인 분위기를 조성하기 위해 교사들까지 제복을 입고 칼을 차고 다녔다.

② 브나로드 운동 → 1930년대

동아일보사에서 문맹 퇴치를 목적으로 '배우자 가르치자 다 함께 브나로드' 등의 구호를 내세우며 브나로드(Vnarod) 운동을 전개하였다(1931). → 러시아어로 '민중 속으로'라는 의미

③ 영남 만인소 → 1880년대

이만손을 비롯한 영남 유생들이 김홍집의 조선책략 유포에 반발하여 만인소를 올리고 그의 처벌을 요구하였다(1881).

핵심노트 ▶ 치안 유지법

일제가 1925년에 제정한 사상 통제법이다. 공산주의 및 무정부주의 운동을 탄압하기 위해 제정한다고 했으나 사실상 독립 운동에 대한 전반적 탄압을 위해 만들어진 법률이었다.

39. 프랭크 스코필드

정답 ④

암기박사 현충원 안장 최초 외국인 ⇒ 프랭크 스코필드

정답 해설

국립 서울 현충원에 안장된 최초의 외국인은 프랭크 스코필드이다. 그는 3·1 운동 당시 일제가 저지른 제암리 학살 사건의 참상을 외국 언론에 제보하여 일제의 만행을 세계에 폭로하였다.

오답 해설

① 어니스트 베델 → 대한매일신보 창간

한말의 영국 언론인으로 양기탁과 함께 대한매일신보를 창간하였고, 을사늑약의 무효를 주장하는 등 항일 활동을 벌였다.

② 호머 헐버트 → 육영 공원 교사

육영 공원에서 외국어를 가르친 교사로, 을사늑약 후 고종에게 헤이그 밀사 파견을 건의하는 등 한국의 국권 회복 운동에 적극 협력하였다.

③ 메리 스크랜튼 → 이화 학당 설립자

미국의 교육자이자 개신교 선교사로 한국 최초의 여성 교육 기관인 이화 학당을 설립하여 한국의 여성 교육에 이바지하였다.

핵심노트 ▶ 제암리 학살 사건

3·1 운동 당시 일본군이 수원 제암리에서 주민들을 집단 학살한 사건이다. 1919년 4월 15일 한 무리의 일본 군경은 만세 운동이 일어났던 제암리에 가 기독교도와 천도교도 약 30명을 교회당 안에 몰아넣은 후 문을 잠그고 집중 사격을 퍼부었다. 일본군은 증거를 없애기 위해 교회당에 불을 지른 후, 다시 부근의 채암리에 가서 민가를 방화하고 주민들을 학살했다. 이 만행에 분노한 선교사 스코필드(Frank W. Schofield)가 현장을 사진에 담아 〈수원에서의 일본군 잔악 행위에 관한 보고서〉를 작성하여 미국에 보내 여론화하였다.

40. 물산 장려 운동

정답 ②

암기박사 물산 장려 운동 ⇒ 평양

정답 해설

물산 장려 운동은 1920년대에 민족 경제의 자립을 목적으로 평양에서 시작하여 전국으로 확산되었다. 평양에서 조만식이 조선 물산 장려회 발기인 대회를 개최하고 '조선 사람 조선 것'이라는 구호 아래 물산 장려 운동을 전개하였다.

오답 해설

① 혜상공국 혁파 → 갑신정변

우정국 낙성 축하연을 이용해 갑신정변을 일으킨 개화당 정부는 혜상공국의 혁파를 주장하였다. → 보부상을 보호하기 위한 기관

③ 유생 주도 → 위정척사 운동

위정척사 운동은 바른 것은 지키고 사악한 것을 물리치는, 즉 성리학 이외의 모든 종교와 사상을 배격하는 운동으로 위정척사 사상을 지닌 유생들이 주도하였다.

④ 문화 통치 실시 계기 → 3·1 운동

3·1 운동에서 나타난 민족적 저항과 국제적 여론 악화는 일제가 무단 통치를 완화하고 이른바 문화 통치를 실시하는 계기가 되었다.

😊**핵심노트** ▶ 물산 장려 운동

- **배경** : 회사령 철폐(1920)와 관세 철폐(1923) 등으로 일본 대기업의 한국 진출이 용이해지자 국내 기업의 위기감 고조
- **목적** : 민족 기업을 지원하고 민족 산업을 육성함으로써 민족 경제의 자립을 달성
- **발족** : 조선 물산 장려회(1920)가 조만식 등이 중심이 되어 평양에서 최초 발족
- **활동** : 일본 상품 배격, 국산품 애용 등을 강조
- **구호** : 내 살림 내 것으로, 조선 사람 조선 것, 우리가 만들어서 우리가 쓰자
- **확산** : 전국적 민족 운동으로 확산되면서 근검 절약, 생활 개선, 금주 · 단연 운동도 전개
- **문제점** : 상인, 자본가 중심으로 추진되어 상품 가격 상승 초래, 사회주의자들의 비판
- **결과** : 초기에는 전국적으로 확산되었으나, 일제의 탄압과 친일파의 개입, 사회주의 계열의 방해 등으로 큰 성과를 거두지 못함

41. 윤봉길 의거

암기박사 홍커우 공원 의거 ⇒ 윤봉길
정답 ③

정답 해설

김구가 조직한 한인 애국단 소속의 윤봉길은 상하이 홍커우 공원에서 의거를 일으켜 일본군 축하 기념식에 폭탄을 투척하고 한국인의 독립 의지를 만방에 알렸다(1932).

오답 해설

① 의열단 단장, 한국광복군 부사령관 → 김원봉

의열단 단장인 김원봉은 황포 군관 학교에 입학하여 군사 훈련을 받은 후 중국 국민당 정부의 지원을 받아 조선 혁명 간부 학교를 설립하였다. 또한 중국 난징에서 좌익계 정당인 조선 민족 혁명당을 결성하였고, 조선의용대 일부를 이끌고 한국광복군에 합류한 후 한국광복군 부사령관으로 활약하였다.

② 일제 강점기 저항 시인 → 윤동주

윤동주는 일제 강점기에 활동한 시인이자 독립 운동가이다. 그는 문인 활동을 통해 일제의 탄압에 저항하였고, 「서시」, 「별 헤는 밤」 등의 작품을 남겼다.

④ 도쿄에서 일왕에 폭탄 투척 → 이봉창

이봉창은 일제 강점기 독립 운동가로 김구가 조직한 한인 애국단에 가입한 후 도쿄에서 일본 국왕을 향해 폭탄을 투척하였다.

😊**핵심노트** ▶ 독립운동가의 의거 활동

- **안중근**(1909) : 하얼빈에서 이토 히로부미 사살
- **이재명**(1909) : 명동 성당 앞에서 이완용 저격
- **박재혁**(1920) : 부산 경찰서에 폭탄 투척
- **강우규**(1920) : 사이토 총독에게 폭탄 투척
- **나석주**(1926) : 동양 척식 주식회사에 폭탄 투척
- **이봉창**(1932) : 도쿄에서 일왕에 폭탄 투척
- **윤봉길**(1932) : 홍커우 공원에서 일본군에 폭탄 투척

42. 민족 말살 통치기의 일제 정책

암기박사 신사 참배 ⇒ 민족 말살 통치기
정답 ①

정답 해설

중일 전쟁 발발 이후 일제가 본격적인 전시 체제 구축을 위해 제정한 법령은 국가 총동원법으로, 민족 말살 통치기에 제정되었다. 이 시기에 일본은 천황을 신격화하여 신사를 세우고 강제로 참배하게 하였다.

오답 해설

② 조선 태형령 → 무단 통치기

일제는 무단 통치기에 한국인에 한하여 태형을 통해 형벌을 가하는 조선 태형령을 공포하였다.

③ 경성 제국 대학 설립 → 문화 통치기

조선 교육회는 우리 손으로 대학을 설립하고자 조선 민립 대학 기성회를 중심으로 모금 운동을 전개하였으나 일제가 경성 제국 대학을 설립하면서 중단되었다.

④ 카프(KAPF) 결성 → 문화 통치기

1920년대 사회주의 사상이 지식인 사이에 퍼지면서 현실 비판 의식이 강하고 문학의 사회적 실천을 강조한 신경향파 작가들이 카프(KAPF)를 결성하였다. ← 조선 프롤레타리아 예술가 동맹

😊**핵심노트** ▶ 민족 말살 통치기의 일제 정책

- 우리 말, 우리 역사 교육 금지
- 조선 · 동아일보 폐간
- 창씨개명
- 황국 신민 서사 암송
- 신사 참배, 궁성 요배 강요
- 조선 사상범 보호 관찰령
- 조선 사상범 예비 구금령
- 병참 기지화 정책
- 남면북양 정책
- 국가 총동원령, 국민 징용령, 여자 정신 근로령

43. 독도의 역사

암기박사 울릉도의 독도 관할 ⇒ 대한 제국 칙령 제41호
정답 ①

정답 해설

우리나라의 가장 동쪽에 위치한 섬은 독도로, 대한 제국은 "독도의 두 섬인 죽도, 석도를 울릉군에서 관리한다."는 칙령 제41호를 통해 울릉도를 군으로 승격시키고 독도를 관할하게 하였다.

😊**핵심노트** ▶ 독도의 역사

- **우산국 복속** : 신라 지증왕은 이사부를 파견하여 우산국(울릉도)을 복속(512)
- **세종실록 지리지** : 우산과 무릉 2섬이 울진현 정동 바다 가운데 있다고 하면서 울릉도와 독도를 조선 영토로 관리하고 있음을 보여줌(1454)
- **안용복의 일본 도해** : 조선 숙종 때 동래의 어민인 안용복은 울릉도에 출몰하는 일본 어민들을 쫓아내고, 일본에 2차례 건너가 울릉도와 독도가 조선의 영토임을 확인받고 돌아옴(1696)
- **동국문헌비고** : 조선 영조 때 홍봉한 등이 정리한 한국학 백과사전인 동국문헌비고에 울릉과 독도는 모두 우산국의 땅이라고 명확하게 기록됨(1770)
- **심흥택 보고서** : 울도 군수 심흥택이 독도가 울도군 관할이라는 내용이 들어간 문서를 정부에 보고함(1906)

44. 민족주의 사학자 신채호

정답 ①

암기박사 독사신론 집필 ⇒ 신채호

정답 해설

민중의 직접 혁명을 주장하는 조선 혁명 선언을 집필한 대표적인 민족주의 사학자는 단재 신채호이다. 그는 만주와 부여족 중심의 고대사를 서술한 독사신론을 저술하여 민족주의 사관의 기초를 마련하였다.

오답 해설

② 파리 강화 회의 파견 → 김규식

신한 청년당의 김규식은 파리 강화 회의에 대표로 파견되어 독립 청원서를 제출하였다.

③ 조선사회경제사 저술 → 백남운

백남운은 유물 사관을 토대로 식민 사학의 정체성론을 반박하는 조선사회경제사를 저술하였다.

④ 대조선 국민 군단 창설 → 박용만

박용만은 하와이에서 독립군 사관을 양성할 목적으로 대조선 국민 군단을 창설하고 군사 훈련을 실시하였다.

핵심노트 ▶ 민족주의 사학자 신채호

• 조선 상고사 : 역사는 아(我)와 비아(非我)의 투쟁의 기록
• 조선사 연구초 : 낭가 사상을 강조하여 묘청의 서경 천도 운동을 '조선 1천년래 제일대 사건'으로 높이 평가
• 조선 상고 문화사 : 조선 상고사에서 다루지 못한 상고사 관련 부분과 우리 민족의 전통적 풍속, 문화 등을 다룸 → 대종교와 연결되는 전통적 민간신앙에 관심을 보임
• 독사신론 : 일제 식민사관에 기초한 일부 국사교과서를 비판하기 위해 대한 매일 신보에 연재, 만주와 부여족 중심의 고대사 서술로 근대 민족주의 역사학의 초석을 다짐
• 조선 혁명 선언(한국 독립 선언서, 의열단 선언) : 무장투쟁과 민중 혁명을 강조한 민중 봉기를 주장 → 의열단의 요청으로 집필

45. 전두환 정부

정답 ④

암기박사 3저 호황 ⇒ 전두환 정부

정답 해설

삼청 교육대가 운영되고 국풍 81이 개최되었으며 교복 자율화가 시행된 것은 전두환 정부 때의 일이다. 전두환 정부 때에 유가 하락, 달러 가치 하락, 금리 하락의 3저 호황으로 물가가 안정되고 수출이 증가하였다.

오답 해설

① 서울 올림픽 대회 개최 → 노태우 정부

노태우 정부 때에 동서 양 진영 160개국이 참가한 제24회 서울 올림픽 대회가 개최되었다.

② 한 · 미 상호 방위 조약 체결 → 이승만 정부

이승만 정부 때에 한 · 미 상호 방위 조약이 체결되어 한반도에서 무력 충돌이 일어날 경우 유엔의 결정 없이 미국이 즉각 개입할 수 있게 되었다.

③ 제차 경제 개발 5개년 계획 실시 → 박정희 정부

박정희 정부 때에 기간산업, 사회 간접 자본 확충, 경공업 중심의 수출 산업 육성을 위한 제1차 경제 개발 5개년 계획이 실시되었다.

46. 대한민국 정부 수립 과정

정답 ③

암기박사 신탁 통치 반대 집회 ⇒ 유엔 한국 임시 위원단 내한 ⇒ 대한민국 정부 수립

정답 해설

8 · 15 광복 직후 모스크바 3국 외상 회의에 의해 미 · 소 공동 위원회를 설치하고 5년간의 한국 신탁이 결정되자 전국적으로 신탁 통치에 대한 반대 운동이 일어났다. 이후 유엔 총회의 결의에 따라 한반도에서 인구 비례에 따른 남북한 총선거 실시를 위해 유엔 한국 임시 위원단이 내한하였다(1948. 1)

오답 해설

① 유신 헌법 공포 → 박정희 정부

박정희 정부 때 장기 독재를 가능하게 한 유신 헌법이 공포되어 대통령 권한이 극대화 되었다(1972).

② 경부 고속 도로 개통 → 박정희 정부

박정희 정부 때에 서울과 부산을 연결하는 경부 고속 도로가 개통되었다(1970).

④ 반민족 행위 특별 조사 위원회 구성 → 이승만 정부

대한민국 정부 수립 후인 이승만 정부 때에 제헌 국회에서 일제 강점기 친일 행위를 한 사람들을 처벌하고 공민권을 제한하기 위해 반민족 행위 특별 조사 위원회가 구성되었다(1948. 9).

핵심노트 ▶ 광복 이후의 현대사

8 · 15 광복(1945. 8) → 모스크바 3국 외상 회의 개최(1945. 12) → 제1차 미 · 소 공동 위원회 개최(1946. 3) → 좌 · 우 합작 위원회 구성(1946. 7) → 제2차 미 · 소 공동 위원회 개최(1947. 5) → 유엔 한국 임시 위원단 방한(1948. 1) → 김구의 남북 협상 참석(1948. 4) → 5 · 10 총선거 실시(1948. 5) → 대한 민국 헌법 공포(1948. 7) → 대한 민국 정부 수립(1948. 8)

47. 6 · 25 전쟁의 경과

정답 ②

암기박사 흥남 철수 작전 ⇒ 6 · 25 전쟁

정답 해설

판문점에서 열린 휴전 회담은 6 · 25 전쟁에 대한 휴전 협정을 체결하기 위한 것이다. 6 · 25 전쟁 당시 중공군의 개입으로 전세가 불리해지자, 국군과 유엔군은 흥남항을 통해 대규모의 철수 작전이 전개되었다.

오답 해설

① 애치슨 선언 → 6 · 25 전쟁 이전

6 · 25 전쟁 이전 미국의 극동 방위선에서 한반도를 제외한 애치슨 선언으로 북한이 남침 가능성을 오판하여 6 · 25 전쟁이 발발하였다(1950).

③ 미 · 소 공동 위원회 개최 → 6 · 25 전쟁 이전

모스크바 3국 외상 회의의 합의에 따라 한국의 임시정부 수립을 원조할 목적으로 제1차 미 · 소 공동 위원회가 개최되었다(1946).

④ 조선 건국 준비 위원회 결성 → 6 · 25 전쟁 이전

8 · 15 광복 직후 일제의 패망과 광복에 대비하여 건국 작업을 진행하기 위해 여운형이 조선 건국 준비 위원회를 결성하였다(1945).

🖐 핵심노트 ▶ 6·25 전쟁의 경과

전쟁 발발 → 서울 함락(1950. 6. 28) → 한강 대교 폭파(1950. 6. 28) → 낙동강 전선으로 후퇴(1950. 7) → 인천 상륙 작전(1950. 9. 15) → 서울 탈환(1950. 9. 28) → 중공군 개입(1950. 10. 25) → 압록강 초산까지 전진(1950. 10. 26) → 서울 철수(1951. 1. 4) → 서울 재수복(1951. 3. 14) → 휴전 제의(1951. 6. 23) → 휴전 협정 체결(1953. 7. 27)

48. 5·18 민주화 운동

암기박사 신군부의 비상 계엄 확대 ⇒ 5·18 민주화 운동　　정답 ④

정답 해설

임을 위한 행진곡은 5·18 민주화 운동 당시 사망한 윤상원과 박기순의 영혼 결혼식에 헌정된 노래이다. 5·18 민주화 운동은 전두환·노태우 등 신군부의 비상계엄 확대와 무력 진압에 저항하여 발발하였다(1980).

오답 해설

① 3·15 부정 선거 → 4·19 혁명

이승만 정권의 장기 독재와 자유당 정권의 3·15 부정선거로 4·19 혁명이 발발하였고 그 결과 이승만 대통령이 하야하였다(1960).

② 4·13 호헌 조치 철폐 → 6월 민주 항쟁

박종철 고문치사와 전두환 정부의 4·13 호헌 조치 발표로 호헌 철폐와 독재 타도 등의 구호를 내세운 6월 민주 항쟁이 촉발되었다(1987).

③ 유신 체제의 붕괴 계기 → 부·마 민주 항쟁

YH 사건으로 발발한 부·마 민주 항쟁은 유신 체제가 붕괴하는 계기가 되었다(1979). ▸ 신민당 당사에서 폐업에 항의하는 YH 무역 노동자들의 농성을 강경 진압한 사건

49. 김대중 정부의 경제 상황

암기박사 국민 기초 생활 보장법 제정 ⇒ 김대중 정부　　정답 ①

정답 해설

외환 위기를 극복하기 위해 금 모으기 운동을 전개한 것은 김대중 정부 때의 일이다. 이 시기에 생활이 어려운 사람에게 최저 생활을 보장하고 자활을 조성할 목적으로 국민 기초 생활 보장법이 제정되었다.

오답 해설

② 서울 G20 정상 회의 개체 → 이명박 정부

이명박 정부 때에 G20 주요 경제국 정상들이 모이는 G20 정상 회의가 아시아 최초로 서울에서 개최되었다.

③ 한·미 자유 무역 협정(FTA) 체결 → 노무현 정부

노무현 정부 때에 한·미 자유 무역 협정(FTA)이 체결되어 미국과의 무역 장벽을 허무는 계기가 되었다. ▸ 발효는 이명박 정부 때부터 임

④ 경제 협력 개발 기구(OECD) 가입 → 김영삼 정부

김영삼 정부 때에 선진국 진입의 관문인 경제 협력 개발 기구(OECD)에 29번째 회원국으로 가입하였다.

🖐 핵심노트 ▶ 김대중 정부(국민의 정부, 1998.3 ~ 2003.2)

- 베를린 선언 : 남북 경협, 냉전 종식과 평화 공존, 남북한 당국 간 대화 추진
- 남북 정상 회담 개최 : 평양에서 최초로 남북 정상 회담 개최
- 6·15 남북 공동 선언 : 1국가 2체제 통일 방안 수용, 이산가족 방문단의 교환, 협력과 교류의 활성화 등
- 금강산 관광 시작(1998), 육로 관광은 2003년부터 시작
- 경의선 철도 연결 사업 ▸ 2000년 9월 착공, 2003년 12월 완료
- 남북한의 교류 협력을 위한 개성 공업 지구 조성에 합의
- 금 모으기 운동, 노사정 위원회 구성, 신자유주의 경제 정책 추진
- 수출, 무역 흑자 증가, 벤처 기업 창업 등으로 외환위기 극복
- 중학교 의무 교육 실시, 만 5세 유아에 대한 무상 교육·보육 등 추진

50. 박정희 정부

암기박사 3선 개헌안 통과 ⇒ 박정희 정부　　정답 ①

정답 해설

한일 국교 정상화에 따른 굴욕적인 대일 외교에 반대하여 6·3 시위가 일어난 것은 박정희 정부 때의 일이다(1964). 박정희 정부 때에 장기 집권 시도를 위해 3선 개헌안이 통과되었다(1969).

오답 해설

② 남북 기본 합의서 채택 → 노태우 정부

노태우 정부 때에 상호 화해와 불가침, 교류 및 협력 확대 등을 규정한 남북 기본 합의서를 채택하였다.

③ 한·일 월드컵 축구 대회 개최 → 김대중 정부

김대중 정부 때에 한국과 일본이 공동 주최한 한·일 월드컵 축구 대회가 아시아에서 최초로 개최되었다.

④ 최초의 이산가족 고향 방문 → 전두환 정부

전두환 정부 때에는 최초로 이산가족의 고향 방문이 성사되어 평양에서 이산가족 고향 방문과 예술 공연단 교환을 실현하였다.

1. 신석기 시대의 생활 모습

정답 ①

암기박사 농경과 목축 시작 ⇒ 신석기 시대

정답 해설

빗살무늬 토기는 신석기 시대의 유물로 식량을 저장하거나 조리하는 데 사용되었다. 신석기 시대에는 농경과 목축을 통한 신석기 혁명이 일어나 식량 채집 단계에서 식량 생산 단계로 진입하였다.

오답 해설

② 거친무늬 거울 → 청동기 시대

청동기 시대에는 청동 거울인 거친무늬 거울을 사용하였다.

③ 동굴, 막집 → 구석기 시대

구석기 시대에는 주로 동굴이나 강가의 막집에서 살면서 어로, 채집 생활을 하였다.

④ 고인돌 : 지배자 무덤 → 청동기 시대

청동기 시대에는 지배자(족장)의 무덤으로 고인돌을 만들었다.

핵심노트 ▶ 신석기 시대의 경제 생활

- **농경과 목축의 시작** : 신석기 시대 중기까지는 사냥 · 채집 · 어로 생활이 중심이었고, 후기부터 농경과 목축이 시작됨
- **유물 및 유적** : 봉산 지탑리와 평양 남경 유적의 탄화된 좁쌀은 신석기 후기의 잡곡류 (조 · 피 · 수수) 경작을 반영함 → 쌀이나 콩, 보리 등은 청동기 시대부터 경작됨
- **주요 농기구** : 돌괭이(석초), 돌보습, 돌삽, 돌낫, 맷돌(연석) 등 → 나무로 된 농기구도 존재했을 것으로 짐작됨
- **농경 형태** : 집 근처의 조그만 텃밭을 이용하거나 강가의 퇴적지를 소규모로 경작
- **사냥 · 채집 · 어로** : 주로 활이나 돌창, 돌도끼 등으로 사슴류와 멧돼지 등을 사냥하거나 다양한 크기의 그물, 작살, 뼈낚시 등을 이용하여 고기를 잡음
- **원시 수공업** : 가락바퀴(방추차)나 뼈바늘(골침)로 옷, 그물, 농기구 등을 제작

2. 고조선의 역사

정답 ②

암기박사 한 무제의 침략으로 멸망 ⇒ 고조선

정답 해설

제시된 만화에서 사람을 죽인 자, 상해를 입힌 자, 도둑질한 자에 대한 형벌을 제시한 것은 고조선의 법금 8조이다. 고조선은 우거왕 때 한 무제의 침략으로 왕검성이 함락되어 멸망하였다.
  └→ 지금의 평양성

오답 해설

① 온조 : 하남 위례성 → 백제

온조는 하남 위례성에 도읍을 정하고 백제를 건국하였다.

③ 책화 : 읍락 간 경계 중시 → 동예

동예에는 각 부족의 영역을 엄격히 구분하여 다른 부족의 생활권을 침범하면 노비와 소 · 말로 변상하게 하는 책화가 존재하였다.

④ 제사장 : 천군 / 신성 구역 : 소도 → 삼한

별읍의 신성 지역인 소도는 천군이 의례를 주관하고 제사를 지내는 곳으로 삼한에 있었다.

핵심노트 ▶ 고조선의 8조법

- 사람을 죽인 자는 사형에 처한다(살인죄).
- 남에게 상해를 입힌 자는 곡식으로 갚는다(상해죄).
- 도둑질 한 자는 노비로 삼고 만약 용서를 받고자 한다면 50만전의 돈을 내야 한다(절도죄).

3. 고구려 소수림왕의 업적

정답 ④

암기박사 불교 수용, 태학 설립, 율령 반포 ⇒ 고구려 소수림왕

정답 해설

고구려 제17대 왕인 소수림왕은 고국원왕의 아들로 순도를 통해 불교를 수용하고 국립 교육 기관인 태학을 설립하여 인재를 양성하였다. 또한 율령을 반포하여 국가의 통치 체제를 정비하였다.

오답 해설

① 사비 천도, 국호 남부여 → 백제 성왕

백제 성왕은 웅진에서 사비로 천도하고 국호를 남부여로 변경하였으며, 신라 진흥왕과 연합하여 한강 하류 지역을 되찾았다.

② 최초의 진골 출신 왕 → 신라 무열왕

진골 귀족 출신 중 최초로 김춘추가 왕위에 올라 신라 무열왕이 되었다.

③ 백제의 전성기 → 백제 근초고왕

백제의 근초고왕은 고구려의 평양성을 공격하고 마한의 나머지 세력을 정복하여 백제 최대의 영토를 확보하는 등 백제의 전성기를 이끌었다.

핵심노트 ▶ 소수림왕의 체제 개혁

- **율령 반포** : 국가 체제 정비
- **불교 수용** : 신화 · 설화와 종교 · 철학으로 규합
- **태학 설립** : 교육 기반 강화

4. 무구정광대다라니경

암기박사 불국사 삼층 석탑 ⇒ 무구정광대다라니경

정답 ④

정답 해설

불국사 삼층 석탑은 경북 경주의 불국사에 있는 통일 신라의 석탑으로, 내부에서 현존하는 세계 최고(最古)의 목판 인쇄물인 무구정광대다라니경이 발견되었다.

오답 해설

① 동국여지승람 증보판 → 신증동국여지승람

신증동국여지승람은 조선 중종 때 이행 등이 왕명에 따라 동국여지승람을 증보하고 개정한 인문 지리서이다.

② 현존 최고(最古)의 금속 활자본 → 직지심체요절

직지심체요절은 현존하는 세계에서 가장 오래된 금속 활자본으로, 청주 흥덕사에서 간행되었으며 현재 프랑스 국립 도서관에 소장되어 있다.

③ 인도 기행문 → 왕오천축국전

왕오천축국전은 혜초가 인도와 중앙아시아의 풍물을 기록한 기행문으로 현재 프랑스 국립 도서관에 소장되어 있다.

핵심노트 ▶ 무구정광대다라니경

국보 제126호로 목판으로 인쇄된 불경이다. 불국사 3층 석탑(석가탑)의 해체 · 복원 공사가 진행되던 1966년 탑신부 제2층에 안치된 사리함 속에서 다른 유물들과 함께 발견되었다. 출간 연대의 상한과 하한은 700년대 초 ~ 751년인데, 이는 이전까지 가장 오래된 인경으로 알려진 일본의 백만탑 다라니경(770년에 인쇄)보다 앞선 것이다.

5. 백제 무령왕의 업적

암기박사 22담로 : 왕족 파견 ⇒ 백제 무령왕

정답 ③

정답 해설

충청남도 공주에 있는 무령왕릉은 중국 남조의 영향을 받은 벽돌 무덤 양식으로, 무덤의 주인을 알 수 있는 묘지석이 출토되었다. 백제 무령왕은 지방 통제를 강화하기 위해 지방의 주요 지점에 22담로를 설치하고 왕족을 파견하였다.

오답 해설

① 고흥 : 서기 편찬 → 백제 근초고왕

백제 근초고왕은 고흥으로 하여금 역사서인 서기를 편찬하게 하였다.

② 국호 : 남부여 → 백제 성왕   → 전하지 않음

백제 성왕은 웅진에서 사비로 천도하고 국호를 남부여로 변경하였다.

④ 동진으로부터 불교 수용 → 백제 침류왕

백제의 침류왕은 동진의 마라난타를 통해 불교를 수용하였다.

핵심노트 ▶ 무령왕릉

무령왕릉은 충남 공주시 금성동에 위치하며 송산리 고분군에 포함되어 있다. 무령왕릉은 당시 중국 양(梁)나라 지배계층 무덤의 형식을 그대로 모방하여 축조한 벽돌무덤 양식이다. 무덤 안에서 무덤의 주인공을 알려주는 묘지석이 발견됨으로써 백제 제25대 무령왕(501~523)의 무덤이라는 사실이 밝혀졌다.

6. 가야의 문화유산

암기박사 철제 판갑옷과 투구 ⇒ 가야 문화유산

정답 ③

정답 해설

김해 대성동 고분군은 김수로왕에 의해 건국된 금관가야의 무덤이다. 철제 판갑옷과 투구는 대표적인 가야의 문화유산으로, 당시 가야가 철의 나라라고 할 정도로 철이 많이 생산되었음을 알 수 있다.

오답 해설

① 금동 연가 7년명 여래 입상 → 고구려 문화유산

금동 연가 7년명 여래 입상은 두꺼운 의상과 긴 얼굴 모습에서 북조 양식을 따르고 있으나, 강인한 인상과 은은한 미소에는 고구려의 독창성이 보인다.

② 호우명 그릇 → 신라 문화유산

호우명 그릇은 경주의 고분에서 출토된 신라의 문화유산으로, 광개토 대왕을 나타내는 글자가 새겨져 있어 신라와 고구려의 관계를 엿볼 수 있다.

④ 산수무늬 벽돌 → 백제 문화유산

충남 부여의 사비시대 절터에서 출토된 벽돌로, 불교적 요소와 도교적 요소를 함께 갖추고 있다. 산수 무늬의 화려한 장식은 당시 백제인들의 문화 수준과 이상적인 정신세계를 반영한다.

7. 해상왕 장보고

암기박사 완도 : 청해진 ⇒ 통일 신라 : 장보고

정답 ④

정답 해설

통일 신라의 장보고는 완도를 해상 무역 거점지로 삼아 청해진을 설치하였으며, 해적을 소탕하여 해상 무역로를 보호하고 당, 일본과의 국제 무역을 주도하였다.

오답 해설

① 이두 정리, 화왕계 저술 → 설총

설총은 원효의 아들로 한자의 음과 훈을 차용한 이두를 체계적으로 정리하였고, 신문왕에게 향락을 배격하고 경계로 삼도록 화왕계를 지어 올렸다.

② 우산국 정복 → 이사부

신라 지증왕 때 이사부는 우산국(울릉도)을 정복하고 그 부속 도서(독도)를 복속시켰다.

③ 순교한 불교인 → 이차돈

이차돈은 신라 법흥왕 때 불교를 전파하기 위해 스스로 순교한 불교인으로, 법흥왕은 이차돈의 순교 후 불교를 공인하였다.

8. 을지문덕의 살수 대첩

정답 ③

암기박사 을지문덕 : 살수 대첩 ⇒ 여 · 수 전쟁

정답 해설

수 양제가 고구려를 2차 침입했을 때 을지문덕 장군이 우중문의 30만 별동대를 살수로 유인하여 크게 물리쳤다(612).

오답 해설

① 귀주대첩 → 고려 강감찬

10만 대군의 소배압이 이끄는 거란의 3차 침입에 맞서 강감찬은 귀주에서 거란을 격퇴하였다(1019).

② 안시성 전투 → 고구려 양만춘

연개소문이 정변을 일으키자 당 태종(이세민)이 이를 빌미로 고구려를 공격하였고 양만춘이 안시성 전투에서 당의 군대를 격퇴하였다(645).

④ 천리장성 축조 → 고구려 연개소문

고구려 영류왕 때 연개소문은 대당 강경책을 추진하고, 당의 침입에 대비해 부여성에서 비사성에 이르는 천리장성을 축조하였다(647).

핵심노트 ▶ 여 · 수 전쟁

원인	수의 압박으로 돌궐이 약화되고 신라가 친수 정책을 취하자 이에 위기의식을 느낀 고구려가 먼저 중국의 요서 지방을 공격
경과	• 제1차 침입(영양왕, 598) : 수 문제의 113만 대군이 침입했으나 실패 • 제2차 침입(영양왕, 612) : 수 양제의 30만 대군이 침입했으나 을지문덕이 이끄는 고구려군에게 살수에서 대패(살수 대첩) • 제3 · 4차 침입(영양왕, 613 · 614) : 수 양제가 침입했으나 모두 실패
결과	수가 멸망하는 원인으로 작용(618)

9. 발해의 역사

정답 ④

암기박사 발해 건국 ⇒ 대조영

정답 해설

남북국에서 남국은 통일 신라 북국은 발해를 말한다. 발해는 고구려 출신 대조영이 고구려 유민과 말갈 집단들을 규합하여 동모산에서 건국하였다.

오답 해설

① 기인 제도 실시 → 고려

고려 태조는 지방 호족 세력을 통제하기 위해 지방 호족과 향리의 자제를 인질로 뽑아 중앙에 머무르게 하는 기인 제도를 실시하였다.

② 9주 5소경 설치 → 통일 신라

통일 신라는 통일 전 5주 2소경을 9주 5소경 체제로 정비하여 중앙 집권 및 지방 통제력을 강화하였다.

③ 한의 침략으로 멸망 → 고조선

고조선은 우거왕 때 한 무제의 침략으로 왕검성이 함락되어 멸망하였다.
↳ 지금의 평양성

• 고구려 장군 대조영을 중심으로 한 고구려 유민과 말갈 집단들은 길림성의 돈화시 동모산 기슭에서 발해를 건국(698) → 남쪽의 신라와 남북국의 형세를 형성
• 연호를 천통이라 하였고, 처음에 국호를 진(震)이라 하였다가 곧 발해로 고침(713)
• 건국 후 대조영(고왕)은 당 침략에 대비해 돌궐과 신라에 사신을 보내 통교하였고, 이후 당과도 외교관계를 수립(713)

10. 고려 태조의 업적

정답 ①

암기박사 훈요 10조 ⇒ 고려 태조

정답 해설

신라의 항복을 받고 후백제를 격파하여 후삼국을 통일한 왕은 고려 태조 왕건이다. 그는 훈요 10조를 통해 후대 왕들이 지켜야 할 정책 방향을 제시하였다.

오답 해설

② 과거 제도 시행 → 고려 광종

고려 광종 때 인재를 등용하기 위해 후주인 쌍기의 건의로 과거 제도를 시행하였다.

③ 전민변정도감 설치 → 고려 공민왕

고려 공민왕 때 전민변정도감을 설치하여 권문세족들이 부당하게 빼앗은 토지와 노비를 본래의 소유주에게 돌려주거나 양민으로 해방시켰다.

④ 12목에 지방관 파견 → 고려 성종

고려 성종은 최승로의 시무 28조에 따라 전국에 12목을 설치하고 지방관을 파견하였다.

핵심노트 ▶ 고려 태조의 정책

• 민족 융합 정책 : 호족 세력의 포섭 · 통합, 통혼 정책(정략적 결혼), 사성 정책(성씨의 하사), 사심관 제도와 기인 제도, 역분전 지급, 본관제, 정계와 계백료서, 훈요 10조
• 민생 안정책 : 취민유도, 조세 경감, 흑창, 노비 해방, 민심의 수습
• 숭불 정책 : 불교 중시, 연등회 · 팔관회, 사찰의 건립(법왕사, 왕수사, 흥국사, 개태사 등), 승록사 설치
• 북진 정책 : 고구려 계승 및 발해 유민 포용, 서경 중시, 거란에 대한 강경 외교(국교 단절, 만부교 사건), 여진족 축출

11. 과전법의 이해

정답 ④

암기박사 전 · 현직 관리 : 수조권 지급 ⇒ 공양왕 : 과전법

정답 해설
↳ 토지로부터 조세를 거둘 수 있는 권리
고려 공양왕 때 조준, 정도전 등의 건의로 실시된 토지 제도는 과전법으로 전 · 현직 관리에게 토지의 수조권을 지급하였다. 과전법의 시행으로 신진 사대부들의 경제적 기반을 확대하고 농민의 지지를 확보하였다.

오답 해설

① 환곡의 폐단 → 흥선 대원군 : 사창제

흥선대원군은 환곡의 폐단을 시정하고자 마을 단위로 공동 운영하는 사창제를 실시하였다.

② 군정의 문란 → 흥선 대원군 : 호포제

흥선대원군은 군정의 문란을 바로잡기 위해 평민에게만 받던 군포를 양반에게도 부과하는 호포제를 실시하였다.

③ 군포 1필로 경감 → 영조 : 균역법

영조는 1년에 2필씩 걷던 군포를 1필로 줄이는 균역법을 시행하여 백성들의 부담을 경감시켰다.

👆 **핵심노트** ▶ 과전법의 특성

- 신진 사대부의 경제적 기반 : 관리가 직접 수조권 행사 → 사대부 우대 조항
- 세습 불가의 원칙과 예외 : 1대(代)가 원칙이나, 수신전 · 휼량전 · 공신전 등은 세습 → 사대부 우대 조항
- 1/10세 규정 : 공 · 사전을 불문하고 생산량의 1/10세를 규정하여, 법적으로 병작반수제를 금지하고 농민을 보호
- 농민의 경작권 보장 : 수조권자 · 소유권자가 바뀌어도 이를 보장해 농민의 지지를 유도
- 현직 · 전직 관리(직 · 산관)에게 수조권 지급

12. 직지심체요절

암기박사　직지심체요절 간행 ⇒ 청주 흥덕사　정답 ①

정답 해설

직지심체요절은 현존하는 세계에서 가장 오래된 금속 활자본으로, 1972년 박병선 박사가 발견하여 세상에 알려졌다. 직지심체요절은 1377년 청주 흥덕사에서 간행되었으며 현재 프랑스 국립 도서관에 소장되어 있다.

13. 윤관의 별무반

암기박사　별무반 : 여진 정벌 ⇒ 윤관　정답 ②

정답 해설

별무반은 고려 숙종 때 여진 정벌을 위해 윤관의 건의로 조직된 특수 부대로, 기병인 신기군, 보병인 신보군, 승병인 항마군으로 편성되었다. 윤관은 고려 예종 때 별무반을 이끌고 여진을 정벌하여 동북 9성을 축조하였다.

오답 해설

① 강동 6주 획득 → 서희

거란의 1차 침입 때 고려는 청천강에서 거란의 침략을 저지하는 한편, 서희가 거란의 소손녕과 협상하여 강동 6주를 획득하였다.

③ 우산국 정복 → 이사부

신라 지증왕 때 이사부는 우산국(울릉도)을 정복하고 그 부속 도서(독도)를 복속시켰다.

④ 6진 개척 → 김종서

조선 세종 때 김종서는 여진족을 정벌하고 두만강 유역의 6진을 개척하였다.

👆 **핵심노트** ▶ 별무반의 여진 정벌과 동북 9성

고려는 여진에게 패배한 원인을 첫째, 여진이 기병 중심인 데 반해 고려는 보병 중심인 점, 둘째, 6위가 약화되었다는 점에서 찾았다. 이에 윤관은 숙종에게 신기군(기병), 신보군(보병), 항마군(승병)으로 구성된 별무반을 건의하였다. 예종 2년, 윤관은 별무반을 이끌고 출전하여 갈라전 일대를 점령하고 동북 9성을 축조하였다. 그러나 이어진 여진의 무력 항쟁으로 불리해진 고려는 9성을 환부하고 여진과 화친을 맺었다. 여기에는 장기간 계속된 전쟁 준비로 물자 및 인명 피해가 컸다는 점과, 개경과 9성 사이의 거리가 너무 멀다는 점, 지형 조건상 9성을 지키기 어려웠다는 점도 작용하였다.

14. 원 간섭기

암기박사　일연 : 삼국유사 편찬 ⇒ 원 간섭기　정답 ③

정답 해설

- 제주도 대몽 항쟁(1273) : 삼별초가 김통정의 지휘 아래 제주도 항파두리에서 몽골과 항전하였으나 여 · 몽 연합군에게 진압되었다.
- (가) 원 간섭기(1259~1356) : 원 간섭기인 고려 충렬왕 때 일연이 삼국유사를 편찬하였다(1285).
- 쌍성총관부 공격(1356) : 고려 공민왕은 반원 자주 정책의 일환으로 쌍성총관부를 공격하고 철령 이북의 땅을 수복하였다.

오답 해설

① 별무반 편성 → 원 간섭기 이전

고려 숙종 때 윤관이 여진 정벌을 위한 특수 부대인 별무반을 편성하였다(1104).

② 김헌창의 난 → 원 간섭기 이전

신라 하대 헌덕왕 때 웅천주(공주) 도독 김헌창이 아버지가 왕위 쟁탈전에서 패한 것에 대해 불만을 품고 반란을 일으켰다(822).

④ 전민변정도감 설치 → 원 간섭기 이후

고려 공민왕 때 신돈은 전민변정도감을 설치하고 권문세족에게 빼앗긴 토지와 노비를 본래의 소유주에게 돌려주거나 양민으로 해방시켰다(1366).

👆 **핵심노트** ▶ 삼국유사

시기 및 저자	원 간섭기인 충렬왕 11년(1285)에 일연이 저술
사관	불교적 · 자주적 · 신이적
체제	기사본말체, 총 9권
내용	• 단군~고려 말 충렬왕 때까지 기록, 신라 관계 기록이 다수 수록됨 • 단군 조선과 가야 등의 기록, 수많은 민간전승과 불교 설화 및 향가 등 수록

15. 고려 시대의 경제 상황

정답 ④

암기박사 화폐 : 활구(은병) ⇒ 고려 시대

정답 해설

→ 고려 숙종 때 사용된 병 모양의 은화인 은병의 속칭

개경은 고려의 수도이며, 청자는 고려의 대표적인 문화유산이다. 고려 시대에는 활구라고 불리는 은병이 유통되었는데 은병의 입구가 넓어 활구라고 불렸으며, 은 1근을 사용하여 우리나라의 지형을 본 떠 만들었다.

오답 해설

① 모내기법의 전국 보급 → 조선 후기

조선 후기에는 직파법에서 이앙법으로 모내기법이 전국적으로 보급되어 벼와 보리의 이모작이 확산되었다.

② 장시의 발달 : 보부상 → 조선 후기

조선 후기에는 장시가 발달하였고 보부상들이 전국의 장시를 연결하여 일용 잡화나 농·수산물, 수공업 제품, 약재 등을 판매·유통하였다.

③ 상품 작물 : 담배, 면화 → 조선 후기

조선 후기에는 담배, 면화 등 시장에서 판매하기 위한 상품 작물의 재배가 활발하였다.

핵심노트 ▶ 고려의 화폐 발행

화폐를 발행하면 그 이익금을 재정에 보탤 수 있고 경제 활동을 장악할 수 있으므로, 상업 활동이 활발해지는 것과 함께 화폐 발행이 논의되었다. 그리하여 성종 때 건원중보가 제작되었으나 널리 유통되지는 못했다. 이후 숙종 때 삼한통보, 해동통보, 해동중보 등의 동전과 활구(은병)가 제작되었으나 당시의 자급자족적 경제 상황에서는 불필요했으므로 주로 다점이나 주점에서 사용되었을 뿐이며, 일반적인 거래에 있어서는 곡식이나 베가 사용되었다.

16. 문익점의 목화씨 전래

정답 ②

암기박사 원 : 목화씨 전래 ⇒ 문익점

정답 해설

고려 말 공민왕 때 문익점이 원에서 목화씨를 들여와 목화 재배가 시작되고 목화솜으로 옷을 만들어 입었다.

오답 해설

① 박지원 → 열하일기

연암 박지원은 조선 후기의 실학자로 청에 다녀온 후 열하일기를 집필하여 청의 문물을 소개하였고, 양반전을 지어 양반의 허례와 무능을 풍자하였다.

③ 정약용 → 목민심서

다산 정약용은 실학 사상을 집대성한 조선 최고의 실학자로, 목민심서를 저술하고 수원 화성 축조시 거중기를 이용하였다.

④ 홍대용 → 의산문답

담헌 홍대용은 의산문답을 통해 지전설 및 무한 우주론을 제시하고 중국 중심의 화이론적 세계관을 비판하였다.

17. 조선 태종의 업적

정답 ④

암기박사 6조 직계제 시행 ⇒ 조선 태종

정답 해설

조선 시대 16세 이상의 남자들이 신분을 증명하기 위해 몸에 차고 다녔던 호패를 발급한 것은 조선 태종 때의 일이다. 두 차례에 걸친 왕자의 난을 통해 왕위에 오른 태종(이방원)은 왕권을 강화시키기 위해 의정부의 권한을 약화시키고 6조 직계제를 실시하였다.

오답 해설

① 균역법 시행 → 영조

영조 때 농민의 부담을 덜어주기 위해 군포 2필을 부담하던 것을 1년에 군포 1필로 경감하는 균역법을 시행하였다.

② 직전법 실시 → 세조

세조는 과전이 부족해지자 직전법을 실시하여 현직 관리에게만 수조권을 지급하였다.　→ 토지로부터 조세를 거둘 수 있는 권리

③ 5군영 체제 완성 → 숙종

숙종 때 궁궐 수비를 담당하는 기병으로 구성된 금위영을 설치하여 5군영 체제를 완성하였다.　→ 훈련도감 → 총융청 → 수어청 → 어영청 → 금위영

핵심노트 ▶ 조선 태종의 업적

- **국왕 중심의 통치 체제 정비** : 의정부 권한의 약화, 육조 직계제 채택, 사병 혁파, 언론·언관의 억제, 외척과 종친 견제
- **경제 기반의 안정** : 호패법 실시, 양전 사업 실시, 유향소 폐지, 노비변정도감 설치
- **억불숭유** : 사원 정리, 사원전 몰수, 서얼 차대법, 삼가 금지법
- **기타 업적** : 신문고 설치, 주자소 설치, 아악서 설치, 사섬서 설치, 5부 학당 설치
  → 계미자 등 동활자 주조　　→ 지폐인 저화 발행

18. 조선의 건국 과정

정답 ①

암기박사 위화도 회군(1388) ⇒ 과전법 실시(1391) ⇒ 조선 건국(1392) ⇒ 한양 천도(1394)

정답 해설

고려 우왕이 요동 정벌을 위해 이성계를 파견하였으나, 이성계는 4불가론을 들어 요동 정벌을 반대하고 위화도에서 회군하였다. 위화도에서 회군한 태조 이성계는 최영을 제거한 후 국호를 조선으로 바꾸었으며, 한양으로 도읍을 천도하고 경복궁을 건설하였다(1394).

오답 해설

② 비변사 혁파 → 흥선 대원군

흥선 대원군은 왕권 강화의 일환으로 비변사를 혁파하고 의정부의 기능을 회복시켰다.

③ 대전회통 편찬 → 흥선 대원군

흥선 대원군은 경국대전, 속대전, 대전통편 등을 보완한 대전회통을 편찬하여 통치 체제를 정비하였다.

④ 훈민정음 창제 → 조선 세종

조선 세종은 집현전 학자들과 독창적인 문자인 훈민정음을 창제하였다.

👆 **핵심노트** ▶ 위화도 회군(1388)

- 최영과 이성계 등은 개혁의 방향을 둘러싸고 갈등
- 우왕의 친원 정책에 명이 쌍성총관부가 있던 철령 이북의 땅에 철령위 설치를 통보
- 요동 정벌을 둘러싸고 최영 측과 이성계 측이 대립
- 이성계는 위화도에서 회군하여 최영을 제거하고 군사적, 정치적 실권을 장악
- 국호를 조선으로 바꾸고 한양으로 도읍을 천도한 후 경복궁 건설

19. 조선 세종의 업적

🏷 **암기박사**   4군 6진 개척 ⇒ 세종대왕

정답 ①

정답 해설

집현전 학자들과 독창적인 문자인 훈민정음을 창제한 왕은 조선 세종이다. 세종은 최윤덕과 김종서를 보내 여진을 정벌하고 압록강과 두만강 일대에 4군 6진을 개척하여 오늘날의 국경선을 확정하였다.

오답 해설

② 경국대전 완성 → 성종

경국대전은 조선 사회의 통치 방향과 이념을 제시한 조선의 기본 법전으로, 세조 때 편찬에 착수한 후 성종 때 완성되었다.

③ 김정호 : 대동여지도 → 철종

대동여지도는 조선 철종 때 김정호가 제작한 우리나라 대축척 지도로, 산맥·하천·포구·도로망의 표시가 정밀해지고 거리를 알 수 있도록 10리마다 눈금을 표시하였다.

④ 백두산정계비 건립 → 숙종

숙종은 청의 요구로 조선과 청의 경계를 정한 백두산정계비를 세워, 동쪽으로 토문강과 서쪽으로 압록강을 경계로 삼았다.

👆 **핵심노트** ▶ 4군 6진 개척(세종)

- 4군(압록강 유역) : 최윤덕 → 여연·우예·자성·무창
- 6진(두만강 유역) : 김종서 → 온성·종성·경원·부령·회령·경흥

20. 조선 성종의 업적

🏷 **암기박사**   국조오례의 편찬 ⇒ 조선 성종

정답 ④

정답 해설

경국대전은 조선 세조 때 편찬을 시작하여 성종 때 반포한 조선의 기본 법전으로 조선 사회의 통치 방향과 이념을 제시하였다. 성종 때 신숙주, 정척 등이 국가의 의례를 정비한 국조오례의를 편찬하였다.

오답 해설

① 영정법 시행 → 인조

인조는 영정법을 실시하여 종전 연분 9등제 하에서 풍흉에 따라 최대 20에서 최하 4두를 걷던 것을 풍흉에 관계없이 토지 1결당 쌀 4두를 거두었다.

② 한양 천도 → 태조

태조 이성계는 위화도에서 회군하여 최영을 제거한 후 국호를 조선으로 바꾸고 한양으로 천도하였다.

③ 나선 정벌 → 효종

효종은 러시아의 남하로 청과 러시아 간 국경 충돌이 발생하자 청의 원병 요청으로 나선 정벌을 단행하였다.

👆 **핵심노트** ▶ 조선 성종(1469~1494)

- **사림 등용** : 김숙자·김종직 등의 사림을 등용하여 의정부의 대신들을 견제 → 훈구와 사림의 균형을 추구
- **홍문관(옥당) 설치** : 학술·언론 기관(집현전 계승), 경서 및 사적관리, 문한의 처리 및 왕의 정치적 고문 역할
- **경연 중시** : 단순히 왕의 학문 연마를 위한 자리가 아니라 신하(정승, 관리)가 함께 모여 정책을 토론하고 심의
- **독서당(호당) 운영** : 관료의 학문 재충전을 위해 운영한 제도, 성종 때 마포의 남호 독서당, 중종 때 두모포에 동호 독서당이 대표적 → 교육 기관의 경비에 충당하기 위해 지급된 토지
- **관학의 진흥** : 성균관과 향교에 학전과 서적을 지급해 관학을 진흥
- **유향소의 부활(1488)** : 유향소는 세조 때 이시애의 난으로 폐지(1488)되었으나 성종 때 사림 세력의 정치적 영향력 확대에 따라 부활됨
- **경국대전 반포(1485)** : 세조 때 착수해 성종 때 완성·반포
- **토지 제도** : 직전법 하에서 관수관급제를 실시해 양반관료의 토지 겸병과 세습, 수탈 방지
- **숭유억불책** : 도첩제 폐지 → 승려가 되는 길을 없앤 완전한 억불책
- **문물 정비와 편찬 사업** : 건국 이후 문물제도의 정비를 마무리하고, 경국대전, 삼국사절요, 고려사절요, 악학궤범, 동국통감, 동국여지승람, 동문선, 국조오례의 등을 편찬

21. 홍문관 대제학

🏷 **암기박사**   홍문관의 수장 ⇒ 대제학

정답 ③

정답 해설

홍문관은 궁궐 내의 서적을 관리하고 왕의 각종 자문에 응하는 기구로, 그 장은 대제학이다. 홍문관은 조선 성종 때 집현전을 계승하여 설치된 학술·언론 기관으로 사헌부, 사간원과 함께 삼사로 불렸다.

오답 해설

① 사헌부의 수장 → 대사헌

사헌부는 감찰 탄핵 기관으로 사간원과 함께 대간을 구성하였으며, 그 장은 대사헌이다.

② 사간원의 수장 → 대사간

사간원은 대사간을 수장으로 하는 언관으로서, 왕에 대한 간쟁과 논박을 담당하였다.

④ 승정원의 수장 → 도승지

승정원은 왕명의 출납을 담당하는 왕의 비서 기관으로, 도승지를 포함한 6명의 승지로 구성되어 있다.

👆 **핵심노트** ▶ 조선 시대 삼사의 구성

- **사헌부** : 감찰 탄핵 기관, 사간원과 함께 대간을 구성하여 서경권 행사, 장은 대사헌(종2품)
- **사간원** : 언관으로서 왕에 대한 간쟁, 장은 대사간(정3품)
- **홍문관** : 경연을 관장, 문필·학술 기관, 고문 역할, 장은 대제학(정2품)

22. 조광조의 개혁 정치

암기박사 현량과 실시 ⇒ 조광조

정답 ③

정답 해설

조선 중종 때 <u>위훈 삭제</u>가 원인이 되어 발생한 기묘사화로 사약을 받은 [중종반정의 공신 대다수가 거짓 공훈으로 공신에 올랐다 하여 그들의 관직을 박탈하려 함]
인물은 조광조이다. 그는 도교 기관인 소격서의 폐지를 주장하고, 천거제
의 일종인 현량과의 실시를 건의하였다.

오답 해설

① 성학십도 저술 → 이황

이황은 성학십도를 선조에게 올려 군주의 도(道)에 관한 학문의 요체
를 도식으로 설명하였다.

② 백운동 서원 건립 → 주세붕

조선 중종 때 풍기 군수 주세붕은 안향의 봉사를 위해 최초의 서원인
백운동 서원을 건립하였다.

④ 시헌력 도입 주장 → 김육

조선 인조 때 김육은 청으로부터 시헌력 도입을 주장하였는데, 시헌력
은 서양의 수치와 계산 방법이 채택된 숭정역법을 교정한 것이다.

핵심노트 ▶ 조광조의 개혁 정치

- 현량과(천거과) 실시 : 천거제의 일종인 현량과를 통해 사림을 대거 등용
- 위훈 삭제 : 중종 반정의 공신 대다수가 거짓 공훈으로 공신에 올랐다 하여 그들의 관
직을 박탈하려 함 → 훈구 세력의 불만을 야기해 기묘사화 발생
- 이조 전랑권 형성 : 이조 · 병조의 전랑에 인사권과 후임자 추천권 부여
- 도학 정치를 위한 성학군주론 주장 → 경연 및 언론 활성화를 주장
- 공납제의 폐단을 지적하고 대공수미법 주장
- 균전론을 내세워 토지소유의 조정(분배)과 1/10세를 제시
- 향촌 자치를 위해 향약의 전국적 시행을 추진
- 불교 · 도교 행사 금지 : 승과제도 및 소격서 폐지
- 주자가례를 장려하고 유교 윤리 · 의례의 보급을 추진
- 소학의 교육과 보급운동을 전개 → 이를 통해 유교적 가치를 강조하고 지주전호제를 옹호
- 언문청을 설치하여 한글 보급
- 유향소 철폐를 주장

23. 제주도의 역사적 사실

암기박사 하멜 표류 ⇒ 제주도

정답 ③

정답 해설

네덜란드 상인인 하멜 일행이 표류하다 도착한 곳은 제주도로 우리나라
에 서양 문물을 전파하였다.

오답 해설

① 삼별초 : 대몽 항쟁 → 강화도

몽골과의 강화가 성립된 후 고려 정부의 개경 환도에 반대하여 배중손
이 이끄는 삼별초는 강화도에서 반몽 정권을 수립하였다.
[고려 최씨 무신 정권 때의 특수 군대]

② 정약전 : 자산어보 → 흑산도

정약전이 자산어보를 저술한 섬은 흑산도로, 흑산도 귀양 중 근해의
해산물 등을 직접 채집 · 조사하여 155종의 해산물에 대한 명칭 · 분
포 · 형태 · 습성 등을 기록하였다.

④ 영국 : 러시아의 남하 견제 → 거문도

갑신정변 이후 조 · 러 수호 통상 조약이 체결되자 영국은 러시아의 남
하를 견제하기 위해 거문도를 불법으로 점령하였다.

24. 대동법의 시행

암기박사 선혜청 : 토지 결수 기준 ⇒ 대동법

정답 ③

정답 해설

대동법은 광해군 때 경기도에서 처음 시행되었으며, 효종 때에는 김육이
충청도 지역까지 대동법의 확대 실시를 건의하였다. 공납의 폐단을 해결
할 목적으로 시행한 대동법은 선혜청에서 주관하였으며, 토지 결수를 기
준으로 공납을 부과하였다.

오답 해설

① 수조권 지급 → 과전법 [토지로부터 조세를 거둘 수 있는 권리]

고려 공양왕 때 관리들에게 수조권을 지급하는 과전법을 실시하여 신
진 사대부의 경제적 기반을 마련하였다.

② 군포 납부액 1필로 경감 → 균역법

조선 영조 때 농민의 부담을 덜어주기 위해 군포 2필을 부담하던 것을
1년에 군포 1필로 경감하는 균역법을 시행하였다.

④ 풍흉에 관계없이 1결당 4~6두 부과 → 영정법

조선 인조 때 영정법을 실시하여 풍흉에 관계없이 토지 1결당 미곡
4~6두로 전세를 고정하였다.

핵심노트 ▶ 대동법의 시행

- 내용 : 가호에 부과하던 토산물(현물)을 토지 결수에 따라 쌀 등으로 납부하게 하고, 정
부는 수납한 쌀 등을 공인에게 공가로 지급하여 그들을 통해 필요한 물품을 구입
- 목적 : 경저리 등 지방 관리의 방납 폐해를 시정하고, 전후 농민 부담을 경감
- 결과 : 국가 수요품과 공물의 불일치 문제 개선, 국가 재정 확충, 군량미 부족 해결

25. 다산 정약용

암기박사 여전론 : 마을 단위의 토지 분배와 공동 경작 ⇒ 다산 정약용

정답 ③

정답 해설

조선 정조 때 정약용이 기기도설을 참고하여 제작한 거중기는 수원 화성
축조에 이용되었다. 다산 정약용은 마을 단위의 토지 분배와 공동 경작을
위한 여전론을 주장하였다.

오답 해설

① 동학 창시 → 최제우

최제우는 세도 정치기인 철종 때 동학을 창시하고 인내천 사상을 바탕
으로 인간의 존엄성과 평등을 강조하였다.

② 추사체 창안 → 김정희

김정희는 굳센 기운과 다양한 조형성을 가진 독자적 필체인 추사체를
창안하였다.

④ 사상 의학 확립 → 이제마

이제마는 사람의 체질을 태양인, 태음인, 소양인, 소음인으로 구분하
고 체질에 따라 처방을 달리해야 한다는 사상 의학을 확립하였다.

👆 **핵심노트** ▶ 다산 정약용(1762~1836)

- 이익의 실학사상을 계승하면서 실학을 집대성
- 정조 때 벼슬길에 올랐으나 신유박해 때에 전라도 강진에 유배
- 500여 권의 저술을 여유당전서로 남김
- 3부작(1표 2서) : 목민심서, 경세유표, 흠흠신서
- 여전론 : 토지 제도의 개혁론으로 처음에는 여전론을, 후에 정전론을 주장
- 거중기를 설계하여 수원 화성 축조 시 활용

26. 담헌 홍대용

정답 ③

🏷️ **암기박사** 의산문답 저술 ⇒ 담헌 홍대용

정답 해설

조선 후기 지전설과 무한우주론을 주장한 과학 사상가이자 실학자는 담헌 홍대용이다. 그는 의산문답을 통해 중국 중심의 세계관을 비판하였다.

오답 해설

① 북학의 : 절약보다 소비 권장 → 박제가
박제가는 청에 다녀온 후 북학의를 저술하고 재물을 우물에 비유하여 절약보다 소비를 권장하였다.
② 칠정산 : 역법서 → 이순지
이순지는 조선 세종 때 한양을 기준으로 천체 운동을 계산한 역법서인 칠정산을 저술하였다.
④ 동의수세보원 : 의학서 → 이제마
조선 후기 의학자 이제마는 동의수세보원을 저술하고 사상 의학을 정립하였다.

👆 **핵심노트** ▶ 담헌 홍대용(1731~1783)

- 토지 개혁론으로 균전론 주장 : 1호당 평균 2결씩의 농지를 배분
- 임하경륜(부국론) : 기술 혁신, 신분제 개혁 주장, 병농일치의 군대 조직, 교육 기회의 균등 강조, 성리학의 극복이 부국강병의 근본이라 주장
- 의산문답 : 김석문의 지구 회전설을 계승해 지전설을 주장하여 화이관 비판
  → 지전설 : 김석문, 홍대용, 이익, 정약용 등
- 저술 : 임하경륜, 의산문답, 연기 등이 담헌서에 전해짐, 수학 관계 저술로 주해수용이 있음

27. 홍경래의 난

정답 ②

🏷️ **암기박사** 서북민에 대한 차별 ⇒ 홍경래의 난

정답 해설

제시된 격문의 내용에서 관서 지역의 사람들을 '평안도 놈'이라고 비난한 것으로 볼 때, 조선 순조 때 일어난 홍경래의 난이다. 홍경래의 난은 삼정이 문란했던 세도 정치기에 서북민에 대한 차별과 가혹한 수취에 반발하여 일어났다(1811). → 평안도민
① 만적의 난 → 개경
고려 무신 집권기 때 최충헌의 사노 만적을 비롯한 노비들이 개경에서 반란을 모의하였다(1198).
③ 원종과 애노의 난 → 상주
통일 신라 진성여왕 때 중앙 정부의 기강이 극도로 문란해져 사벌주

(상주)의 원종과 애노의 난을 시작으로 농민의 항쟁이 전국적으로 확산되었다(889).
④ 망이ㆍ망소이의 난 → 공주
고려 무신 집권기 때 망이ㆍ망소이가 가혹한 수탈에 저항하여 공주 명학소에서 난을 일으켰다(1176).

👆 **핵심노트** ▶ 홍경래 난(평안도 농민 전쟁, 순조 11, 1811)

- 의의 : 세도 정치기 당시 농민 봉기의 선구
- 중심 세력 : 몰락 양반인 홍경래의 지휘 하에 광산 노동자들이 중심적으로 참여하였고, 영세 농민ㆍ중소 상인ㆍ유랑인ㆍ잔반 등 다양한 세력이 합세
- 원인
  - 서북인(평안도민)에 대한 차별 및 가혹한 수취
  - 서울 특권 상인 등의 이권 보호를 위해 평안도 지역 상공인과 광산 경영인을 탄압ㆍ차별하고 상공업 활동을 억압
  - 세도 정치로 인한 관기 문란, 계속되는 가뭄ㆍ흉작으로 인한 민심 이반
- 경과 : 가산 다복동에서 발발하여 한때 청천강 이북의 7개 고을을 점령하였으나 5개월 만에 평정
- 영향 : 이후 각지의 농민 봉기 발생에 영향을 미침 → 관리들의 부정과 탐학은 시정되지 않음

28. 신미양요의 결과

정답 ①

🏷️ **암기박사** 신미양요 : 어재연이 격퇴 ⇒ 척화비 건립

정답 해설

제너럴셔먼호 사건을 구실로 미국의 로저스 제독이 5척의 군함을 이끌고 강화도를 공격하자 어재연 등이 이끄는 조선의 수비대가 광성보, 초지진 등지에서 전투를 벌였고, 이를 계기로 흥선 대원군의 쇄국 의지는 더욱 강해져 종로와 전국 각지에 척화비가 세워졌다(1871).

오답 해설

② 외규장각 의궤 약탈 → 병인양요
프랑스는 병인박해 때의 프랑스 신부 처형을 구실로 로즈 제독의 함대가 양화진을 침입하여 병인양요를 일으켰고, 철군 시 문화재에 불을 지르고 외규장각의 의궤도 국외로 약탈하였다(1866).
③ 제너럴셔먼호 사건 → 신미양요
미국 상선 제너럴셔먼호가 통상을 요구하다 평양 군민과 충돌하여 불타 침몰된 사건으로 신미양요의 원인이 되었다(1866).
④ 남연군의 묘 도굴 → 오페르트 도굴 사건
독일 상인 오페르트가 통상을 거부당하자 충청남도 덕산에 있는 남연군의 묘를 도굴하다가 발각되었고, 이로 인해 흥선 대원군의 쇄국 의지는 더욱 강화되었다(1868).

👆 **핵심노트** ▶ 신미양요(1871)

원인	병인양요 직전에 미국 상선 제너럴셔먼호가 통상을 요구하다 평양 군민과 충돌하여 불타 침몰된 사건(제너럴셔먼호 사건)
경과	미국은 제너럴셔먼호 사건을 구실로 로저스 제독이 이끄는 5척의 군함으로 강화도를 공격
결과	어재연 등이 이끄는 조선의 수비대가 광성보와 갑곶 등지에서 격퇴하고 척화비 건립

29. 창경궁의 역사

암기박사 세종이 태종을 모신 궁궐 ⇒ 창경궁

정답 ③

정답 해설

조선 시대에 창덕궁과 함께 동궐로 불린 궁은 창경궁이다. 창경궁의 처음 이름은 수강궁으로 세종이 생존한 상왕인 태종을 모시기 위해 지은 궁이었으나, 일제에 의해 창경원으로 격하되고 동물원과 식물원 등이 설치되었다.

오답 해설

① 흥선 대원군 중건 → 경복궁

경복궁은 태조 이성계가 한양으로 도읍을 천도하면서 처음 지어졌고, 임진왜란 당시 불타 소실된 것을 흥선 대원군이 중건하였다.

② 유사시 피난용 궁궐 → 경희궁

경희궁의 처음 이름은 경덕궁으로 유사시 왕이 본궁을 떠나 피난하는 이궁으로 지어졌으나, 여러 왕이 정사를 보았기 때문에 동궐인 창덕궁에 대해 서궐이라 불렸다.

④ 고종이 환궁한 곳 → 덕수궁

덕수궁은 고종이 아관파천 이후 러시아 공사관에서 환궁한 곳으로, 원래 명칭은 경운궁이었으나 순종이 즉위하면서 태상황이 된 고종이 궁호를 덕수궁으로 바꾸었다.

핵심노트 ▶ 한국의 고궁

- **경복궁** : 사적 제117호로 서울 종로구 세종로 1번지에 위치한다. 조선시대 궁궐 중 가장 중심이 되는 곳으로 태조 3년(1394) 한양으로 수도를 옮긴 후 세웠다.
- **창덕궁** : 조선시대 궁궐 가운데 하나로 태종 5년(1405)에 세워졌다. 당시 종묘 · 사직과 더불어 정궁인 경복궁이 있었으므로, 이 궁은 하나의 별궁으로 만들었다.
- **창경궁** : 조선시대 궁궐로 태종이 거처하던 수강궁터에 지어진 건물이다.
- **덕수궁** : 경운궁으로 불리다가, 고종황제가 1907년 왕위를 순종황제에게 물려준 뒤에 이곳에서 계속 머물게 되면서 고종황제의 장수를 빈다는 뜻의 덕수궁으로 고쳐 부르게 되었다.
- **경희궁** : 원종의 집터에 세워진 조선후기의 대표적인 이궁이다. 광해군 8년(1616)에 세워진 경희궁은 원래 경덕궁 이었으나 영조 36년(1760)에 이름이 바뀌었다.

30. 임오군란의 영향

암기박사 임오군란 ⇒ 청의 내정 간섭 심화

정답 ④

정답 해설

개화 정책에 반발하여 구식 군인들이 일으킨 사건은 임오군란이다. 임오군란 때 명성황후 일파가 청에 군대 파견을 요청하고 흥선 대원군을 압송함으로써 청의 내정 간섭이 심화되는 결과를 가져왔다(1882).

오답 해설

① 운요호 사건 → 강화도 조약

일본 군함 운요호가 연안을 탐색하다 강화도 초지진에서 조선 측의 포격을 받자 이를 구실로 불평등 조약인 강화도 조약이 체결되었다(1876).

② 개화 정책 → 통리기무아문 설치

고종은 개화 정책의 일환으로 통리기무아문을 설치하고 그 아래 12사를 두어 외교 · 군사 · 산업 등의 업무를 분장하였다(1880).

③ 병인양요 → 외규장각 도서 약탈

병인양요는 조선 정부의 프랑스 선교사 처형이 구실이 되어 일어났으며, 외규장각 도서가 약탈당하는 피해를 입었다(1866).

핵심노트 ▶ 임오군란으로 인한 조약 체결

- **제물포 조약(1882. 7)** : 일본과 제물포 조약을 체결하여 배상금을 지불하고 군란 주동자의 처벌을 약속, 일본 공사관의 경비병 주둔을 인정 → 일본군의 주둔 허용
- **조 · 청 상민 수륙 무역 장정(1882. 8)** : 청의 속국 인정, 치외법권, 서울과 양화진 개방, 내지 통상권, 연안 무역 · 어업권, 청 군함 항행권 등 → 청 상인들의 통상 특권이 넓게 허용되어 조선 상인들의 피해 증가

31. 군국기무처

암기박사 군국기무처 ⇒ 제1차 갑오개혁

정답 ③

정답 해설

군국기무처는 제1차 갑오개혁 때 개혁 추진을 위해 설치된 초정부적 의결 기구이다. 제1차 갑오개혁 때 김홍집 친일 내각은 군국기무처를 중심으로 과거제, 노비제, 연좌제 등을 폐지하는 개혁을 단행하였다.

오답 해설

① 정방 → 고려 무신 집권기

고려 무신 집권기 때 최우는 자신의 집에 교정도감에서 인사 행정 기능을 분리한 정방을 설치하여 문무 관직에 대한 인사권을 장악하였다.

② 교정도감 → 고려 무신 집권기

교정도감은 고려 무신 집권기 때 최충헌이 설치한 최고의 정치 기구로 인재 천거, 조세 징수, 감찰, 재판 등을 수행하였다. → 수장 : 교정별감

④ 통리기무아문 → 개화기

고종은 개화 정책 전담 기구인 통리기무아문을 설치하고 그 아래 12사를 두어 외교 · 군사 · 산업 등의 업무를 분장하였다.

핵심노트 ▶ 제1차 갑오개혁 : 군국기무처

정치	연호 개국, 왕실과 정부 사무 분리, 6조를 80아문으로 개편, 과거제 폐지
경제	재정 일원화로 탁지아문이 관장, 은 본위 화폐 제도, 조세 금납제, 도량형 통일
사회	신분제 철폐, 공 · 사 노비제 폐지, 조혼 금지, 과부 개가 허용, 인신매매 금지, 고문과 연좌법의 폐지

32. 국채 보상 운동

암기박사 대한매일신보 지원 ⇒ 국채 보상 운동

정답 ②

정답 해설

국채 보상 운동은 정부의 외채를 국민의 힘으로 상환하여 국권을 회복하자는 운동으로 대한매일신보 등 언론의 지원을 받아 전국적으로 확산되었다(1907).

오답 해설

① 집강소 설치 → 동학 농민 운동

농민 자치 기구인 집강소 설치의 계기가 된 것은 동학 농민 운동이다.

③ 조선 노농 총동맹(X) → 국채 보상 운동

국채 보상 운동은 조선 노농 총동맹이 아니라 국채 보상 기성회의 주도로 전개되었다.

④ 조선 총독부의 탄압(X) → 국채 보상 운동

국채 보상 운동(1907)은 한 · 일 합방(1910) 이전의 사건이므로, 조선 총독부의 탄압과 방해로 실패한 것은 아니다.

핵심노트 ▶ 국채 보상 운동의 전개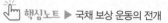

- 서상돈 · 김광제 등이 대구에서 개최한 국민 대회를 계기로 전국으로 확산
- 국채 보상 기성회가 서울 등 전국 각지로 확대되고 대한매일신보 등 여러 신문사들도 적극 후원 → 금연 운동 전개
- 부녀자들은 비녀와 가락지를 팔아서 이에 호응했으며, 여성 단체인 진명 부인회 · 대한 부인회 등은 보상금 모집소를 설치하여 적극적인 활동을 전개
- 일본까지 파급되어 800여 명의 유학생들도 참여

33. 안중근 의거

암기박사 동양 평화론 집필 ⇒ 안중근

정답 ②

정답 해설

안중근 의사는 하얼빈 역에서 일제의 침략 원흉인 이토 히로부미를 사살하고 이듬해에 뤼순 감옥에서 동양 평화론을 집필하던 중 순국하였다(1909).

오답 해설

① 대종교 창시 → 나철

대종교를 창시한 나철은 단군 숭배 사상을 전파하여 민족 의식을 고취하였다.

③ 조선 혁명 선언 작성 → 신채호

신채호는 의열단의 행동 강령으로 민중의 직접 혁명을 주장하는 조선 혁명 선언을 작성하였다.

④ 파리 강화 회의에 파견 → 김규식

신한 청년당은 파리 강화 회의에 김규식을 대표로 파견하여 독립 청원서를 제출하였다.

핵심노트 ▶ 독립운동가의 의거 활동

- 안중근(1909) : 하얼빈에서 이토 히로부미 사살
- 이재명(1909) : 명동 성당 앞에서 이완용 저격
- 박재혁(1920) : 부산 경찰서에 폭탄 투척
- 강우규(1920) : 사이토 총독에게 폭탄 투척
- 나석주(1926) : 동양 척식 주식회사에 폭탄 투척
- 이봉창(1932) : 도쿄에서 일왕에 폭탄 투척
- 윤봉길(1932) : 홍커우 공원에서 일본군에 폭탄 투척

34. 동학 농민 운동

암기박사 유계춘 ⇒ 임술 농민 봉기

정답 ①

정답 해설

'백산 집결 → 황룡촌 전투 → 전주성 점령 → 우금치 전투'는 동학 농민 운동의 전개 과정을 보여준다. 한편, 유계춘의 지휘 아래 진주 지역 농민들이 봉기를 일으킨 것은 임술 농민 봉기이다.

오답 해설

② 고부민란 : 안핵사 파견 → 동학 농민 운동

고부 군수 조병갑의 학정에 고부 민란이 발생하자 사태 수습을 위해 이용태가 안핵사로 파견되었다. → 조선 후기 지방에서 사건이 발생하였을 때 처리를 위해 파견한 임시 직책

③ 집강소 : 폐정 개혁 추진 → 동학 농민 운동

동학 농민 운동 당시 농민군은 자치 기구인 집강소를 설치하고 폐정 개혁을 추진하였다.

④ 청 · 일군 개입 : 전주 화약 → 동학 농민 운동

동학 농민 운동의 봉기로 청 · 일군이 개입하자 정부는 농민군에 휴전을 제의해 전주 화약을 맺었다. → 화목하게 지내자는 약속

핵심노트 ▶ 동학 농민 운동의 전개 과정

삼례 집회 → 경복궁 상소 → 보은 집회 → 고부민란 → 백산 집결 → 황토현 전투 → 황룡천 전투 → 전주성 점령 → 전주 화약 → 집강소 설치 → 일본군 경복궁 침입 → 청 · 일 전쟁 → 남접과 북접의 연합 → 공주 우금치 전투

35. 대한 독립군

암기박사 봉오동 전투 ⇒ 홍범도 : 대한 독립군

정답 ①

정답 해설

대한 독립군은 총사령관인 홍범도를 중심으로 북간도에서 조직된 항일 무장 단체로, 봉오동 전투에서 간도 지역을 기습한 일본군을 상대로 승리를 거두었다.

오답 해설

② 김원봉 : 조선 의용대 → 중국 관내에서 결성된 최초의 한인 무장 부대

김원봉의 조선 의용대는 중국 관내에서 결성된 최초의 한인 무장 부대로, 중 · 일 전쟁 발발 직후 중국 국민당 정부의 지원을 받아 조직되었다. 포로 심문, 요인 사살, 첩보 작전을 수행하였으며 조선 민족 전선 연맹 산하 부대로 한커우에서 창설되었다.

③ 양세봉 : 조선 혁명군 → 남만주 독립군 부대

양세봉의 조선 혁명군은 남만주 일대에서 조직된 독립군 부대로, 중국 의용군과 함께 연합 작전을 전개하여 영릉가와 흥경성 전투에서 일본군을 상대로 승리하였다.

④ 지청천 : 한국 광복군 → 대한민국 임시 정부 산하 독립군 부대

지청천의 한국 광복군은 대한민국 임시 정부 산하의 독립군 부대로, 미국 전략정보처(OSS)의 지원 하에 미군과 연계하여 국내 진공 작전을 계획하였으나 일제의 패망으로 실현하지는 못했다.

핵심노트 ▶ 봉오동 전투(1920. 6)

- 홍범도의 대한 독립군, 최진동의 군무 도독부군, 안무의 국민회군이 연합
- 독립군 근거지를 소통하기 위해 간도 지역을 기습한 일본군 1개 대대 병력을 포위·공격하여 대파

36. 헤이그 특사 이준

정답 ④

암기박사 을사늑약의 불법성 폭로 ⇒ 헤이그 특사 : 이준

정답 해설

이준은 이상설, 이위종과 함께 네덜란드 헤이그에서 열린 만국 평화 회의에 특사로 파견되어 을사늑약 체결의 불법성을 폭로하였다(1907).

오답 해설

① 대종교 창시 → 나철

대종교를 창시한 나철은 단군 숭배 사상을 전파하여 민족 의식을 고취하였다.

② 영남 만인소 주도 → 이만손

이만손은 김홍집의 조선책략 유포에 반발하여 영남 만인소를 주도하고 그의 처벌을 요구하였다.

③ 한국독립운동지혈사 저술 → 박은식

박은식은 일제 침략에 대항하여 독립 투쟁 과정을 정리한 한국독립운동지혈사를 저술하였다.

37. 단오의 세시 풍속

정답 ②

암기박사 창포물에 머리 감기 ⇒ 단오

정답 해설

단옷날은 음력 5월 5일로 수레바퀴 모양의 떡살로 문양을 낸 수리취떡을 해먹고, 여자는 창포물에 머리를 감고 그네를 뛰며 남자는 씨름을 한다.

오답 해설

①·③·④ 부럼 깨기, 쥐불놀이, 오곡밥 먹기 → 정월 대보름

정월 대보름은 음력 1월 15일로 땅콩, 호두, 밤 등의 부럼을 깨물어 먹거나 쌀, 조, 수수, 팥, 콩 등을 섞은 오곡밥을 지어 먹는다. 또한 논밭 두렁에 쥐불을 놓으며 풍년을 기원한다.

38. 저항 시인 이육사

정답 ③

암기박사 이육사 ⇒ 일제 강점기 저항 시인

정답 해설

형무소에 있을 때 수인번호가 이름인 이육사는 일제 강점기 저항 시인으로 본명이 이원록이다. 이육사가 지은 광야는 항일 정신과 작가의 독립운동 정신이 잘 드러난 대표적인 저항시이다.

오답 해설

① 심훈 → 그 날이 오면, 상록수

심훈은 독립 운동가이자 소설가로, 시 '그 날이 오면'과 소설 '상록수' 등의 작품을 남겼다.

② 윤동주 → 서시, 별 헤는 밤, 하늘과 바람과 별과 시

윤동주는 일제 강점기에 활동한 시인이자 독립 운동가이다. 그는 문인 활동을 통해 일제의 탄압에 저항하였고, 서시, 별 헤는 밤 그리고 유고 시집인 하늘과 바람과 별과 시 등의 작품을 남겼다.

④ 한용운 → 님의 침묵

한용운은 불교 개혁 운동을 주도하였고 민족 대표 33인 중 한 명으로 3·1 운동에 참여하였으며 대표적인 저항시인 님의 침묵을 남겼다.

핵심노트 ▶ 1930년대 저항 문학

- 전문적 문인 : 한용운·이육사·윤동주 등은 항일의식과 민족 정서를 담은 작품을 창작
- 비전문적 문인 : 독립 운동가 조소앙, 현상윤 등은 일제에 저항하는 작품을 남김
- 역사 소설 : 김동인·윤백남 등은 많은 역사 소설을 남겨 역사와 민족의식을 고취

39. 산미 증식 계획

정답 ③

암기박사 산미 증식 계획 ⇒ 증산량보다 많은 쌀 일본 반출

정답 해설

제1차 세계 대전 후 일제는 고도성장과 공업화로 인한 식량 부족과 쌀값 폭등을 우리나라에서의 식량 수탈로 해결하려고 산미 증식 계획을 추진하였다. 그 결과 증산량보다 많은 쌀이 일본으로 반출되어 농촌 경제가 파탄에 빠졌다(1920).

오답 해설

① 일본으로의 미곡 유출 금지 → 방곡령 선포

개항 후 지나치게 많은 곡물이 일본으로 반출되자 함경도 관찰사 조병식이 일본으로의 미곡 유출을 금지하는 방곡령을 선포하였다(1889).

② 지계아문 → 지계 발급

대한 제국은 근대적 토지 소유제도 마련을 위해 양지아문을 설치하여 양전사업을 실시하고, 지계아문에서 지계를 토지 소유자에게 발급하였다(1901).
└→ 근대적 토지증서

④ 메가타 → 화폐 정리 사업

재정 고문 메가타의 주도로 조선의 상평통보나 구(舊) 백동화를 일본 제일 은행에서 만든 새 화폐로 교환하는 화폐 정리 사업이 실시되었다(1905).

핵심노트 ▶ 일제의 산미 증식 계획(1920~1934)의 결과

- 식량 사정 악화 : 증산량보다 훨씬 많은 수탈, 만주 잡곡 수입
- 농촌 경제의 파탄 : 쌀 수급량과 관계없이 정해진 목표대로 수탈함으로써 농촌 경제를 파탄에 빠뜨림
- 농민 몰락 : 수리 조합비·비료 대금 등 증산 비용을 농민에게 전가, 지주의 소작료 인상
- 화전민·유랑민·소작농 증가, 만주나 일본 등으로 이주
- 식민지 지주제를 강화하여 식민 지배체제를 위한 사회적 기반을 마련
- 쌀 중심의 단작형 농업 구조 형성
- 소작 쟁의 발생의 원인 제공
- 일제의 농촌 진흥 운동 실시(1932~1940)

40. 석주 이상룡

암기박사 대한민국 임시 정부 초대 국무령 ⇒ 석주 이상룡 `정답 ④`

정답 해설

임청각은 대한민국 임시 정부 초대 국무령을 지낸 석주 이상룡의 생가가 있는 곳이다. 이상룡은 만주 삼원보에 경학사와 신흥 강습소를 세워 독립군을 양성하였다. → 신흥 무관 학교로 발전

오답 해설

① 의열단 단장, 한국광복군 부사령관 → 김원봉

의열단 단장인 김원봉은 황포 군관 학교에 입학하여 군사 훈련을 받은 후 중국 국민당 정부의 지원을 받아 조선 혁명 간부 학교를 설립하였다. 또한 중국 난징에서 좌익계 정당인 조선 민족 혁명당을 결성하였고, 조선의용대 일부를 이끌고 한국광복군에 합류한 후 한국광복군 부사령관으로 활약하였다.

② 조선 건국 동맹, 좌우 합작 위원회 → 여운형

여운형은 일제의 패망과 광복에 대비하여 조선 건국 동맹을 결성하였고 조선 건국 준비 위원회의 위원장을 맡아 완전한 독립 국가 건설을 위해 노력하였다. 또한 우익 측을 대표한 김규식과 함께 좌익 측을 대표하여 좌우 합작 위원회의 주축이 되었다.

③ 대한 광복군 정부 부통령, 대한민국 임시 정부 국무총리 → 이동휘

이동휘는 연해주에 설립된 대한 광복군 정부의 부통령으로 선임되어 무장 독립 전쟁을 준비하였고 3·1 운동 후에 설립된 대한민국 임시 정부의 국무총리를 역임하였다.

41. 6·10 만세 운동

암기박사 6·10 만세 운동 ⇒ 순종의 인산일(1926) `정답 ③`

정답 해설
→ 조선과 대한제국에서 왕이나 황제 직계 가족의 장례일

6·10 만세 운동은 순종의 인산일을 계기로 조선 학생 과학 연구회(사회주의계)를 비롯한 전문학교와 고등보통학교 학생들이 주도하여 일어났다(1926).

핵심노트 ▶ 6·10 만세 운동(1926)

- 배경: 순종의 사망을 계기로 민족 감정 고조(제2의 3·1 운동), 일제의 수탈 정책과 식민지 교육에 대한 반발
- 준비: 민족주의 계열(천도교)과 사회주의 계열이 연대하여 만세 시위 운동을 준비하였으나 사전에 발각
- 전개: 조선 학생 과학 연구회(사회주의계)를 비롯한 전문학교와 고등보통학교 학생이 주도
- 결과: 200여 명의 학생이 검거됨
- 의의: 민족주의계와 사회주의계가 연대하는 계기 마련 → 신간회 결성(1927)에 영향을 미침

42. 제주 4·3 사건

암기박사 제주 4·3 사건 ⇒ 남한 만의 단독 선거 반대 `정답 ③`

정답 해설

제주 4·3 사건은 무장대와 토벌대 간의 무력 충돌로 인해 제주도의 많은 주민이 희생당한 사건이다. 제주 4·3 사건은 5·10 총선거에 반대하여 남한만의 단독 정부 수립에 대한 반발로 일어났으며, 2000년에 진상 규명 등에 관한 특별법이 공포되었다.

오답 해설

① 노동자 운동 → 원산 총파업

원산 총파업은 원산 노동 연합회의 소속 노동자와 일반 노동자들이 합세하여 노동 조건 개선을 요구하며 전개한 1920년대 최대의 파업 투쟁이다.

② 3·1운동 → 제암리 사건

제암리 사건은 3·1운동 당시 일본 군대가 제암리에서 주민을 집단적으로 살해한 사건이다.

④ 민주화 운동 → 부마 민주 항쟁

박정희 정부 때 신민당 당사에서 YH 사건이 일어나 김영삼을 국회의원에서 제명하였고, 이로 인해 부산과 마산에서 유신 철폐와 독재 타도를 외치며 부마 민주 항쟁이 발발하였다.

핵심노트 ▶ 제주 4·3 사건

- 1948년 4월 3일부터 1954년 9월 21일까지 제주도에서 남조선 노동당(남로당) 세력이 주도가 되어 벌어진 무장 항쟁 및 그에 대한 대한민국 군경과 극우 단체의 유혈 진압
- 주장: 남한 단독 선거 반대, 경찰과 극우 단체의 탄압에 대한 저항, 반미구국투쟁 등
- 진압 과정에서 무고한 주민들이 많이 희생됨

43. 한인 애국단

암기박사 상하이: 한인 애국단 조직 ⇒ 김구 `정답 ②`

정답 해설

윤봉길 의사가 가입한 단체는 한인 애국단으로 김구가 상하이에서 조직하였다. 한인 애국단은 이봉창 의거와 윤봉길 의거를 지원하였다.

오답 해설

① 연통제 실시 → 대한민국 임시 정부

대한민국 임시 정부는 국내 비밀 행정 조직인 연통제를 실시하여 문서와 명령 전달, 군자금 송부, 정보 보고 등의 업무를 수행하였다.

③ 고종의 밀지 → 독립 의군부

임병찬이 고종의 밀지를 받아 결성된 비밀 단체는 독립 의군부로, 고종의 복위 및 대한 제국의 재건을 목표로 조직되었다.

④ 조선 혁명 선언 → 의열단

의열단은 민중의 직접 혁명을 주장하는 신채호의 조선 혁명 선언을 행동 강령으로 삼았다.

핵심노트 ▶ 한인 애국단

- 1931년 상해에서 김구가 임시 정부의 위기 타개책으로 조직
- 이봉창 의거(1932. 1. 8) : 도쿄에서 일왕의 행렬에 폭탄 투척
- 윤봉길 의거(1932. 4. 29) : 상하이 훙커우 공원에서 열린 일본국 축하 기념식에서 폭탄 투척
- 임시 정부 인사들이 중국 군관학교에서 훈련할 수 있게 되어 한국 광복군의 탄생의 계기가 됨
- 한반도 문제에 대한 국제적 관심 고조, 독립 운동의 의기 고양
- 중국 국민당(장개석) 정부의 임시 정부 지원 계기 → 한국 광복군 창설(1940)

44. 전주 지역의 역사

정답 ④

암기박사 이승만 : 남한만의 단독 정부 수립 발언 ⇒ 정읍

정답 해설

제1차 미·소 공동 위원회가 개최되었으나 결렬되자 이승만이 정읍에서 남한만의 단독 정부 수립을 발언하였다(1946).

오답 해설

① 견훤 : 후백제 → 전주

견훤은 전라도 지방의 군사력과 호족 세력을 중심으로 완산주(전주)에서 후백제를 건국하였다.

② 동학 농민군 : 화약 체결 → 전주

동학 농민 운동의 봉기로 청·일군이 개입하자 정부는 농민군에 휴전을 제의해 전주 화약을 맺었다. → 화목하게 지내자는 약속

③ 경기전 : 태조 이성계 어진 → 전주

경기전은 태조 이성계의 어진을 모신 사당으로 전북 전주시 완산구에 있다.

45. 민족 말살 통치기의 일제 정책

정답 ②

암기박사 신사 참배 ⇒ 민족 말살 통치기

정답 해설

천황에게 충성을 맹세하는 황국 신민 서사의 암송을 강요한 것은 민족 말살 통치기이다. 이 시기에 일본은 천황을 신격화하여 신사를 세우고 강제로 참배하게 하였다.

오답 해설

① 제복을 입고 칼을 찬 교사 → 무단 통치기

일제는 무단 통치기에 관리와 교원들까지 제복과 칼을 착용하도록 하여 위협적인 분위기를 조성하였다(1910).

③ 암태도 소작 쟁의 → 문화 통치기

전남 신안군 암태도에서 지주들의 고액 소작료에 반발하여 농민들의 소작 쟁의가 일어났다(1925).

④ 원산 총파업 → 문화 통치기

원산 노동 연합회의 소속 노동자와 일반 노동자들이 합세하여 노동 조건 개선을 요구하며 원산 총파업이 전개되었다(1929).

핵심노트 ▶ 민족 말살 통치기의 일제 정책

- 우리 말, 우리 역사 교육 금지
- 조선·동아일보 폐간
- 창씨개명
- 황국 신민 서사 암송
- 신사 참배, 궁성 요배 강요
- 조선 사상범 보호 관찰령
- 조선 사상범 예비 구금령
- 병참 기지화 정책
- 남면북양 정책
- 국가 총동원령, 국민 징용령, 여자 정신 근로령

46. 대한민국 정부 수립 과정

정답 ①

암기박사 5·10 총선거 실시 ⇒ 8·15 광복 직후

정답 해설

8·15 광복 직후 우리나라 최초의 보통 선거인 5·10 총선거가 남한 단독으로 실시되었다(1948. 5).

오답 해설

② 경부 고속 도로 개통 → 박정희 정부

박정희 정부 때에 서울과 부산을 연결하는 경부 고속 도로가 개통되었다(1970).

③ 4·19 혁명 → 이승만 정부

이승만 정권의 장기 독재와 자유당 정권의 3·15 부정선거로 4·19 혁명이 발발하였고 그 결과 이승만 대통령이 하야하였다(1960).

④ 반민족 행위 특별 조사 위원회 구성 → 이승만 정부

대한민국 정부 수립 후인 이승만 정부 때에 제헌 국회에서 일제 강점기 친일 행위를 한 사람들을 처벌하고 공민권을 제한하기 위해 반민족 행위 특별 조사 위원회가 구성되었다(1948. 9).

핵심노트 ▶ 광복 이후의 현대사

8·15 광복(1945. 8) → 모스크바 3국 외상 회의 개최(1945. 12) → 제1차 미·소 공동 위원회 개최(1946. 3) → 좌·우 합작 위원회 구성(1946. 7) → 제2차 미·소 공동 위원회 개최(1947. 5) → 유엔 한국 임시 위원단 방한(1948. 1) → 김구의 남북 협상 참석(1948. 4) → 5·10 총선거 실시(1948. 5) → 대한 민국 헌법 공포(1948. 7) → 대한 민국 정부 수립(1948. 8)

47. 농지 개혁법

정답 ②

암기박사 유상 매수, 유상 분배 ⇒ 농지 개혁법

정답 해설

이승만 정부 때에 소작제를 철폐하고 자영농을 육성하고자 유상 매수, 유상 분배 원칙의 농지 개혁법이 제정되었다(1949).

오답 해설

① 회사 설립 허가제 → 회사령

일제는 무단 통치기 때 회사 설립 시 총독의 허가를 받도록 하는 회사령을 제정하여 민족 기업의 설립을 방해하였다.

③ 일본 : 식량 공급 기지 → 산미 증식 계획

산미 증식 계획은 일제가 조선을 자국의 식량 공급 기지로 만들기 위해 추진한 농업 정책이다.

④ 식민지 통치의 재정 기반 확대 → 토지 조사 사업

일제는 토지 약탈과 식민지 통치의 재정 기반을 확대하기 위해 토지 조사령을 발표하고 토지 조사 사업을 실시하였다.

핵심노트 ▶ 농지 개혁법(1949년 제정, 1950년 시행)

목적	소작제를 철폐하고 자영농을 육성하고자 경자 유전의 원칙에 따라 시행
원칙	• 삼림, 임야 등 비경작지를 제외한 농지만을 대상으로 한 개혁 • 3정보를 상한으로 그 이상의 농지는 유상 매입하고 지가 증권을 발급하여 5년간 지급 • 매수한 토지는 영세 농민에게 3정보를 한도로 유상 분배하여 5년간 수확량의 30%씩을 상환하도록 함

48. 6 · 25 전쟁

암기박사 애치슨 선언 ⇒ 6 · 25 전쟁 이전 　정답 ②

정답 해설

6 · 25 전쟁 이전 미국의 극동 방위선에서 한반도를 제외한 애치슨 선언으로 북한이 남침 가능성을 오판하여 6 · 25 전쟁이 발발하였다.

오답 해설

① 유엔군 참전 → 6 · 25 전쟁

유엔의 지원 결의에 따라 16개국으로 구성된 유엔군이 6 · 25 전쟁에 참전하였다.

③ 흥남 철수 작전 → 6 · 25 전쟁

6 · 25 전쟁 당시 중공군의 개입으로 전세가 불리해지자, 국군과 유엔군은 흥남항을 통해 대규모의 철수 작전을 전개하였다.

④ 인천 상륙 작전 → 6 · 25 전쟁

국군과 유엔군은 맥아더 장군의 인천 상륙 작전을 계기로 전세를 역전시키고 압록강 인근까지 북진하였다.

핵심노트 ▶ 6 · 25 전쟁의 경과

전쟁 발발 → 서울 함락(1950. 6. 28) → 한강 대교 폭파(1950. 6. 28) → 낙동강 전선으로 후퇴(1950. 7) → 인천 상륙 작전(1950. 9. 15) → 서울 탈환(1950. 9. 28) → 중공군 개입(1950. 10. 25) → 압록강 초산까지 전진(1950. 10. 26) → 서울 철수(1951. 1. 4) → 서울 재수복(1951. 3. 14) → 휴전 제의(1951. 6. 23) → 휴전 협정 체결(1953. 7. 27)

49. 역대 정부의 경제 상황

암기박사 수출 100억 달러 달성(박정희 정부) ⇒ 3저 호황(전두환 정부) ⇒ 경제 협력 개발 기구(OECD) 가입(김영삼 정부) 　정답 ③

정답 해설

(가) 수출 100억 달러 달성(박정희 정부) : 박정희 정부 때 수출의 증대로 100억 달러의 수출을 달성하였다.

• 3저 호황(전두환 정부) : 전두환 정부 때에 유가 하락, 달러 가치 하락,

금리 하락의 3저 호황으로 물가가 안정되고 수출이 증가하였다.

(나) 경제 협력 개발 기구(OECD) 가입(김영삼 정부) : 김영삼 정부 때에 선진국 진입의 관문인 경제 협력 개발 기구(OECD)에 29번째 회원국으로 가입하였다.

오답 해설

① 서울 G20 정상 회의 개체 → 이명박 정부

이명박 정부 때에 G20 주요 경제국 정상들이 모이는 G20 정상 회의가 아시아 최초로 서울에서 개최되었다.

② 미국과 자유 무역 협정(FTA) 체결 → 노무현 정부

노무현 정부 때에 한 · 미 자유 무역 협정(FTA)이 체결되어 미국과의 무역 장벽을 허무는 계기가 되었다. → 발효는 이명박 정부 때부터 임

④ 금 모으기 운동 → 김대중 정부

김대중 정부 때 외환 위기를 극복하기 위해 전 국민이 동참한 금 모으기 운동을 전개하였다.

50. 김대중 정부의 통일 노력

암기박사 남북 정상 회담 개최 ⇒ 김대중 정부 　정답 ①

정답 해설

햇볕 정책을 주장한 2000년 베를린 선언은 김대중 정부 때의 일이다. 김대중 정부 때에 평양에서 최초로 남북 정상회담이 개최되었다.

오답 해설

② 남북 기본 합의서 채택 → 노태우 정부

노태우 정부 때에는 상호 화해와 불가침, 교류 및 협력 확대 등을 규정한 남북한 간 최초의 공식 합의서인 남북 기본 합의서를 채택하였다.

③ 남북한 유엔 동시 가입 → 노태우 정부

노태우 정부 때에 제46차 UN 총회에서 개별 회원국으로 남북한이 유엔에 동시 가입하였다.

④ 7 · 4 남북 공동 성명 발표 → 박정희 정부

박정희 정부 때에 7 · 4 남북 공동 성명을 발표하여 '자주, 평화, 민족 대단결'의 민족 통일 3대 원칙을 제시하였다.

핵심노트 ▶ 김대중 정부(국민의 정부, 1998.3 ~ 2003.2)

• 베를린 선언 : 남북 경협, 냉전 종식과 평화 공존, 남북한 당국 간 대화 추진
• 남북 정상 회담 개최 : 평양에서 최초로 남북 정상 회담 개최
• 6 · 15 남북 공동 선언 : 1국가 2체제 통일 방안 수용, 이산가족 방문단의 교환, 협력과 교류의 활성화 등
• 금강산 관광 시작(1998), 육로 관광은 2003년부터 시작
• 경의선 철도 연결 사업 → 2000년 9월 착공, 2003년 12월 완공
• 남북한의 교류 협력을 위한 개성 공업 지구 조성에 합의
• 금 모으기 운동, 노사정 위원회 구성, 신자유주의 경제 정책 추진
• 수출, 무역 흑자 증가, 벤처 기업 창업 등으로 외환위기 극복
• 중학교 의무 교육 실시, 만 5세 유아에 대한 무상 교육 · 보육 등 추진

1. 청동기 시대의 생활 모습

정답 ③

암기박사 비파형 동검 제작 ⇒ 청동기 시대

정답 해설

족장의 무덤인 고인돌과 민무늬 토기는 청동기 시대의 대표적인 유물이다. 청동기 시대에는 비파형 동검을 제작하여 무기로 사용하였다.

오답 해설

① 철제 농기구 → 철기 시대

　철기 시대에는 기존의 석기나 목기 외에 쟁기, 쇠스랑 등의 철제 농기구를 사용하여 농사를 지었다.

② 가락바퀴 : 실을 뽑는 도구 → 신석기 시대

　신석기 시대에는 가락바퀴를 이용하여 실을 뽑고 뼈바늘로 옷을 지어 입었다.
　　└ 방추차　　　　　└ 골침

④ 빗살무늬 토기 : 식량 저장 → 신석기 시대

　신석기 시대에는 빗살무늬 토기를 이용하여 식량을 저장하였다.

핵심노트 ▶ 청동기 시대의 유물

- 무덤 : 고인돌, 돌널 무덤, 돌무지 무덤 등 당시의 무덤에서 출토
- 농기구 : 청동 농기구는 없으며, 석기·목기로 제작된 농기구가 사용됨, 반달 돌칼(추수용), 바퀴날 도끼(환상석부), 홈자귀(유구석부, 경작용), 돌괭이, 나무 쟁기 등
- 청동기 : 무기(비파형 동검 등), 제기, 공구, 거친무늬 거울, 장신구(호랑이·말 모양의 띠고리 장식, 팔찌, 비녀, 말 재갈 등)

2. 삼한의 사회 모습

정답 ①

암기박사 제사장 : 천군, 신성 지역 : 소도 ⇒ 삼한

정답 해설

한반도 남부에 위치했던 삼한은 신성 지역인 소도(蘇塗)에서 의례를 주관하는 천군이라는 제사장이 존재하였다. 또한 삼한에는 대군장인 신지와 소군장인 읍차 등의 지배자가 있었다.

오답 해설

② 서옥제 : 혼인 풍습 → 고구려

　고구려에는 혼인을 정한 뒤 신랑이 신부 집의 뒤꼍에 조그만 집(서옥)을 짓고 거기서 자식을 낳아 기르는 서옥제라는 혼인 풍속이 있었다.
　　　　　　　　└ 데릴사위제

③ 특산물 : 단궁, 과하마, 반어피 → 동예

　동예는 토지가 비옥하고 해산물이 풍부하여 농경·어로 등 경제생활이 윤택하였으며, 특산물로 단궁, 과하마, 반어피가 있었다.

④ 범금 8조 : 사회 질서 유지 → 고조선

　고조선은 사회 질서를 유지하기 위해 범금 8조를 만들어 살인·절도 등의 죄를 다스렸다.

핵심노트 ▶ 삼한의 제정 분리

- 정치적 지배자의 권력·지배력이 강화되면서, 이와 분리하여 제사장인 천군(天君)이 따로 존재 → 고조선이나 부여 등의 제정 일치 사회보다 진화
- 국읍의 천군은 제천의식을, 별읍의 천군은 농경과 종교적 의례를 주관
- 별읍의 신성 지역인 소도(蘇塗)는 천군이 의례를 주관하고 제사를 지내는 곳으로, 제정 분리에 따라 군장(법률)의 세력이 미치지 못하며 죄인이 이곳으로 도망을 하여도 잡아가지 못함 → 신성 지역은 솟대를 세워 표시함

3. 성왕의 업적

정답 ①

암기박사 국호 남부여, 22부 설치, 노리사치계, 사비 천도 ⇒ 성왕

정답 해설

6세기 백제 성왕은 수도를 웅진에서 사비로 천도하고 국호를 남부여로 바꾸었다. 이후 성왕은 신라가 차지한 한강 유역을 되찾기 위해 신라를 공격하였으나 관산성 전투에서 전사하였다.

오답 해설

② 근초고왕 : 왕인 → 일본에 파견

　4세기 근초고왕은 학자 왕인을 일본에 파견하여 한자와 유교를 전하고 가르치게 하였다.

③ 근초고왕 : 고흥 → 서기 편찬

　4세기 근초고왕 때 고흥은 역사서 『서기』를 편찬하였다.

④ 침류왕 : 동진 → 불교 수용

　4세기 침류왕 때 백제는 동진의 승려 마라난타를 통해 불교를 수용하였다.

핵심노트 ▶ 성왕의 업적

- 수도를 사비(부여)로 천도하고 국호를 남부여로 개칭
- 22부(중앙관제) 5부(중앙) 5방(지방)으로 조직을 정비
- 일본에 노리사치계를 파견하여 불상과 불경을 전래
- 신라 진흥왕과 함께 한강하류를 회복 하였으나 신라의 배신으로 나제동맹이 결렬, 성왕이 직접 신라를 공격하였으나 관산성 전투에서 전사

4. 무구정광대다라니경의 이해

정답 ④

암기박사 불국사 삼층 석탑, 목판 인쇄물 ⇒ 무구정광대다라니경

정답 해설

무구정광대다라니경은 경주 불국사 3층 석탑에서 발견된 문화유산으로, 현존하는 세계에서 가장 오래된 목판 인쇄물이다.

오답 해설

① 삼강행실도 : 조선 세종 → 윤리서

『삼강행실도』는 조선 세종 때 모범적인 충신 · 효자 · 열녀 등의 행적을 그림으로 그리고 설명한 윤리서이다.

② 팔만대장경 : 몽골군 침입 → 대장경

『팔만대장경』은 몽골이 고려를 침입하자 부처의 힘으로 몽골군을 물리치기 위해 만든 대장경이다.

③ 직지심체요절 : 고려 → 금속 활자본

『직지심체요절』은 고려의 현존하는 세계 최고(最古)의 금속 활자본이다.

5. 신라 진흥왕의 업적

암기박사 대가야 정복 ⇒ 신라 진흥왕   정답 ①

정답 해설

신라의 전성기를 이끌었던 제24대 왕인 진흥왕은 화랑도를 국가적 조직으로 개편하였고 황룡사를 창건하였다. 또한 고령의 대가야를 정복하고 낙동강 유역을 확보하였다.

오답 해설

② 천리장성 축조 → 고구려 영류왕

고구려 영류왕 때 연개소문은 대당 강경책을 추진하고 당의 침입에 대비해 천리장성을 축조하였다.

③ 9주 5소경 설치 → 통일 신라 신문왕   ← 부여성~비사성

통일 신라 신문왕은 통일 전 5주 2소경을 통일 후 9주 5소경 체제로 정비하여 지방 통제력을 강화하였다.

④ 이차돈 순교 : 불교 공인 → 신라 법흥왕

신라 법흥왕 때 이차돈의 순교를 계기로 불교가 공인되었다.

핵심노트 ▶ 신라 진흥왕(540~576)의 업적

- 남한강 상류 지역인 단양 적성을 점령하여 단양 적성비를 설치(551)
- 백제 성왕과 연합하여 고구려가 점유하던 한강 상류 지역을 차지(551)
- 백제가 점유하던 한강 하류 지역 차지(553)
- 북한산비 설치(561)
- 고령의 대가야를 정복하는 등 낙동강 유역을 확보 → 창녕비, 561
- 원산만과 함흥평야 등을 점령하여 함경남도 진출 → 황초령비 · 마운령비, 568
- 화랑도를 공인(제도화)하고, 거칠부로 하여금 『국사(國史)』를 편찬하게 함 → 전하지 않음
- 황룡사 · 흥륜사를 건립하여 불교를 부흥하고, 불교 교단을 정비하여 주통 · 승통 · 군통제를 시행   → 신라 최고의 행정기관인 집사부의 전신
- 최고 정무기관으로 품주(稟主)를 설치하여 국가기무와 재정을 담당하게 함

6. 금관가야의 경제

암기박사 알 여섯, 수로, 낙랑 · 왜에 철 수출 ⇒ 금관가야   정답 ①

정답 해설

김수로왕은 금관가야의 시조이며, 삼국유사에는 그가 하늘로부터 내려온 알에서 태어났다는 이야기가 실려 있다. 금관가야는 낙동강 하류의 김해 지역에 위치하여 철의 생산이 활발하였고, 해상교통을 이용해 낙랑 · 왜의 규슈 지방에 철을 수출하는 등 중계무역이 번성하였다.

오답 해설

② 고려 : 벽란도 → 중국과의 교역

고려 시대에는 대외 무역을 장려하였으므로 벽란도를 통해 대외 무역이 활발하게 이루어졌다.

③ 고구려 : 고국천왕 → 진대법

고구려 고국천왕 때에 고리대의 폐단을 막는 농민 구휼책인 진대법을 실시하여 빈민을 구제하였다.

④ 동예 : 특산물 → 단궁, 과하마, 반어피

동예에는 특산물로 단궁(나무 활), 과하마(키 작은 말), 반어피(바다표범의 가죽)가 있었다.

핵심노트 ▶ 가야의 발전

- 김해의 금관가야를 중심으로 한 전기 가야 연맹은 4세기 초부터 백제와 신라의 팽창에 밀려 점차 약화되기 시작
- 4세기 말부터 5세기 초에 신라를 후원하는 고구려군의 공격으로 중심세력이 해체되고 낙동강 서안으로 세력이 축소
- 5세기 이후 김해 · 창원을 중심으로 한 동남부 세력이 쇠퇴하고 고령 지방을 중심으로 하는 대가야가 주도권을 행사하며 후기 가야 연맹을 형성

7. 익산 미륵사지 석탑

암기박사 익산 : 미륵사지 석탑 ⇒ 백제 : 목탑 양식   정답 ①

정답 해설

제시된 내용의 석탑은 현재 우리나라에서 가장 오래된 전북 익산의 미륵사지 석탑으로 목탑 양식을 계승하였다. 서동 설화의 주인공으로 알려진 백제 무왕이 삼국시대의 절 가운데 최대 규모인 익산 미륵사를 창건하였다(601).

오답 해설

② 분황사 모전 석탑 → 현존 신라의 최고(最古) 석탑

경북 경주의 분황사에 있는 모전 석탑은 석재를 벽돌 모양으로 만들어 쌓은 탑으로, 현존하는 신라 석탑 중 가장 오래된 석탑이다.

③ 불국사 3층 석탑 → 무구정광대다라니경 발견

경북 경주의 불국사에 있는 통일신라의 석탑으로 석가탑 또는 무영탑으로 불리는데, 신라의 전형적인 석탑 양식을 대표한다. 현존하는 세계 최고(最古)의 목판 인쇄물인 무구정광대다라니경이 발견된 석탑이기도 하다.

④ 정림사지 오층 석탑 → '백제를 정벌한 기념탑'

충남 부여의 정림사지에 있는 5층 석탑은 목탑의 구조와 비슷하지만 돌의 특성을 살려 전체적인 형태가 매우 우아하고 아름답다. 당나라 장수 소정방이 백제를 정복한 후 '백제를 정벌한 기념탑'이라는 글귀가 새겨져 있다.

8. 나 · 당 전쟁

암기박사 나 · 당 전쟁 : 매소성 전투, 기벌포 전투 ⇒ 문무왕 : 삼국 통일   정답 ②

정답 해설

신라 제30대 문무왕은 백제와 고구려의 멸망 후 당이 신라까지 지배하려 하자 매소성 전투와 기벌포 해전에서 당의 대군을 섬멸하고 나 · 당 전쟁에서 승리한 후 삼국 통일을 이룩하였다(676).

오답 해설

① 후백제 멸망 → 신검 vs 왕건 : 일리천 전투

신검의 군대가 일리천 전투에서 왕건이 이끄는 고려군에 패배하여 후
백제는 멸망하였다(936). → 견훤의 장남

③ 동학 농민 운동 → 전봉준 : 우금치 전투

동학 농민군을 이끈 전봉준은 공주 우금치에서 관군과 민보군, 일본군
을 상대로 항전하였다(1894).

④ 몽골 침입 → 김윤후 : 처인성 전투

고려 고종 때 김윤후가 처인성에서 적장 살리타를 사살하고 몽골군을
물리쳤다(1232).

핵심노트 ▶ 신라의 삼국 통일

- 당은 한반도 전체를 장악하고자 신라와 연합한 것으로, 백제의 옛 땅에 웅진도독부를,
  고구려의 옛 땅에 안동도호부를 두어 지배 야욕을 보임
- 신라의 경주에도 계림도독부를 두고 문무왕을 계림 도독으로 칭하였으며, 신라 귀족
  의 분열을 획책함
- 고구려 부흥 운동 세력을 후원하고 백제 땅의 웅진 도독부를 탈환하여 소부리주를 설
  치(671)
- 매전·적성에서 당군을 물리치고, 이어 당의 대군을 매소성(매초성)에서 격파(676)
- 금강 하구의 기벌포에서 당의 수군을 섬멸(676)하고, 안동도호부를 요동성으로 밀어내
  는 데 성공함으로써 삼국 통일을 달성(676)

9. 발해의 역사

암기박사   장문휴 : 당의 등주 공격 ⇒ 발해 무왕(대무예)

정답 ②

정답 해설

러시아 콕샤로프카의 온돌 시설과 중국 헤이룽장성의 치미는 고구려 문화
의 영향을 받은 발해의 문화유산이다. 발해는 전성기에 해동성국이라고 불
렸으며, 무왕 때 장문휴의 수군으로 당의 등주(산둥 지방)를 공격하였다.

오답 해설

① 한 무제의 침략으로 멸망 → 고조선

고조선은 한 무제의 침략으로 왕검성(평양성)이 함락되고 우거왕이 피
살되어 멸망하였다. → 위만 조선의 마지막 왕

③ 도병마사 : 국방 문제 논의 → 고려

도병마사는 고려 성종 때 국방 문제를 담당하는 임시 기구로 처음 시
행되었으나 원 간섭기에 도평의사사로 개편되면서 최고 상설 정무 기
구로 발전하였다.

④ 9주 5소경 : 지방 행정 구역 → 통일 신라

통일 신라는 통일 전 5주 2소경을 9주 5소경 체제로 정비하여 중앙 집
권 및 지방 통제력을 강화하였다.

핵심노트 ▶ 발해 무왕(대무예, 719~737)

- 연호를 인안으로 하고, 부자 상속제로 왕권 강화
- 동북방의 여러 세력을 복속하고 북만주 일대를 장악하여 동북아 세력의 균형 유지
- 일본과 외교 관계를 맺어 신라를 견제하고, 돌궐과 연결하여 당을 견제
- 동생 대문예로 하여금 흑수부 말갈 지역을 통합하여 영토 확장, 당이 이 지역과 직접
  교류를 시도
- 무왕은 장문휴의 수군으로 산둥 지방(등주)을 공격하고 요서 지역에서 당과 격돌
- 당은 신라로 하여금 발해를 공격하게 하고, 이후 대동강 이남 지역을 신라의 통치 지
  역으로 인정

10. 광종의 업적

암기박사   철간당, 연호 '준풍', 광덕, 노비안검법 ⇒ 광종

정답 ③

정답 해설

밑줄 그은 왕은 광종이다. 고려 광종은 '광덕', '준풍' 등의 연호를 사용하
고 백관의 공복을 제정하였다. 또한 노비안검법을 실시하여 양인이었다
가 불법으로 노비가 된 자를 조사하여 해방시켜줌으로써 호족·공신 세
력을 약화시키고 국가 재정 수입 기반을 확대하였다.

오답 해설

① 태종 : 호패법 → 경제 기반 안정

조선 태종은 호패법을 실시하여 경제 기반의 안정을 꾀하고 왕권을 강
화하였다.

② 원성왕 : 독서삼품과 → 관리 등용

통일 신라 원성왕은 독서삼품과를 시행하여, 유교 경전의 이해 수준에
따라 3등급으로 구분하여 관리를 등용하였다.

④ 공민왕 : 반원 자주 정책 → 정동행성 이문소 폐지

고려 공민왕은 반원 자주 정책의 일환으로 내정을 간섭하던 정동행성
이문소를 폐지하였다.

핵심노트 ▶ 광종의 업적

- 노비안검법 : 호족의 경제적·군사적 기반 약화
- 과거제 : 국왕에 충성, 유교 지식 가진 관리 등용
- 공복 제도 : 지배층의 위계질서 확립
- 군사 기반 마련 : 내군을 장위부로 개편하여 시위군을 강화
- 불교 장려 : 왕사·국사 제도 제정, 불교 통합 정책
- 기타 : 황제 호칭, 독자적 연호, 공신 호족 제거

11. 최무선의 활동

암기박사   왜구, 진포, 화포, 화통도감 ⇒ 최무선

정답 ④

정답 해설

(가) 인물은 최무선이다. 고려 말에 최무선은 왜구의 침입을 격퇴하기 위
해 중국의 화약 제조 기술을 습득하였다. 정부는 화통도감을 설치하고 최
무선을 중심으로 화약과 화포를 제작하였으며, 화포를 이용하여 진포(금
강 하구) 싸움에서 왜구를 격퇴하였다.

오답 해설

① 세종 : 최윤덕, 김종서 → 4군 6진 개척

조선 세종 때 최윤덕과 김종서는 각각 4군과 6진을 개척하여 영토를
확장하였고 오늘날의 국경선이 획정되었다.

② 이성계 : 요동 정벌 반대 → 위화도 회군

이성계는 4불가론을 들어 요동 정벌을 반대하고 위화도에서 회군하
였다.

③ 효종 : 조총 부대 파견 → 나선 정벌

러시아의 남하로 청과 러시아 간 국경 충돌이 발생하여 청이 원병 요
청을 하자, 효종은 조총 부대를 파견하여 나선 정벌에 참여하였다.

👆 **핵심노트** ▶ 최무선

- **화통도감 설치** : 화약무기를 생산하고 관리하는 국가기관
- **화약무기 제조** : 주화, 대장군포 등
- **진포대첩** : 세계 최초의 함포대첩, 1000여척의 배로 500척의 여구를 상대로 대승을 거둠

12. 대각국사 의천

정답 ②

🏷️ **암기박사**   천태종 창시, 교관겸수 주장 ⇒ 대각국사 의천

정답 해설

대각국사 의천은 교종을 중심으로 선종을 통합하기 위해 국청사를 창건하고 해동 천태종을 창시하였으며, 이론 연마와 수행을 함께 강조하는 교관겸수(敎觀兼修)를 주장하였다. 또한 교장도감을 설치하고 불교 경전에 대한 주석서를 모아 교장을 간행하였다.

오답 해설

① 무애가 저술 → 원효   └▶ 모든 논쟁을 화합으로 바꾸려는 불교 사상
   원효는 일심과 화쟁 사상을 중심으로 몸소 아미타 신앙을 전개하고 무애가를 지어 불교 대중화에 노력하였다.
③ 화엄 사상 정리 → 의상
   의상은 해동 화엄사의 시조로 화엄 사상을 정리하고 화엄일승법계도를 저술하였다.
④ 수선사 결사 제창 → 지눌
   조계종을 창시한 보조국사 지눌은 수선사 결사를 제창하여 불교계의 개혁 운동을 주도하였다.

👆 **핵심노트** ▶ 대각국사 의천

해동 천태종의 개조로 문종의 넷째 아들이다. 문종과 어머니 인예왕후의 반대를 무릅쓰고 몰래 송으로 건너가 불법을 공부한 뒤 귀국하여 흥왕사의 주지가 되었다. 그는 그곳에 교장도감을 두고 송·요·일본 등지에서 수집해 온 불경 등을 교정·간행하였다. 교선일치를 주장하면서, 교종과 선종으로 갈라져 대립하던 고려의 불교를 융합하고자 하였다.

13. 고려 시대의 중앙 정치 조직

정답 ③

🏷️ **암기박사**   군사 기밀과 왕명 출납 ⇒ 고려 : 중추원

정답 해설

군사 기밀을 담당하고 왕명을 출납하는 고려의 중앙 정치 기구는 중추원이다. 중추원의 추신은 중서문하성의 재신과 함께 도병마사에 참여하여 국방과 군사에 관한 문제를 논의하였다.

오답 해설

① 조선 : 비변사 → 국정 최고 기구
   조선 중종 때 외적에 대비하기 위해 비변사가 처음으로 설치되었으며, 임진왜란을 거치면서 국정 전반을 총괄하는 국정 최고 기구로 성장하였다.
② 조선 : 홍문관 → 학술·언론 기관
   조선 성종 때 집현전의 학문 연구 기능을 계승하여 설치된 홍문관은

학술·언론 기관으로 옥당이라는 별칭이 있다.
④ 발해 : 정당성 → 최고의 권력 기구
   정당성은 선조성(좌상), 중대성(우상)과 함께 발해의 3성 중 하나로 최고 권력 기구이자 귀족 합의 기구이다.

👆 **핵심노트** ▶ 고려 시대 중앙 정치 조직

14. 이승휴의 제왕운기

정답 ②

🏷️ **암기박사**   단군의 고조선 건국 이야기 기록 ⇒ 이승휴 : 제왕운기

정답 해설

제왕운기는 고려 충렬왕 때 이승휴가 우리나라와 중국의 역사를 시로 표현한 역사 서사시로 단군의 고조선 건국 이야기가 기록되어 있다.

오답 해설

① 남북국이라는 용어 최초 사용 → 유득공 : 발해고
   발해고는 조선 후기 실학자 유득공이 저술한 역사서로 발해를 북국, 신라를 남국으로 칭하며 남북국이라는 용어가 처음 사용되었다.
③ 유교 사관, 기전체 서술 → 김부식 : 삼국사기
   삼국사기는 고려 인종 때 김부식 등이 왕명을 받아 편찬한 현존하는 우리나라 최고의 역사서로, 유교 사관에 기초하여 기전체로 서술되었다.
④ 고대 민간 설화 수록 → 일연 : 삼국유사
   일연의 삼국유사에는 단군부터 고려 말까지의 불교사를 중심으로 고대의 민간 설화 등이 수록되어 있다.

👆 **핵심노트** ▶ 제왕운기(충렬왕 13, 1287)

- **시기** : 충렬왕 때 이승휴가 저술
- **의의** : 우리나라와 중국의 역사를 시로 적은 역사 서사시로 우리 역사를 중국사와 대등하게 파악
- **사관** : 합리주의적 인식을 바탕으로 하여 유교를 중심으로 다루면서도 불교·도교 문화까지 포괄하여 서술
- **상권** : 중국의 반고(盤古)부터 금에 이르기까지 역대 사적을 264구(句)의 7언시로 읊음
- **하권** : 한국의 역사를 다시 1·2부로 나누어 시로 읊고 주기(註記)를 붙임

15. 원 간섭기의 사회 모습

정답 ①

🏷️ **암기박사**   몽골풍 유행 : 변발과 호복 ⇒ 원 간섭기

정답 해설

원 간섭기에는 변발과 호복 등 몽골의 풍속이 고려의 지배층을 중심으로 유행하였으며 원에 공녀로 끌려가는 여인들이 많았다.

오답 해설

② 고구마와 감자 재배 → 조선 후기

조선 후기에는 일본에서 들여 온 고구마와 청에서 들여 온 감자 등의 구황 작물이 널리 재배되었다.

③ 동시전 : 시장 감독 → 신라 지증왕   *기후가 불순한 흉년에도 비교적 안정한 수확을 얻을 수 있는 작물*

신라 지증왕은 시장을 감독하는 관청인 동시전(東市典)을 수도 경주에 설치하였다.

④ 상평통보 유통 → 조선 후기

상평통보는 조선 중기 인조 때 발행되었으나 거의 사용되지 못하다가 조선 후기 숙종 때 다시 발행되어 전국적으로 유통되었다.

핵심노트 ▶ 원 간섭기의 사회 변화

- 신분 상승의 증가
  - 역관 · 향리 · 평민 · 부곡민 · 노비 · 환관으로서 전공을 세운 자, 몽골 귀족과 혼인한 자, 몽골어에 능숙한 자 등
  - 친원 세력이 권문세족으로 성장
- 활발한 문물 교류
  - 몽골풍의 유행 : 체두변발 · 몽골식 복장 · 몽골어
  - 고려양 : 고려의 의복 · 그릇 · 음식 등의 풍습이 몽골에 전해짐
- 공녀(貢女)의 공출
  - 원의 공녀 요구는 심각한 사회 문제를 초래
  - 결혼도감을 설치해 공녀를 공출

16. 김부식의 활동

정답 ④

암기박사 묘청의 난 진압, 삼국사기 ⇒ 김부식

정답 해설

(가) 인물은 김부식이다. 김부식은 인종 때 왕명을 받아 현존하는 우리나라 최고의 역사서인 『삼국사기』를 편찬하였다. 또한 영통사 대각국사비의 비문을 지었고, 서경에서 묘청이 일으킨 묘청의 난을 진압하였다.

오답 해설

① 세종 : 이종무 → 대마도 정벌

조선 세종은 이종무로 하여금 대마도를 정벌하도록 하였다.

② 정도전 : 불씨잡변 → 불교 교리 비판

정도전은 『불씨잡변』을 저술하여 불교의 교리를 비판하고 성리학을 통치 이념으로 확립하였다.

③ 최무선 : 화통도감 → 화약, 화포 제조

최무선은 화통도감을 설치하고 화약과 화포를 제조하였다.

핵심노트 ▶ 삼국사기

시기	인종 때 김부식 등이 왕명을 받아 편찬
의의	현존하는 우리나라 최고의 역사서
사관	유교적 합리주의 사관에 기초하여 신라를 중심으로 서술
체제	본기 · 열전 · 지 · 연표 등으로 구분되어 서술된 기전체(紀傳體) 사서
구성	총 50권으로 구성

17. 고려의 문화유산

정답 ②

암기박사 관촉사 석조 미륵보살 입상, 수덕사 대웅전, 월정사 팔각 구층 석탑, 수월관음도 ⇒ 고려

정답 해설

관촉사 석조 미륵보살 입상, 수덕사 대웅전, 월정사 팔각 구층 석탑은 모두 고려 시대의 대표적 문화유산이다. 고려 시대의 대표적 회화는 수월관음도이다. 수월관음도는 관음보살을 주제로 그린 화려하고 섬세한 고려의 불화이다.

오답 해설

① 정선 : 인왕제색도 → 조선 후기

인왕제색도는 조선 후기 진경산수화의 대가 겸재 정선의 작품으로, 비가 내린 뒤의 인왕산의 분위기를 적묵법으로 진하고 묵직하게 표현한 산수화이다.

③ 강희안 : 고사관수도 → 조선 전기

고사관수도는 조선 전기의 사대부 화가 인재 강희안의 작품으로, 깎아지른 듯한 절벽을 배경으로 바위 위에 양팔을 모아 턱을 괸 채 수면을 바라보는 선비의 모습을 묘사하였다.

④ 안견 : 몽유도원도 → 조선 전기

몽유도원도는 조선 세종 때 안견이 안평대군의 꿈 이야기를 듣고 표현한 그림으로 자연스러운 현실 세계와 환상적인 이상 세계를 웅장하면서도 능숙하게 처리하였다.

18. 서원의 기능

정답 ③

암기박사 선현의 제사와 성리학 교육 담당 ⇒ 서원

정답 해설

최근 유네스코 세계 유산에 등재된 서원은 조선 시대의 사립 교육 기관으로 중종 때 주세붕이 설립한 백운동 서원이 시초이다. 서원은 선현의 제사와 성리학 교육을 담당하였는데, 흥선 대원군은 국가 재정을 좀먹고 백성을 수탈하여 붕당의 온상이던 서원을 47개소만 남기고 철폐하였다.

오답 해설

① 좌수와 별감 운영 → 유향소

조선 시대의 유향소(留鄕所)는 좌수와 별감을 선발하여 운영하던 향촌 자치 기구로, 지방의 수령을 보좌하고 향리를 감찰하였다.

② 중앙에서 훈도 파견 → 향교

향교는 조선 시대 지방의 국립 중등 교육 기관으로, 중앙에서 교수와 훈도가 파견되어 지방 관리와 서민의 자제들을 교육하였다.

④ 유학부와 기술학부 편성 → 국자감

국자감은 고려 시대에 유학 교육을 위해 개경에 설치한 국립대학으로 유학부와 기술학부를 편성하여 교육하였다.

핵심노트 ▶ 서원

- 기원 : 중종 38년(1543)에 풍기 군수 주세붕이 안향의 봉사를 위해 설립한 백운동 서원
- 운영의 독자성 : 독자적인 규정을 통한 교육 및 연구
- 사액 서원의 특권 : 면세 · 면역, 국가로부터 서적 · 토지 · 노비 등을 받음
- 보급 : 사화로 인해 향촌에서 은거하던 사림의 활동 기반으로서 임진왜란 이후 급속히

발전
• 공헌 : 학문 발달과 지방 문화 발전에 기여
• 폐단 : 사림들의 농민 수탈 기구로 전락, 붕당 결속의 온상지 → 정쟁을 격화

19. 태종의 업적

 신문고, 6조 직계제 ⇒ 태종

정답 ③

정답 해설

제시된 내용은 조선 태종이 처음 실시한 신문고 제도이다. 태종은 백성들의 억울함을 풀어주기 위해 신문고를 설치하였고, 6조 직계제를 채택하여 왕권을 강화하고 서무를 6조에 분담하였다.

오답 해설

① 흥선 대원군 : 경복궁 중건 → 당백전 발행
  흥선 대원군은 임진왜란 때 불에 탄 경복궁을 중건하기 위해 원납전을 강제로 징수하고 고액의 화폐인 당백전을 남발하였다.
② 광해군 : 대동법 → 방납의 폐단 시정
  광해군은 농민들의 토지 이탈이 가속화되는 방납의 폐해를 막고자 대동법을 시행하였다.
④ 철종 : 임술 농민 봉기 → 삼정이정청 설치
  철종 때 농민 봉기의 가장 큰 원인인 삼정의 폐단을 시정하기 위해 임시 관청인 삼정이정청을 설치하였다.

핵심노트 ▶ 6조 직계제

의정부의 서사를 나누어 육조에 귀속시켰다. …… 처음에 왕(태종)은 의정부의 권한이 막중함을 염려하여 이를 혁파할 생각이 있었는데, 이에 이르러 신중히 급작스럽지 않게 행하였다. 의정부가 관장한 것은 사대 문서와 중좌수의 재심뿐이었다.　　－ 태종실록 －

20. 일성록의 이해

 정조 일기, 유네스코 세계 기록 유산 ⇒ 일성록

정답 ①

정답 해설

일성록은 영조부터 1910년까지 주로 국왕의 동정과 국정을 기록한 일기로, 영조 때부터 순조 때까지의 국정에 관한 사항들이 기록되어 있다. 이는 2011년 유네스코 세계 기록 유산으로 등재되었다.

오답 해설

② 안정복 : 동사강목 → 고조선~고려 말 역사
  안정복이 지은 동사강목은 고조선부터 고려 말까지의 우리 역사를 독자적 정통론을 통해 체계화한 것이다. → 성리학적 명분론에 입각하여 서술하면서도 독자적 정통론에 따르는 자주 의식의 일면을 보여 주고 있음
③ 허준 : 동의보감 → 전통 한의학
  허준은 전통 한의학을 체계적으로 정리한 동의보감을 편찬하여 의료 지식의 민간 보급에 기여했다.
④ 성현 : 악학궤범 → 궁중 음악 집대성
  성현은 음악의 원리와 역사 · 악기 · 무용 · 의상 및 소도구까지 망라하여 궁중 음악을 집대성한 악학궤범을 편찬하였다.

핵심노트 ▶ 일성록

일성록은 1760년(영조36)에서 1910년(융희4)까지 151년 동안의 국정 운영 내용을 매일매일 일기체로 정리한 국왕의 일기이다. 필사본으로 한 질만 편찬된 유일본으로 서울대 규장각에서 소장하고 있으며, 총 2,329책으로 구성되어 있고 21개월분을 제외한 전질이 남아있다.

21. 조선 후기의 경제 상황

신해통공, 수공업 발달 ⇒ 조선 후기

정답 ①

정답 해설

조선 후기에는 신해통공을 실시하여 육의전을 제외한 시전 상인의 특권을 폐지하는 조치가 실시되었다. 이를 통해 상업 활동이 활발해지고 수공업이 발달하였다. 건원중보와 해동통보가 주조된 것은 고려 시대이다. 고려 성종 때 우리나라 최초의 화폐인 건원중보가 주조되었고, 고려 숙종 때 삼한통보 · 해동통보 · 해동중보 · 동국통보 등의 동전이 주조되었다.

오답 해설

② 조선 후기 : 광산 개발 → 덕대의 경영
  조선 후기에 민영 광업의 발달로 국가의 감독을 받지 않고 광산을 전문적으로 경영하는 덕대가 등장하였다.
③ 조선 후기 : 상업 발달 → 도고 성장
  조선 후기 상업의 발달로 독점적 도매상인인 도고가 성장하였다.
④ 조선 후기 : 대동법 → 공인의 활동
  조선 후기 대동법의 실시로 관청에서 공가를 미리 받아 필요한 물품을 사서 납부하는 공인의 활동이 활발해졌다.

핵심노트 ▶ 도고

• 조선 후기, 대규모 자본을 동원하여 상품을 매점매석으로써 이윤 극대화를 노린 상인
• 국가에서는 신해통공 등을 통해 도고를 혁파하려 하였지만, 관청이나 권세가 등과 결탁한 이들을 근절할 수 없었음
• 쌀이나 소금 등 생활필수품까지 매점매석으로써 상품 부족과 물가 상승이 야기됨

22. 강강술래

한가위 : 유네스코 인류 무형 문화유산 ⇒ 강강술래

정답 ②

정답 해설

강강술래는 전라남도 해안 지역에서 전해져 내려오던 민속놀이로, 우리 고유의 정서와 말과 리듬이 잘 담겨있는 무형 문화유산이다. 이는 한가위에 주로 젊은 여성들이 즐기던 놀이로, 유네스코 인류 무형 문화유산에 등재되어 있다.

오답 해설

① 고누놀이 → 상대의 말을 움직이지 못하게 하는 놀이
  땅, 나무, 돌 등에 놀이판을 새겨 넣고 자신의 말을 움직여 상대의 말을 움직이지 못하게 하거나 잡아서 승패를 가르는 놀이이다.
③ 줄다리기 → 줄을 잡아당겨 승패를 겨루는 놀이
  줄다리기는 대보름날에 많은 사람이 두 편으로 나누어 줄을 마주 잡아

당겨 승패를 겨루는 놀이로, 줄다리기의 승패로 그해 농사의 풍흉을 점쳤다.

④ 차전놀이 → 대보름 때 주로 행해지던 동채싸움

차전놀이는 대보름 때 주로 행해지던 민속놀이로 동채싸움이라고도 한다.

23. 임진왜란의 이해

정답 ①

암기박사 권율 : 행주대첩 ⇒ 임진왜란

정답 해설

제시된 자료는 임진왜란 당시 전라도 관찰사 권율이 행주산성에서 왜군을 크게 무찌른 행주대첩에 관한 내용이다. 김종서가 6진을 개척한 것은 조선 세종 때의 일이다.

오답 해설

② 임진왜란 : 비변사 → 기능 강화

중종 때 왜적의 침입에 대비하기 위해 임시 기구로 설치된 비변사는 임진왜란으로 기능이 강화되었다.

③ 임진왜란 : 곽재우 → 의병장 활약

임진왜란 때 곽재우는 경상도에서 의병장으로 활약하였다.

④ 임진왜란 : 신립 → 배수의 진 격투

임진왜란 초 신립은 충주 탄금대에서 배수의 진을 치고 일본군과 싸웠다.

핵심노트 ▶ 임진왜란의 3대첩

- 이순신의 한산도 대첩 : 왜군의 수륙 병진 정책을 좌절시킨 싸움이다. 지형적 특징과 학익진을 이용하여 왜군을 섬멸하였다.
- 김시민의 진주성 혈전 : 진주 목사인 김시민과 3,800명의 조선군이 약 2만에 달하는 왜군에 맞서 진주성을 지켜낸 싸움이다. 이 싸움에서의 승리로 조선은 경상도 지역을 보존할 수 있었고 왜군은 호남을 넘보지 못하게 되었다.
- 권율의 행주대첩 : 벽제관에서의 승리로 사기가 충천해 있던 왜군에 대항하여 행주산성을 지켜낸 싸움이다. 부녀자들까지 동원되어 돌을 날랐다는 이야기로 유명하다.

24. 정약용의 저서

정답 ④

암기박사 여전론 주장, 목민심서 저술 ⇒ 정약용

정답 해설

마을 단위로 농민이 함께 경작하고 세금을 제외한 나머지 생산물을 일한 양에 따라 분배하자는 여전론을 주장한 인물은 다산 정약용이다. 조선 후기의 실학자 정약용은 지방 행정의 개혁 및 목민관(지방관)의 도리에 대하여 쓴 목민심서를 저술하였다.

오답 해설

① 동국통감 : 서거정 → 역사서

『동국통감』은 성종 16년에 서거정 등이 왕명을 받아 편찬한 편년체 역사서이다.

② 반계수록 : 유형원 → 균전론 주장

『반계수록』은 농업 중심 개혁론의 선구자인 유형원이 저술한 책으로,

균전제 실시를 주장하였다.

③ 제왕운기 : 이승휴 → 우리 민족 문화의 독자성

『제왕운기』는 이승휴가 저술한 책으로, 우리나라의 역사를 단군에서부터 서술하면서 우리 역사를 중국사와 대등하게 파악하는 자주성을 보여준다.

25. 임술 농민 봉기의 결과

정답 ④

암기박사 임술년, 진주, 백낙신, 삼정이정청 ⇒ 임술 농민 봉기

정답 해설

제시된 자료는 임술 농민 봉기와 관련한 사료이다. 임술 농민 봉기는 백낙신 등 진주 지역의 포악한 관리의 탐학으로 인해 발생한 민란이다. 임술 농민 봉기에 안핵사로 파견된 박규수는 민란의 원인을 삼정의 폐단으로 보고, 이를 시정하기 위한 임시 관청인 삼정이정청을 설치하였다.

오답 해설

① 충선왕 : 만권당 설치 → 원과 교류

고려 충선왕은 만권당을 설치하여 원과의 교류의 중심지로 삼았다.

② 지증왕 : 동시전 설치 → 시장 감독

신라 지증왕은 동시전을 설치하여 시장을 감독하였다.

③ 정조 : 신해통공 → 금난전권 폐지

정조는 신해통공을 통해 육의전을 제외한 시전 상인들의 금난전권을 폐지하였다.

핵심노트 ▶ 임술 농민 봉기

임술년(1862년) 2월 19일, 진주민 수만 명이 머리에 흰 수건을 두르고 손에는 몽둥이를 들고 무리를 지어 진주 읍내에 모여 서리들의 가옥 수십 호를 불사르고 부수어, 그 움직임이 결코 가볍지 않았다. 병사가 해산시키고자 장시에 나가니 흰 수건을 두른 백성들이 그를 빙 둘러싸고는 백성들의 재물을 횡령한 조목, 아전들이 세금을 포탈하고 강제로 징수한 일들을 면전에서 여러 번 문책하는데, 그 능멸하고 핍박함이 조금도 거리낌이 없었다.

– 임술록 –

26. 정조의 정책

정답 ④

암기박사 초계문신제 : 문신 재교육 ⇒ 정조

정답 해설

→ 규장각 각신의 보좌, 문서 필사 등의 업무를 맡은 관리

서얼 출신인 이덕무, 유득공 등을 규장각 검서관으로 등용한 왕은 정조이다. 정조는 신진 인물이나 중·하급 관리 가운데 능력 있는 자들을 재교육시키고 시험을 통해 승진시키는 초계문신제를 시행하였다.

오답 해설

① 균역법 제정 → 영조

조선 영조는 백성들의 군역 부담을 줄이기 위해 1년에 군포 2필을 부담하던 것을 1필로 경감하는 균역법을 실시하였다.

② 척화비 건립 → 흥선 대원군

병인양요와 신미양요의 결과 흥선 대원군은 척화교서를 내리고 전국 각지에 척화비를 건립하였다.

③ 경국대전 완성 → 성종

조선 성종은 세조 때 편찬에 착수한 경국대전을 완성하여 국가의 통치 규범을 마련하였다.

👆 **핵심노트** ▶ 정조의 업적

- **탕평 정치** : 진붕(眞朋)과 위붕(僞朋)의 구분, 남인(시파) 중용
- **왕권 강화** : 능력 인사 중용, 규장각의 설치 · 강화, 서얼 등용, 초계문신제(抄啓文臣制) 시행, 장용영 설치
- **수원 화성 건설** : 정치적 · 군사적 기능 부여, 정치적 이상 실현, 화성 행차
- **수령의 권한 강화** : 수령이 군현 단위의 향약을 직접 주관, 지방 사족의 향촌 지배력 억제, 국가의 통치력 강화
- **문물 · 제도 정비** : 민생 안정과 서얼 · 노비의 차별 완화, 청과 서양의 문물 수용, 실학 장려, 신해통공(1791), 문체 반정 운동
- **편찬** : 대전통편, 추관지 · 탁지지, 동문휘고, 증보문헌비고, 무예도보통지, 제언절목, 규장전운, 홍재전서 · 일득록
- **활자** : 정리자, 한구자, 생생자(목판) 등 주조

27. 대동법의 이해

암기박사   경기 · 강원, 공납의 폐단, 공인 ⇒ 대동법   정답 ④

정답 해설

대동법은 방납의 폐단을 시정하고 전후 농민 부담을 경감하기 위해 실시한 법으로, 광해군 때 처음 실시되었으며 선혜법이라고도 불렸다. 대동법이 실시되면서 관허 상인인 공인이 등장하였고, 이들은 상품 화폐 경제의 발달을 촉진시켰다.

오답 해설

① 흥선 대원군 : 호포제 → 양반에게 군포 징수
   흥선 대원군은 호포제를 실시하여 양반에게도 군포를 징수하였다.
② 영조 : 균역법 → 결작 부과
   영조는 균역법을 실시하여 감소된 재정을 보충하기 위해 지주에게 결작을 부과하였다.
③ 정조 : 신해통공 → 시전 상인 특권 폐지
   정조는 상공업 진흥과 재정 수입 확대를 위해 육의전을 제외한 시전 상인들의 금난전권을 철폐하였다.

👆 **핵심노트** ▶ 대동법

내용	가호에 부과하던 토산물(현물)을 토지 결수에 따라 쌀 등으로 납부하게 하고, 정부는 수납한 쌀 등을 공인에게 공가(貢價)로 지급하여 그들을 통해 필요한 물품을 구입
목적	지방 관리의 방납의 폐해 시정, 전후 농민 부담 경감
경과	• 광해군 1년(1608) : 이원익 · 한백겸의 주장으로 선혜청을 설치하고 경기도에서 처음 실시 • 인조 1년(1623) : 조익의 주장으로 강원도에서 실시 • 효종 : 김육의 주장으로 충청도 · 전라도에서 실시 • 숙종 34년(1708) : 황해도에서 실시
결과	농민 부담 경감, 공납의 전세화, 조세의 금납화, 국가 재정의 회복, 공인 등장, 상품 화폐 경제 발달

28. 임진왜란

암기박사   임진왜란 ⇒ 훈련도감 설치   정답 ④

정답 해설

조헌, 영규 등의 의병이 왜군과 혈전을 벌인 것은 임진왜란 때의 일이다. 유성룡의 건의에 따라 왜군의 조총에 대응하고 국방력을 강화하기 위해 임진왜란 중에 훈련도감이 설치되었다.

오답 해설

① 장용영 → 국왕의 친위 부대
   장용영은 조선 정조 때 설치된 국왕의 친위 부대로 서울에는 내영, 수원 화성에는 외영이 배치되었다.
② 금위영 → 궁궐 수비 담당
   금위영은 조선 숙종 때 궁궐 수비를 담당하는 군영으로, 기병으로 구성되어 있으며 5군영 체제를 완성하였다.
③ 2군 6위 → 고려 중앙군   *훈련도감 → 총융청 → 수어청 → 어영청 → 금위영*
   고려 시대의 중앙군은 국왕의 친위대인 2군과 수도의 방비를 담당하는 6위로 편성되었다.

👆 **핵심노트** ▶ 훈련도감(1594)

- **설치** : 임진왜란 중 왜군의 조총에 대응하고 국방력을 강화하기 위해 유성룡의 건의에 따라 용병제를 토대로 설치 → 조선 후기 군제의 근간이 됨
- **편제** : 삼수병(포수 · 사수 · 살수)으로 편성
- **성격** : 장기간 근무하며 일정 급료를 받는 장번급료병, 직업 군인의 성격(상비군)
- **폐지** : 1881년에 별기군이 창설되어 신식 군대 체제가 이루어지자 그 다음해 폐지됨

29. 신미양요의 이해

암기박사   어재연, 미국, 제너럴 셔먼호 ⇒ 신미양요   정답 ③

정답 해설

㉠은 신미양요에 관한 내용이다. 신미양요는 미국이 제너럴 셔먼호 사건을 구실로 로저스 제독이 이끄는 5척의 군함으로 강화도를 공격하자, 어재연 등이 이끄는 조선의 수비대가 광성보와 갑곶(甲串) 등지에서 격퇴한 사건이다.

오답 해설

① 일본 : 운요호 사건 → 강화도 조약 체결
   일본은 운요호 사건을 빌미로 불평등 조약인 강화도 조약 체결을 요구하였다.
② 문화 사절단 : 조사 시찰단 → 근대 문물 사찰
   문화 사절단인 조사 시찰단이 근대 문물 사찰을 위해 일본에 파견되었다.
④ 병인양요 : 프랑스군 → 외규장각 도서 약탈
   병인양요 당시 프랑스 군은 강화도에 침입하여 외규장각 도서를 약탈하였다.

👆 핵심노트 ▶ 신미양요

원인	병인양요 직전에 미국 상선 제너럴셔먼호가 통상을 요구하다 평양 군민과 충돌하여 불타 침몰된 사건(제너럴셔먼호 사건)
경과	미국은 제너럴셔먼호 사건을 구실로 로저스 제독이 이끄는 5척의 군함으로 강화도를 공격
결과	어재연 등이 이끄는 조선의 수비대가 광성보와 갑곶(甲串) 등지에서 격퇴하고 척화비 건립

30. 동학 농민 운동

정답 ②

🏷 암기박사 　 녹두 장군 : 전봉준 ⇒ 동학 농민 운동

정답 해설

녹두 장군 전봉준은 조선 후기 발생한 동학 농민 운동의 주도자로서 고부 군수 조병갑의 학정에 항거하여 농민군을 이끌고 고부 관아를 습격하였으며 2차 봉기 때에는 공주 우금치에서 일본군과 전투를 벌였다.
제물포 조약이 체결된 것은 임오군란 때문으로 조선은 일본 공사관 경비병의 주둔을 인정하고 군란 주동자의 처벌을 약속하였다.

오답 해설

① 집강소 설치 → 동학 농민 운동

　동학 농민 운동 때 농민군이 전라도 각지에 농민 자치 기구인 집강소를 설치하여 치안과 행정을 담당하였다.

③ 백산 : 4대 강령 발표 → 동학 농민 운동

　동학 농민군은 고부 민란 후 백산에 다시 결집하여 전봉준, 김개남, 손화중 등이 조직을 재정비하고 격문 선포와 4대 강령을 발표하였다.

④ 황토현 전투 → 동학 농민 운동

　동학 농민군이 전라 감영의 지방 관군을 물리치고 황토현에서 농민군 최대의 승리를 거두었다.

👆 핵심노트 ▶ 동학 농민 운동의 전개

고부 민란 → 백산 재봉기 → 황토현 전투 → 장성 황룡촌 전투 → 청 · 일 개입 → 전주 화약 → 집강소 설치와 폐정 개혁안 → 남접과 북접의 연합 → 공주 우금치 혈전

31. 육영 공원

정답 ②

🏷 암기박사 　 육영 공원 ⇒ 최초의 근대식 관립 학교

정답 해설

1886년에 정부가 세운 육영 공원은 최초의 근대식 관립 학교로, 미국인 헐버트와 길모어 등을 교사로 초빙하여 상류층의 자제들에게 영어, 수학 등 근대 학문을 가르쳤다.

오답 해설

① 대성 학교 → 평양 설립 중등 교육 기관

　대성 학교는 신민회의 안창호가 민족 교육을 실시하기 위해 평양에 설립한 중등 교육 기관이다(1908).

③ 배재 학당 → 선교 목적 설립

배재 학당은 미국의 개신교 선교사 아펜젤러가 선교를 목적으로 한양에 세운 학교로 신학문 보급에 기여하였다(1885).

④ 원산 학사 → 최초의 근대적 사립학교

　원산 학사는 함경도 덕원부사 정현석과 주민들이 개화파 인물들의 권유로 설립한 최초의 근대적 사립학교이다(1883).

32. 임오군란의 이해

정답 ②

🏷 암기박사 　 임오군란 ⇒ 제물포 조약 체결

정답 해설

임오군란은 신식 군대(별기군) 우대 및 구식 군대에 대한 차별을 계기로 발생하였다. 구식 군인들은 명성황후 정권의 고관들과 일본인 교관을 죽이고 포도청 · 의금부를 습격하고 일본 공사관을 불태웠다. 또한 구식 군인들의 요구로 대원군이 재집권하여 통리기무아문과 별기군이 폐지되고 5군영이 부활하였다. 그러나 청이 군대를 파견하여 군란을 진압하고 흥선 대원군을 청으로 압송하였다. 임오군란 직후 조선은 일본과 제물포 조약을 맺어 일본에게 배상금을 지불하고, 일본군의 주둔을 허용하게 되었다.

오답 해설

① 김옥균, 박영효 : 급진 개화파 → 갑신정변

　김옥균, 박영효는 급진 개화파 세력으로, 갑신정변을 주도하였다(1884).

③ 물산 장려 운동 : 평양 → 전국 확대

　물산 장려 운동은 1920년대에 민족 경제의 자립을 목적으로 평양에서 시작하여 전국으로 확대되었다.

④ 지역적 차별 : 서북인 → 홍경래의 난

　서북인(평안도 사람들)에 대한 지역적 차별로 인하여 홍경래를 중심으로 한 서북인 농민들이 홍경래의 난을 일으켰다(1811).

👆 핵심노트 ▶ 제물포 조약의 내용

제1조 지금으로부터 20일을 기하여 범인을 체포하여 엄징할 것
제2조 일본국 피해자를 후례로 장사지낼 것
제3조 5만 원을 지불하여 피해자 유족 및 부상자에게 급여할 것
제4조 배상금 50만 원을 지불할 것
제5조 일본 공사관에 군대를 주둔시켜 경비에 임하는 것을 허용할 것
제6조 조선국은 대관을 특파하여 일본국에게 사죄할 것

33. 대한 제국의 이해

정답 ④

🏷 암기박사 　 환구단, 지계 발급, 원수부, 실업학교, 대한국 국제 반포 ⇒ 광무개혁

정답 해설

(가)는 대한 제국이다. 대한 제국 성립 후, 일본의 강요로 추진된 갑오 · 을미개혁의 급진성을 비판하면서 광무개혁을 추진하였다. 그 내용으로는 지계 발급, 원수부 설치, 실업학교 설립, 대한국 국제 반포 등이 있다. 재정을 호조로 일원화한 것은 갑신정변을 통해 발표된 14개조 정강의 내용이다.

오답 해설

① 대한제국 : 양지아문 설치 → 지계 발급

대한제국은 양지아문을 설치하여 양전사업을 실시하고 토지증서인 지계를 발급하였다.

② 대한제국 : 황제의 군권 장악 → 원수부 설치

대한제국은 황제가 군권을 장악하기 위해 최고 군통수기관으로 원수부를 설치하였다.

③ 대한제국 : 전제 정치 국가 → 대한국 국제 반포

대한제국은 전제 정치 국가임을 알리고 황제권의 무한함을 강조하기 위해 대한국 국제를 반포하였다.

👆핵심노트 ▶ 광무개혁의 내용

정치	대한국 국제 반포, 원수부 설치, 시위대 창설, 호위군 증강·개편, 진위대를 6대 연대로 증강
경제	지계 발급, 내장원의 재정업무 관활, 상공업 진흥책 실시, 실업학교 및 기술 교육기관 설립
사회	광제원 설치, 소학교·중학교·사범학교 등 설립, 무관학교 설립, 교통·통신·전기·의료 등의 근대적 시설 확충

34. 을미개혁

정답 ③

 신분 제도 철폐 ⇒ 갑오개혁

정답 해설

을미사변 후 김홍집의 친일 내각이 을미개혁을 추진하였는데, 이 때 건양이라는 연호를 제정하고 태양력을 사용하였다. 한편, 신분 제도 철폐는 갑오개혁 때의 일이다.

오답 해설

① · ② · ④ 소학교 설립, 단발령 시행, 우편 제도 실시 → 을미개혁

김홍집 친일 내각이 주도한 을미개혁에는 소학교 설립, 단발령 시행, 우편 제도 실시 등도 포함된다.

👆핵심노트 ▶ 을미개혁의 내용

• 종두법 실시
• 소학교 설립
• 태양력 사용
• 우편 제도 실시
• 연호 건양(建陽) 사용
• 단발령 실시
• 군제의 개편 ➡ 훈련대 폐지, 중앙군(친위대 2개)·지방군(친위대) 설치

35. 13도 창의군의 활동

정답 ②

암기박사 이인영 : 서울 진공 작전, 해산 군인 합류 ⇒ 13도 창의군

정답 해설

13도 창의군은 정미의병 당시 조직된 연합 의병으로, 유생 이인영을 총대장으로 하였다.

ㄱ. 13도 창의군은 서울 진공 작전을 펼쳤으나 일본군의 반격으로 후퇴하였다.

ㄷ. 한 · 일 신협약 체결로 군대가 해산되었다가 정미의병 때 해산된 군인

의 일부가 합류하였다.

오답 해설

ㄴ. 공화정 수립 목표 → 신민회

신민회는 국권 회복과 공화정 수립을 목표로 안창호와 양기탁이 중심이 되어 설립된 비밀 결사 단체이다.

ㄹ. 자유시 참변 → 대한 독립군단

간도 참변으로 인해 자유시로 이동한 대한 독립 군단은 적색군의 무장 해제 요구에 저항하다 공격을 받아 세력이 약화되었다.

👆핵심노트 ▶ 13도 창의군의 활약

• 유생 이인영을 총대장, 허위를 군사장으로 13도 연합 의병이 조직(1907)
• **외교 활동의 전개** : 서울 주재 각국 영사관에 의병을 국제법상의 교전 단체로 승인해 줄 것을 요구하여, 스스로 독립군임을 자처
• **서울 진공 작전** : 의병 연합 부대는 서울 근교까지 진격하였으나, 일본군의 반격으로 후퇴(1908)

36. 헤이그 특사 파견 이후의 역사적 사실

정답 ④

암기박사 헤이그 특사 파견 ⇒ 고종 강제 퇴위

정답 해설

고종은 을사늑약 체결 이후, 조약 무효를 선언하고 헤이그에 특사를 파견하여 일제 침략의 부당성과 국제적 압력을 호소하였다. 이는 일제의 방해로 실패하였고, 이를 구실로 고종은 강제 퇴위 당하였다.

오답 해설

① 시모노세키 조약 : 요동반도, 타이완 장악 → 삼국 간섭

청일 전쟁에서 승리한 일본은 시모노세키 조약에 따라 요동반도와 타이완을 장악하였고, 이를 견제하고자 러시아, 독일, 프랑스는 삼국 간섭을 일으켜 요동반도를 청에 반환하게 하였다.

② 을미사변 : 고종 → 아관파천

을미사변 이후 신변의 위협을 느낀 고종은 러시아 공사관으로 피신하는 아관파천을 단행하였다.

③ 일본 : 운요호 사건 → 강화도 조약

일본은 운요호 사건을 빌미로 조선과 강화도 조약을 체결하였다.

37. 3 · 1 운동의 이해

정답 ③

암기박사 민족 대표, 독립 선언, 만세 운동 ⇒ 3 · 1 운동

정답 해설

제시된 민족 운동은 3 · 1 운동이다. 3 · 1 운동은 각계각층이 참여한 우리 민족 최대의 독립운동으로, 이 운동에 나타난 민족적 저항은 일제가 무단 통치에서 문화 통치로 그 통치 방식을 바꾸는 계기가 되었다.

오답 해설

① 백정 : 조선 형평사 조직 → 형평 운동

백정들은 사회적 차별 철폐를 주장하며 진주에서 조선 형평사를 조직하고 전국적으로 형평 운동을 전개해나갔다.

② 독립 협회 : 이권 수호 운동 → 러시아의 절영도 조차 요구 저지
독립 협회는 이권 수호 운동을 전개하며 러시아의 절영도 조차 요구를 저지하였다.
④ 순종의 인산일 : 사회주의자, 학생들 → 6 · 10 만세 운동
순종의 인산일에 사회주의자들과 학생들은 대규모 시위운동인 6 · 10 만세 운동을 준비하였으나 사회주의자들이 사전에 발각되어 학생들을 중심으로 진행되었다.

핵심노트 ▶ 3 · 1운동의 의의

- 대규모의 독립 운동 : 독립 운동을 한 차원 높이는 중요한 분기점
- 민족 주체성의 확인 : 독립의 희망을 갖게 하고 국내외에 민족 주체성을 확인시키는 계기
- 반제국적 민족 운동의 선구 : 중국 · 인도 · 동남아시아 · 중동 지역의 민족 운동에 선구적 역할
- 독립 운동의 방향 제시 : 이전보다 조직적이고 체계적인 독립 운동으로 발전
- 대한민국 임시정부 수립의 계기

38. 백암 박은식

정답 ①

암기박사 한국통사 저술 : 국혼 강조 ⇒ 백암 박은식

정답 해설

박은식은 일제 강점기 대표적인 민족주의 사학자로 대한민국 임시 정부 제2대 대통령을 역임하였으며, "나라는 형(形)이요, 역사는 신(神)이다."라는 국혼을 강조한 역사서인 한국통사를 저술하였다.

오답 해설

② 서유견문 : 조선 중립화론 → 유길준
유길준은 서유견문을 집필하고 조선을 영세중립국으로 보장하는 조선 중립화론을 제기하였다.
③ 조선 혁명 선언 : 민중의 직접 혁명 주장 → 신채호
신채호는 기존의 독립 운동 방법을 비판하고 무장 투쟁과 민중의 직접 혁명을 주장하는 조선 혁명 선언을 작성하였다.
④ 조선사회경제사 : 식민 사학 반박 → 백남운
백남운은 유물 사관을 토대로 식민 사학의 정체성론을 반박하는 조선 사회경제사를 집필하였다.

핵심노트 ▶ 민족주의 사학자 박은식

- 민족정신을 혼(魂)으로 파악하고, 혼이 담긴 민족사의 중요성을 강조
- 〈한국통사〉 : 근대 이후 일본의 침략 과정을 밝힘 → "나라는 형(形)이요, 역사는 신(神)이다."
- 〈한국독립운동지혈사〉 : 일제 침략에 대항하여 투쟁한 한민족의 독립 운동을 서술
- 유교구신론 : 양명학을 기초로 유교를 개혁하기 위해 저술
- 기타 : 〈천개소문전〉, 〈동명왕실기〉 등을 저술, 〈서사건국지〉 번역
- 서북학회(1908)의 기관지인 〈서북학회월보〉의 주필로 직접 잡지를 편집하고 다수의 애국계몽 논설을 게재
- 임시 정부의 대통령 지도제하에서 제2대 대통령을 지냄

39. 무단 통치기의 역사적 사실

정답 ①

암기박사 회사령, 토지 조사령 ⇒ 무단 통치기

정답 해설

일제는 1910년 무단 통치기에 회사령을 제정하여, 회사 설립 허가제를 통해 민족 기업 성장을 억제하고 일제의 상품을 시장화 하였다. 또한 무단 통치기인 1912년에 일제는 토지 조사령을 제정하여 전국적인 토지 조사 사업을 실시하였다.

오답 해설

② 전시 동원 체제 : 국가 총동원법 → 인적 · 물적 자원 수탈
1938년 전시 동원 체제 때 국가 총동원법을 공포하여 인적 · 물적 자원을 수탈하였다.
③ 전시 동원 체제 : 소학교 → 국민학교로 개칭
1941년 전시 동원 체제 때 소학교가 국민학교로 개칭되었다.
④ 전시 동원 체제 : 여자 정신대 근로령 → 여성 동원 법제화
1944년 전시 동원 체제 때 여자 정신대 근로령을 통해 여성들을 일본군 위안부로 삼고 여성 동원을 법제화하였다.

40. 이봉창 의거

정답 ②

암기박사 일본 국왕에 폭탄 투척 ⇒ 한인 애국단 : 이봉창

정답 해설

김구가 조직한 한인 애국단 소속의 이봉창은 도쿄에서 일왕의 행렬에 폭탄을 투척하였다.

오답 해설

① 홍커우 공원에서 폭탄 투척 → 윤봉길
김구가 조직한 한인 애국단 소속의 윤봉길은 상하이 홍커우 공원에서 열린 일본군 축하 기념식에서 폭탄을 투척하였다.
③ 사이토 총독에게 폭탄 투척 → 강우규
강우규는 제3대 총독으로 부임하는 사이토 총독 일행에게 폭탄을 던졌으나 뜻을 이루지 못하고 체포되어 사형당했다.
④ 이토 히로부미 사살 → 안중근
안중근 의사는 하얼빈 역에서 일제의 침략 원흉인 이토 히로부미를 처단하고, 이듬해에 뤼순 감옥에서 순국하였다.

핵심노트 ▶ 독립운동가의 의거 활동

- 안중근(1909) : 하얼빈에서 이토 히로부미 사살
- 박재혁(1920) : 부산 경찰서에 폭탄 투척
- 강우규(1920) : 사이토 총독에게 폭탄 투척
- 김익상(1921) : 조선 총독부 폭탄 투척
- 김상옥(1923) : 종로 경찰서 폭탄 투척
- 김지섭(1924) : 일본 황궁에 폭탄 투척
- 나석주(1926) : 동양 척식 주식회사에 폭탄 투척
- 이봉창(1932) : 도쿄에서 일왕에 폭탄 투척
- 윤봉길(1932) : 홍커우 공원에서 일본군에 폭탄 투척

41. 의열단의 활동

암기박사 김상옥, 김원봉, 만주 ⇒ 의열단 **정답** ③

정답 해설

김상옥은 의열단에서 활동한 독립운동가로, 종로 경찰서에 폭탄을 투척하였다. 김상옥이 활동한 이 의열단은 1919년 만주 길림성에서 김원봉, 윤세주 등이 조직한 단체이다.

오답 해설

① **국채 보상 운동 : 김광제, 서상돈 → 전국적 확산**
국채 보상 운동은 외채를 국민의 힘으로 상환하여 국권을 회복하자는 운동으로, 김광제와 서상돈을 중심으로 대구에서 개최하여 전국적으로 확산되었다.

② **임병찬 : 고종의 밀지 → 독립 의군부 조직**
1912년 고종의 밀명으로 임병찬 등 각지의 유학생들은 독립 의군부를 조직하였다.

④ **신한 청년당 : 파리 강화 회의 → 김규식 파견**
신한 청년당은 파리 강화 회의에 김규식을 대표로 파견시켰다.

핵심노트 ▶ 의열단

조직	1919년 만주 길림성에서 김원봉, 윤세주 등이 조직
목적	일제의 요인 암살, 식민 통치 기관 파괴
활동 지침	신채호의 조선 혁명 선언(1923)
활동	박재혁의 부산 경찰서 폭탄 투척(1920), 김익상의 조선 총독부 폭탄 투척(1921), 김상옥의 종로 경찰서 폭탄 투척(1923), 김지섭의 일본 황궁 침입 시도(1923), 나석주의 동양 척식 주식회사 폭탄 투척(1926)

42. 조선어 학회

암기박사 한글 맞춤법 통일안, 조선말 큰사전 ⇒ 조선어 학회 **정답** ④

정답 해설

장산사 사장 정세권씨가 후원하고 한글 맞춤법 통일안을 제정한 단체는 조선어 학회이다. 이윤재 등이 설립한 조선어 학회는 표준어를 제정하고 조선말 큰사전 편찬을 주도하였다.

오답 해설

① **보안회 → 황무지 개간권 반대 운동**
보안회는 일본의 조선황무지 개간권 요구에 대항하기 위하여 서울에서 조직된 항일단체로, 일본의 개간권 요구를 철회시켰다.

② **독립 협회 → 최초의 근대적 사회 정치 단체**
독립 협회는 서재필 등을 중심으로 자유 민주주의적 개혁 사상을 민중에게 보급하고 국민의 힘으로 자주 독립 국가를 건설하기 위해 창립된 최초의 근대적 사회 정치 단체이다.

③ **대한 광복회 → 공화정체 국민 국가 수립**
박상진이 주도한 대한 광복회는 풍기의 대한광복단과 대구의 조선 국권 회복단의 일부 인사가 모여 군대식으로 조직·결성된 단체이다. 대한 광복회는 공화정체의 국민 국가 수립을 목표로 군자금을 모아 만

주에 독립 사관학교를 설립하고 독립군을 양성하여 친일파를 처단하였다.

43. 최익현의 활동

암기박사 을사늑약 체결 항거, 왜양일체론 ⇒ 최익현 **정답** ②

정답 해설

제시된 인물은 최익현이다. 최익현은 왜양일체론을 주장하며 개항을 반대한 인물로, 을사늑약 체결에 반발하여 태인에서 의병 활동을 하다가 체포되어 쓰시마 섬에 유배되었다.

오답 해설

① **이제마 : 동의수세보원 → 사상 의학 확립**
이제마는 『동의수세보원』을 저술하여 사상 의학을 확립하였다.

③ **김정호 : 대축척 지도 → 대동여지도**
김정호는 철종 때 우리나라의 대축척 지도인 대동여지도를 제작하였다.

④ **나철, 오기호 : 오적 암살단 → 친일파 처단**
나철, 오기호 등은 오적 암살단을 조직하여 친일파를 처단하고자 하였다.

44. 여성 의병 윤희순

암기박사 윤희순 ⇒ 우리나라 최초의 여성 의병 지도자 **정답** ③

정답 해설

윤희순은 우리나라 최초의 여성 의병 지도자로 의병들의 사기 진작을 위해 의병가 8편을 만들었다. 또한 중국으로 망명하여 항일 인재 양성을 위한 노학당을 설립하고 항일 투쟁을 위해 조선독립단을 조직하였다.

오답 해설

① **권기옥 → 우리나라 최초의 여성 비행사**
권기옥은 비밀결사대인 송죽회에 가입하여 독립운동을 전개한 후 임시정부의 추천으로 항공학교에 입학하여 우리나라 최초의 여성 비행사로 활동하였다.

② **남자현 → 독립군의 어머니**
독립군의 어머니로 불리는 남자현은 흰 수건에 '조선독립원'이라는 혈서를 써서 독립을 호소하였고, 일본 외교관을 죽이려다 하얼빈에서 체포되었다.

④ **김마리아 → 2·8 독립 선언 참여, 근화회 조직**
김마리아는 일본 유학생으로 2·8 독립 선언에 참여하였으며 이후 대한민국 애국부인회 회장으로 활동하였다. 또한 임시정부에 군자금을 조달하였으며 미국 유학 중에는 근화회를 조직하였다.

45. 제주도와 관련한 역사적 사실

암기박사 김통정 : 삼별초 항쟁 ⇒ 제주도 **정답** ③

정답 해설

제주 4·3 사건은 5·10 총선거에 반대하여 남한만의 단독 정부 수립에

대한 반발로 일어났으며, 2000년에 진상 규명 등에 관한 특별법이 공포되었다. 삼별초는 고려 최씨 무신 정권의 군사적 기반으로 강화도와 진도에서는 배중손을 중심으로, 제주도에서는 김통정을 중심으로 몽골에 항쟁하였다.

오답 해설

① 신미양요 → 강화도
미국이 제너럴셔먼호 사건을 구실로 강화도를 공격하여 신미양요가 발발하자 어재연 부대가 광성보에서 결사 항전하였다.

② 정약전 : 자산어보 → 흑산도
정약전이 자산어보를 저술한 섬은 흑산도로, 흑산도 귀양 중 근해의 해산물 등을 직접 채집·조사하여 155종의 해산물에 대한 명칭·분포·형태·습성 등을 기록하였다.

④ 러시아의 남하 견제 : 영국 → 거문도
갑신정변 이후 조·러 수호 통상 조약이 체결되자 영국은 러시아의 남하를 견제하기 위해 거문도를 불법으로 점령하였다.

핵심노트 ▶ 제주 4·3 사건

• 1948년 4월 3일부터 1954년 9월 21일까지 제주도에서 남조선 노동당(남로당) 세력이 주도가 되어 벌어진 무장 항쟁 및 그에 대한 대한민국 군경과 극우 단체의 유혈 진압
• 주장 : 남한 단독 선거 반대, 경찰과 극우 단체의 탄압에 대한 저항, 반미구국투쟁 등
• 진압 과정에서 무고한 주민들이 많이 희생됨

46. 5·18 민주화 운동

암기박사 계엄 당국, 광주, 신군부 ⇒ 5·18 민주화 운동 | 정답 ②

정답 해설

제시된 자료는 5·18 민주화 운동에 관한 내용이다. 신군부 세력의 비상 계엄 확대가 지속되자, 민주화를 열망하는 국민의 요구는 신군부 세력의 퇴진을 요구하며 5·18 광주 민주화 운동으로 이어졌다. 이 과정에서 계엄군의 무력 진압으로 인해 많은 시민들이 희생되었다.

오답 해설

① 부산·마산 : 유신 헌법 반발 → 부·마 민주 항쟁
1979년 부산 및 마산 지역에서 유신 헌법에 반발하여 부·마 민주 항쟁을 일으켰다.

③ 3·15 부정 선거 : 4·19 혁명 → 이승만 대통령 하야
이승만과 자유당 정권의 3·15 부정 선거로 일어난 4·19 혁명의 결과 이승만 대통령이 하야하였다.

④ 6월 민주 항쟁 : 대통령 직선제 개헌 → 6·29 선언
6월 민주 항쟁의 결과, 대통령 직선제 개헌을 골자로 하는 6·29 선언이 발표되었다.

47. 대한민국 경제 발자취

암기박사 중화학 공업의 육성과 석유 파동 ⇒ 1970년대 | 정답 ③

정답 해설

1970년대 박정희 정부 때에는 고도 성장과 중화학 공업의 육성을 목표로

제3차 경제 개발 5개년 계획이 시작되었으나, 석유 파동이 발생함으로써 석유의 공급 부족과 가격 폭등으로 경제 불황이 심화되었다.

오답 해설

① 산업 구조의 재편과 3저 호황 → 1980년대
1980년대 전두환 정부 때에는 유가 하락, 달러 가치 하락, 금리 하락의 3저 호황으로 물가가 안정되고 수출이 증가하였다.

② 삼백 산업과 원조 경제 체제 → 1950년대
1950년대의 이승만 정부 때에는 정부와 국민의 노력 및 외국의 원조 등에 힘입어 전후 복구 사업이 급속히 진행되고, 미국의 원조 물자를 토대로 제분·제당·면방직과 같은 삼백 산업 중심의 소비재 산업이 발달하였다.

④ 외환 위기 발생과 금 모으기 운동 → 1990년대
1990년대 김영삼 정부 때에는 외환 위기로 인해 국제 통화 기금(IMF)으로부터 구제 금융을 지원 받았고, 김대중 정부 때에는 이를 극복하기 위해 금 모으기 운동이 전개되었다.

48. 미·소 공동 위원회 결렬 이후의 상황

암기박사 제1차 미·소 공동 위원회 결렬 ⇒ 좌·우익 대립 : 좌우 합작 위원회 결성 | 정답 ②

정답 해설

(가)에 들어갈 단체는 제1차 미·소 공동 위원회이다. 모스크바 삼국 외상 회의를 통해 제1차 미·소 공동 위원회 설치가 논의되었다. 1946년 3월에 서울에서 제1차 미·소 공동 위원회가 개최되었으나, 참여 단체를 놓고 대립하여 결렬되자 좌익과 우익의 대립이 심화되었다. 이에 분단을 우려한 여운형·김규식 등의 중도파가 중심이 되어 좌우 합작 위원회를 결성하였다.

오답 해설

① 독립 운동 단체 대표 : 국민 대표 회의 → 창조파·개조파 대립
독립 운동 단체 대표들은 독립 운동 방법론을 둘러싼 임시 정부의 대립과 침체로 국민 대표 회의를 소집하였으나, 창조파와 개조파로 나뉘어 대립하였다.

③ 민족 유일당 운동 : 민족의 단결 → 신간회 결성
1920년대에 민족 유일당 운동이 전개되어 민족의 단결을 강령으로 하여 1927년 신간회가 결성되었다.

④ 제헌 국회 : 반민족 행위 처벌법 제정 → 반민족 행위 특별 조사 위원회
제헌 국회는 반민족 행위 처벌법을 제정하고, 이에 의거하여 국회의원 10명으로 구성된 반민족 행위 특별 조사 위원회를 발족하여 친일 주요 인사들을 조사하였다.

핵심노트 ▶ 좌우 합작 운동의 결과

동서냉전의 시작, 이승만 등의 단독정부 수립운동, 미·소 공동 위원회 결렬, 참가 세력 간의 갈등, 여운형의 암살(1947. 7) 등으로 인해 좌우 합작 운동은 결국 실패

49. 박정희 정부

정답 ①

암기박사 긴급 조치 발표 : 장발 단속 ⇒ 박정희 정부

정답 해설

박정희 정부 때에 긴급 조치를 발동하여 금지곡을 선정하거나 장발과 미니 스커트를 단속하는 등 국민의 자유와 권리를 무제한 제약하였다.

오답 해설

② 한일 월드컵 대회 개최 → 이명박 정부

이명박 정부 때에 2002 한일 월드컵 대회가 한국과 일본에서 공동으로 개최되었다.

③ 가족 관계 등록법 → 노무현 정부

가족 관계 등록법은 호주제가 폐지됨에 따라 이를 대체하기 위해 제정된 법으로 노무현 정부 때에 시행되었다.

④ 금융 실명제 → 김영삼 정부

김영삼 정부 때에 금융 거래의 투명성을 확보하고자 대통령의 긴급 명령으로 금융 실명제가 전격 실시되었다.

50. 김대중 정부의 통일 정책

정답 ③

암기박사 국제 통화 기금 관리 체제 종료, 6 · 15 남북 공동 선언 합의 ⇒ 김대중 정부

정답 해설

제시된 자료는 김대중 정부 시기와 관련한 내용이다. 김대중 정부 때 남북 정상 회담이 개최되어 6 · 15 공동 선언을 발표하였다. 이를 통해 1국가 2체제 통일 방안 수용, 이산가족 방문단의 교환, 협력과 교류의 활성화 등이 논의되었다.

오답 해설

① · ② · ④ 노태우 정부 : 남북한 유엔 동시 가입 → 남북 기본 합의서 채택, 한반도 비핵화 공동 선언 발표

노태우 정부 때 남북한 유엔 동시 가입이 이루어져 남북 기본 합의서가 채택되고 한반도 비핵화 공동 선언이 발표되었다.

1. 구석기 시대의 생활 모습

> 정답 ④

암기박사 공주 석장리 유적 : 주먹도끼 ⇒ 구석기 시대

정답 해설

공주 석장리 유적지에서 출토된 주먹도끼는 구석기 시대의 대표적인 유물로, 이 시대에는 주로 동굴에 살면서 사냥과 채집을 하였다.

오답 해설

① 철제 쟁기 : 밭 갈기 → 철기 시대

철기 시대에는 철제 농기구가 보급 · 사용되었으며 철제 쟁기를 이용해 밭을 갈았다.
② 빗살무늬 토기 : 식량 저장 → 신석기 시대

신석기 시대에는 빗살무늬 토기를 제작하여 식량을 조리하거나 저장하는 용도로 사용하였다.
③ 반달 돌칼 : 벼 수확 → 청동기 시대

청동기 시대에는 벼농사가 시작되어 반달 돌칼을 사용하여 벼를 수확하였다.

핵심노트 ▶ 구석기 시대의 주요 유적지

단양 도담리 금굴, 단양 상시리 바위 그늘, 공주 석장리, 평남 상원 검은모루 동굴, 연천 전곡리, 제천 점말 동굴, 함북 웅기 굴포리, 청원 두루봉 동굴(흥수굴), 평남 덕천 승리산 동굴, 평양 만달리 동굴, 함북 종성 동관진, 단양 수양개, 제주 어음리 빌레못

2. 동예의 풍습

> 정답 ②

암기박사 무천, 읍군 · 삼로, 책화, 단궁 · 과하마 · 반어피 ⇒ 동예

정답 해설

동예는 함경남도와 강원도 북부 지역에 있던 부족 국가로 읍군, 삼로라는 지배자가 다스렸고 10월에 무천이라는 제천 행사를 열었다. 또한 읍락 간의 경계를 중시하는 책화가 있었으며 특산물로 단궁, 과하마, 반어피가 유명하였다.

오답 해설

① 북만주 일대 → 부여

부여는 북만주 일대에 세워진 나라로 진보된 제도와 조직을 갖추었으나 선비족의 침입으로 쇠퇴하여 고대 국가로 발전하지는 못했다. 12월에 영고라는 제천 행사를 열고 흰 옷을 즐겨 입었다.
③ 압록강 유역 → 고구려

고구려는 주몽이 압록강 유역의 졸본에 세운 나라로 활발한 정복 활동을 통해 고대 국가로 성장하였으며, 10월에 추수 감사제인 동맹을 거행하였다.
④ 만주 요령 지방과 한반도 서북 지역 → 고조선

고조선은 단군왕검이 만주 요령 지방과 한반도 서북 지역에 세운 나라로, 청동기 문화를 바탕으로 하고 있으며 살인 · 절도 등의 죄를 다스리기 위한 범금 8조가 있었다.

핵심노트 ▶ 동예의 풍속

- 엄격한 족외혼으로 동성불혼 유지 → *씨족 사회의 유습*
- 각 부족의 영역을 엄격히 구분하여 다른 부족의 생활권을 침범하면 노비와 소 · 말로 변상하게 하는 책화가 존재 → *씨족 사회의 유습*
- 별자리를 관찰해서 농사의 풍흉 예측 → *점성술의 발달*
- 제천 행사 : 10월의 무천
- 농경과 수렵의 수호신을 숭배하여 제사를 지내는 풍습이 존재 → *호랑이 토템 존재*

3. 백제 성왕의 업적

> 정답 ②

암기박사 22개 관청, 국호 '남부여' ⇒ 백제 : 성왕

정답 해설

제시된 왕은 6세기 백제 성왕이다. 성왕은 중앙에 22개의 관청을 설치하였고, 수도를 웅진에서 사비로 천도하고 국호를 남부여로 바꾸었다.

오답 해설

① 통일 신라 : 원성왕 → 독서삼품과 실시

통일 신라 원성왕은 독서삼품과를 실시하여 유교 경전의 이해 수준에 따라 상품 · 중품 · 하품의 3등급으로 구분하여 관리를 등용하였다.
③ 백제 : 침류왕 → 불교 수용

백제 침류왕은 동진의 승려 마라난타를 통해 불교를 수용하였다.
④ 고려 : 성종 → 국자감 설치

고려 성종은 개경에 국립대학인 국자감을 설치하여 인재를 양성하였다.

핵심노트 ▶ 백제 성왕의 업적

- 수도를 사비(부여)로 천도하고 국호를 남부여로 개칭
- 22부(중앙관제) 5부(중앙) 5방(지방)으로 조직을 정비
- 일본에 노리사치계를 파견하여 불상과 불경을 전래
- 신라 진흥왕과 함께 한강하류를 회복 하였으나 신라의 배신으로 나제동맹이 결렬, 성왕이 직접 신라를 공격하였으나 관산성 전투에서 전사

4. 풍납토성

> 정답 ②

암기박사 풍납토성 ⇒ 백제 문화유산

정답 해설

서울 송파구에 있는 풍납토성은 백제 초기의 수도였던 위례성이 있던 곳으로, 한강 유역에 있는 백제 유적 가운데 최대 규모의 토성 유적이다.

① 공산성 → 백제 문화유산

공산성은 백제의 수도인 웅진을 방어하기 위해 축조된 공주에 있는 산성이다.

③ 오녀산성 → 고구려 문화유산

중국 요령성 환인현의 오녀산에 있는 고구려 산성으로 고구려의 수도였던 집안과 서쪽 지방을 연결하는 교통의 요충지에 있는 산성이다.

④ 항파두성 → 고려 문화유산

항파두성은 제주시 애월읍에 있는 고려 후기의 산성으로 김통정의 삼별초가 제주도에 들어와 내외 이중으로 쌓은 산성이다.

👉 핵심노트 ▶ 백제의 수도

- **위례(한성)** : 고구려 주몽의 아들 온조가 남하하여 하남 위례성에 도읍을 정하고 백제를 건국하였다(BC 18).
- **웅진(공주)** : 고구려 장수왕의 공격으로 백제의 수도 한성이 함락되고 개로왕이 전사하자, 문주왕이 즉위하여 한성에서 웅진으로 수도를 천도하였다(475).
- **사비(부여)** : 백제 성왕은 웅진에서 사비로 천도하고 국호를 남부여로 변경하였다(538).

5. 금관가야의 이해

정답 ①

암기박사 | 낙랑과 왜에 철을 수출 ⇒ 김수로왕 : 금관가야

정답 해설

아유타국(인도)의 공주였던 허황후가 결혼한 김수로왕은 김해를 중심으로 건국된 금관가야의 왕이다. 금관 가야는 철이 많이 생산되어 낙랑과 왜에 철을 수출하였다.

오답 해설

② 골품제 : 신분 제도 → 신라

신라에는 골품제라는 신분 제도가 있어서 혈연에 따라 사회적 제약과 관등 승진에 제한을 두었다.

③ 경당 : 글과 활쏘기 교육 → 고구려

고구려의 경당은 장수왕 때 지방 청소년의 무예 · 한학 교육을 위해 설치된 지방 교육 기관으로 청소년에게 글과 활쏘기를 가르쳤다.

④ 정사암 회의 : 귀족 회의체 → 백제

백제는 귀족 회의체인 정사암 회의에서 국가의 중대사를 논의하였다.

6. 발해의 역사

정답 ③

암기박사 | 주자감 : 최고 교육 기관(국립대학) ⇒ 발해

정답 해설

대조영이 고구려 유민과 말갈 집단을 규합하여 세운 국가는 발해로, 발해의 선왕(대인수)은 최대의 영토를 형성하고 중흥기를 이루어 해동성국이라 불렸다. 발해는 문왕(대흠무) 때 최고 교육 기관으로 주자감을 두어 왕족과 귀족을 대상으로 유교 경전을 교육하였다.

오답 해설

① 한 무제의 침략으로 멸망 → 고조선

고조선은 한 무제의 침략으로 왕검성(평양성)이 함락되고 우거왕이 피살되어 멸망하였다.

위만 조선의 마지막 왕

② 신라에 원병 : 왜 격퇴 → 고구려

고구려 광개토 대왕은 신라 내물왕의 요청을 받아 신라에 침입한 왜를 낙동강 유역에서 격퇴하였다.

④ 9서당 10정 : 군사 조직 → 통일 신라

통일 신라는 통일 전 1서당 6정이었던 군사 조직을 통일 후 9서당 10정으로 확대 개편하였다.
└→ 중앙군
└→ 지방군

7. 신문왕의 업적

정답 ③

암기박사 | 김흠돌의 난. 왕권 강화. 녹읍 폐지 ⇒ 통일 신라 신문왕

정답 해설

제시된 자료는 김흠돌의 난이고, 밑줄 그은 '왕'은 통일 신라의 신문왕이다. 신문왕은 김흠돌의 난을 진압하고, 이를 계기로 귀족 세력을 숙청하면서 전제 왕권을 강화시키고자 관리에게 관료전을 지급하고 귀족의 경제 기반이었던 녹읍을 폐지하였다.

오답 해설

① 12목 : 지방관 파견 → 고려 성종

고려 성종은 최승로의 건의로 12목에 지방관을 파견하였다.

② 이사부 : 우산국 정벌 → 신라 지증왕

신라 지증왕은 이사부를 파견하여 우산국을 정벌하였다.

④ 이차돈 순교 : 불교 공인 → 신라 법흥왕

신라 법흥왕은 이차돈의 순교를 계기로 불교를 공인하였다.

👉 핵심노트 ▶ 신문왕의 업적

- 김흠돌의 난 진압
- 녹읍 폐지 관료전 지급
- 군사조직 정비 : 9서당 10정
- 중앙관제 정비 : 예작부, 공장부 설치, 외사정 파견
- 지방제도 정비 : 5소경 설치

8. 왕오천축국전의 이해

정답 ④

암기박사 | 혜초, 인도, 중앙아시아 ⇒ 왕오천축국전

정답 해설

(가)에 들어갈 검색어는 『왕오천축국전』이다. 『왕오천축국전』은 통일 신라의 승려 혜초가 인도와 중앙아시아 지역을 순례한 후 저술한 책이다.

오답 해설

① 삼국유사 : 일연 → 역사서

『삼국유사』는 고려 충렬왕 때 보각국사 일연이 신라 · 고구려 · 백제 3국의 유사를 모아서 지은 역사서이다.

② 삼강행실도 : 설순 → 충신 · 효자 · 열녀의 행실을 모아 만든 책

『삼강행실도』는 조선 세종 때 설순 등이 왕명에 의하여 우리나라와 중국의 서적에서 군신 · 부자 · 부부의 삼강에 모범이 될 만한 충신 · 효자 · 열녀의 행실을 모아 만든 책이다.

③ 동국여지승람 : 지리, 풍속, 인물 기록 → 지리서

『동국여지승람』은 조선 성종 때 각 도의 지리, 풍속, 인물 등을 자세하게 기록한 우리나라의 지리서이다.

9. 한식의 세시 풍속

정답 ④

암기박사 불을 금한 날, 찬 음식 먹는 날, 귀신이 꼼짝하지 않는 날 ⇒ 한식

정답 해설

한식은 동지로부터 105일째 되는 날로, 양력으로 4월 5일 무렵이다. 이날은 불을 금하고 음식을 차게 먹었으며 '귀신이 꼼짝하지 않는 날'로 여겨 조상의 묘를 찾아 돌보고 제사를 지냈다. 또한 조선 시대에는 설날, 단오, 추석과 함께 4대 명절의 하나로 중시되었다.

오답 해설

① 정월 초하루, 차례, 떡국 → 설날

설날은 한 해의 시작인 음력 정월 초하루로, 아침에 설빔을 입고 조상에게 차례를 지내며 떡국을 먹고 어른들에게 세배를 한다.

② 새알심 넣은 팥죽 → 동지

동지는 일 년 중 밤이 가장 긴 날로 양력 12월 22일 경이며, 민가에서는 잡귀잡신의 침입을 막기 위해 새알심을 넣은 팥죽을 쑤어 먹었다.

③ 견우와 직녀, 수놓기, 호박부침 → 칠석

칠석은 음력 7월 7일로 전설 속의 견우와 직녀가 일 년에 한 번 오작교에서 만나는 날로, 처녀들은 바느질 대회와 수놓기 등을 하고 호박부침을 만들어 칠성님께 빌었다.

10. 역사 속의 교육 기관

정답 ①

암기박사 통일 신라 : 유학 교육 ⇒ 신문왕 : 국학
발해 : 유학 교육 ⇒ 문왕 : 주자감

정답 해설

ㄱ. 국학은 통일 신라 신문왕 때 설립된 유학 교육 기관으로, 유교 이념을 확립하였다.

ㄴ. 주자감은 발해 문왕(대흠무) 때 설립된 유학 교육 기관으로, 왕족과 귀족을 대상으로 유교 경전을 교육하고 인재를 양성하였다.

오답 해설

ㄷ. 고려 : 양현교의 부실 보충 → 충렬왕 : 섬학전

고려 충렬왕 때 안향의 건의로 양현교의 부실을 보충하기 위한 교육 재단인 섬학전을 설치하였다.

ㄹ. 통일 신라 : 3등급 구분 → 원성왕 : 독서삼품과

통일 신라 원성왕은 유교 경전의 이해 수준에 따라 3등급으로 구분해 관리를 등용하는 독서삼품과를 실시하였다. → 상품·중품·하품

11. 고려 성종의 업적

정답 ②

암기박사 최승로의 시무 28조 : 12목 설치 ⇒ 고려 성종

정답 해설

고려 성종 때에는 신라 6두품 출신의 유학자들이 국정을 주도하면서 국정 쇄신과 유교 정치를 실현하였으며 최승로의 시무 28조에 따라 전국의 주요 지역에 12목을 설치하고 지방관을 파견하였다.

오답 해설

① 정방 폐지 → 고려 창왕

고려 공민왕 때 인사 행정을 담당하여 신진 사대부의 등용을 억제하였던 정방이 혁파되고 이어 창왕 때 폐지되었다.

③ 과전법 시행 → 고려 공양왕

고려 공양왕 때 과전법(科田法)을 시행하여 신진 사대부들의 경제적 기반을 확대하고 농민의 지지를 확보하였다.

④ 진대법 실시 → 고구려 고국천왕

고구려 고국천왕 때 을파소의 건의로 빈민을 구제하기 위해 진대법을 시행하였다.

핵심노트 ▶ 최승로의 시무 28조 주요 내용

- 유교 정치 이념을 토대로 하는 중앙 집권적 귀족 정치 지향 → 왕권의 전제화 반대
- 유교적 덕치, 왕도주의와 도덕적 책임 의식
- 지방관 파견과 12목 설치, 군제 개편, 대간 제도 시행
- 신하 예우 및 법치 실현, 왕실의 시위군·노비·가마의 수 감축
- 호족 세력의 억압과 향리 제도 정비 → 향직 개편, 호족의 무기 몰수
- 집권층·권력층의 수탈 방지 및 민생 안정 추구
- 유교적 신분 질서의 확립 → 엄격한 신분관을 유지하고 귀족 관료의 권위와 특권을 옹호
- 유교적 합리주의를 강조하여 불교의 폐단을 지적·비판 → 연등회와 팔관회 폐지
- 대외 관계에서 민족의 자주성 강조 → 북진 정책 계승, 중국 문화의 취사선택
- 개국 공신의 후손 등용 등

12. 고려 시대의 불교사

정답 ③

암기박사 수선사 결사 제창 ⇒ 보조국사 지눌

정답 해설

조계종을 창시한 보조국사 지눌은 수선사 결사를 제창하여 명리에 집착하는 무신 집권기 당시 불교계의 타락상을 비판하고 승려 본연의 자세로 돌아가 독경과 선 수행 등에 힘쓰자는 불교 개혁 운동을 주도하였다.

오답 해설

① 십문화쟁론 저술 → 통일 신라 : 원효

통일 신라 때 원효는 모든 불교 서적을 폭넓게 이해하고 십문화쟁론을 저술하였다.

② 유불일치설 주장 → 고려 : 혜심

고려 시대에 혜심은 유불일치설을 주장하고 심성의 도야를 강조하였다.

④ 화엄일승법계도 저술 → 통일 신라 : 의상

통일 신라의 의상은 해동 화엄사의 시조로 화엄 사상을 정리한 화엄일승법계도를 남겼다.

👆 **핵심노트** ▶ 보조국사 지눌(1158~1210)

- **선·교 일치 사상의 완성** : 조계종을 창시해 선종을 중심으로 교종을 포용하여 선·교 일치 사상의 완성을 추구→ 최씨 무신 정권의 후원으로 조계종 발달
- **정혜쌍수(定慧雙修)** : 선정과 지혜를 같이 닦아야 한다는 것으로, 선과 교학이 근본에 있어 둘이 아니라는 사상 체계를 말함→ 철저한 수행을 선도
- **돈오점수(頓悟漸修)** : 인간의 마음이 곧 부처의 마음임을 깨닫고(돈오) 그 뒤에 깨달음을 꾸준히 실천하는 것(점수)를 말함→ 꾸준한 수행으로 깨달음의 확인을 아울러 강조
- **수선사 결사 운동** : 명리에 집착하는 무신 집권기 당시 불교계의 타락상을 비판하고 승려 본연의 자세로 돌아가 독경과 선 수행 등에 고루 힘쓰자는 개혁 운동. 송광사를 중심으로 전개

13. 고려 원 간섭기

정답 ④

🏷 **암기박사** 권문세족 : 대규모 토지 소유 ⇒ 고려 원 간섭기

정답 해설

원 간섭기에는 변발과 호복 등 몽골의 풍속이 고려의 지배층을 중심으로 유행하였으며 원에 공녀로 끌려가는 여인들이 많았다. 이 시기에 친원 세력이 권문세족으로 성장하면서 대규모 토지를 소유하였다.

오답 해설

① **상평통보 유통 → 조선 후기**
상평통보는 조선 중기 인조 때 발행되었으나 거의 사용되지 못하다가 조선 후기 숙종 때 다시 발행되어 전국적으로 유통되었다.
② **정동행성 이문소 폐지 → 고려 후기**
고려 후기 공민왕은 반원 자주 정책의 일환으로 내정을 간섭하던 정동행성 이문소를 폐지하고, 기철 등의 친원파를 숙청하였다.
③ **고구마와 감자 재배 → 조선 후기**
조선 후기에는 일본에서 들여 온 고구마와 청에서 들여 온 감자 등의 구황 작물이 널리 재배되었다.
→ 기후가 불순한 흉년에도 비교적 안전한 수확을 얻을 수 있는 작물

👆 **핵심노트** ▶ 원 간섭기의 사회 변화

- **신분 상승의 증가**
 - 역관·향리·평민·부곡민·노비·환관으로서 전공을 세운 자, 몽골 귀족과 혼인한 자, 몽골어에 능숙한 자 등
 - 친원 세력이 권문세족으로 성장
- **활발한 문물 교류**
 - 몽골풍의 유행 : 체두변발·몽골식 복장·몽골어
 - 고려양 : 고려의 의복·그릇·음식 등의 풍습이 몽골에 전해짐
- **공녀(貢女)의 공출**
 - 원의 공녀 요구는 심각한 사회 문제를 초래
 - 결혼도감을 설치해 공녀를 공출

14. 고려 시대의 경제 상황

정답 ④

🏷 **암기박사** 삼한통보, 해동통보 발행 ⇒ 고려 : 숙종

정답 해설

벽란정은 고려 시대 예성강 하류에 있었던 항구인 벽란도에서 외국 사신들을 접대했던 관사를 말한다. 고려 숙종 때 삼한통보, 해동통보, 해동중보, 동국통보 등의 화폐를 발행하였으나 널리 사용되지는 못했다.

오답 해설

① **장시의 발달 : 보부상 → 조선 후기**
조선 후기에는 장시가 발달하였고 보부상들이 전국의 장시를 연결하여 일용 잡화나 농·수산물, 수공업 제품, 약재 등을 판매·유통하였다.
② **상품 작물 : 담배, 면화 → 조선 후기**
조선 후기에는 담배, 면화 등 시장에서 판매하기 위한 상품 작물의 재배가 활발하였다.
③ **동시전 : 시장 감독 : 신라 : 지증왕**
신라 지증왕 때 시장을 감독하는 관청인 동시전이 수도 경주에 설치되었다.

👆 **핵심노트** ▶ 고려의 화폐 발행

화폐를 발행하면 그 이익금을 재정에 보탤 수 있고 경제 활동을 장악할 수 있으므로, 상업 활동이 활발해지는 것과 함께 화폐 발행이 논의되었다. 그리하여 성종 때 건원중보가 제작되었으나 널리 유통되지는 못했다. 이후 숙종 때 삼한통보, 해동통보, 해동중보 등의 동전과 활구(은병)가 제작되었으나 당시의 자급자족적 경제 상황에서는 불필요했으므로 주로 다점이나 주점에서 사용되었을 뿐이며, 일반적인 거래에 있어서는 곡식이나 베가 사용되었다.

15. 도병마사의 이해

정답 ③

🏷 **암기박사** 국방과 군사 문제, 도평의사사 ⇒ 도병마사

정답 해설

도병마사는 고려시대 때 국방 문제를 담당하던 임시 기구로, 성종 때 처음 시행되었다. 중서문하성(재신)과 중추원(추신)이 모여 국방 문제를 다루었는데, 고려 후기 원 간섭기 때 도평의사사로 개편되면서 구성원이 확대되고 국정 전반의 중요 사항을 합의·집행하는 최고 상설 정무 기구로 발전하였다.

오답 해설

① **주자감 : 발해 → 최고 교육기관**
주자감은 발해의 최고 교육기관으로, 왕족과 귀족을 대상으로 교육하였다.
② **성균관 : 고려 말, 조선 → 최고 교육기관**
성균관은 고려 말과 조선시대의 최고의 교육기관이다.
④ **공민왕 : 신돈 → 전민변정도감**
고려 공민왕 때 신돈은 전민변정도감을 통해 권문세족들이 부당하게 빼앗은 토지와 노비를 본래의 소유주에게 돌려주거나 양민으로 해방시켰다.

핵심노트 ▶ 고려의 중앙 정치

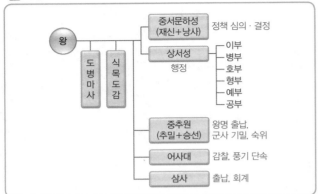

16. 조광조의 개혁 정치

암기박사 위훈 삭제, 현량과 실시 ⇒ 조광조

정답 ②

정답 해설

조선 중종 때 위훈 삭제 등을 주장하다가 훈구파의 반발로 유배되어 사사된 인물은 조광조이다. 그는 신진 인사를 등용하기 위해 천거제의 일종인 현량과의 실시를 건의하였다.

오답 해설

① 성학십도 저술 → 이황
　이황은 성학십도를 선조에게 올려 군주의 도(道)에 관한 학문의 요체를 도식으로 설명하였다.

③ 백운동 서원 건립 → 주세붕
　조선 중종 때 풍기 군수 주세붕은 안향의 봉사를 위해 최초의 서원인 백운동 서원을 건립하였다.

④ 동국여지승람 편찬 → 서거정
　조선 성종 때 서거정은 팔도지리지를 보완하여 각 지방의 산천, 인물, 풍속 등이 수록된 동국여지승람을 편찬하였다.

핵심노트 ▶ 조광조의 개혁 정치

• 현량과(천거과) 실시 : 천거제의 일종인 현량과를 통해 사림을 대거 등용
• 위훈 삭제(僞勳削除) : 중종 반정의 공신 대다수가 거짓 공훈으로 공신에 올랐다 하여 그들의 관직을 박탈하려 함 → 훈구 세력의 불만으로 야기된 기묘사화 발생
• 이조 전랑권 형성 : 이조 · 병조의 전랑에게 인사권과 후임자 추천권 부여
• 도학 정치를 위한 성학군주론 주장 → 경연 및 언론 활성화를 주장
• 공납제의 폐단을 지적하고 대공수미법 주장
• 균전론을 내세워 토지소유의 조정(분배)과 1/10세를 제시
• 향촌 자치를 위해 향약의 전국적 시행을 추진
• 불교 · 도교 행사 금지 : 승과제도 및 소격서 폐지
• 〈주자가례〉를 장려하고 유교 윤리 · 의례의 보급을 추진
• 〈소학〉의 교육과 보급운동을 전개 → 이를 통해 유교적 가치를 강조하고 지주전호제를 옹호
• 언문청을 설치하여 한글 보급
• 유향소 철폐를 주장

17. 시전 상인의 이해

정답 ①

암기박사 종로 상점가, 육의전 상인 ⇒ 시전 상인

정답 해설

밑줄 그은 '이들'은 시전 상인이다. 시전 상인은 관허 상인으로, 종로 거리에 상점가를 만들어 점포세와 상세를 거두었다. 또한 시전 중에서는 명주, 종이, 어물, 비단 등을 파는 점포인 육의전이 가장 번성하였다. 이들은 금난전권을 통해 사상을 억압하였다.

오답 해설

② 대동법 시행 : 공인 등장 → 상품 화폐 경제 성장
　대동법의 시행으로 관허 상인인 공인이 등장하였고 이들의 활발한 활동으로 상품 화폐 경제가 성장하였다.

③ 보부상 : 보부상단 조직 → 유통망 형성
　보부상들은 자신들의 이익을 지키고 단결하기 위해 보부상단이라는 조합을 구성하고, 농촌의 장시를 하나의 유통망으로 연계시켰다.

④ 객주, 여각 : 포구 → 위탁 판매업, 숙박업 종사
　객주와 여각은 포구를 거점으로 상행위를 전개하였으며 주로 위탁 판매업이나 숙박업에 종사하였다.

핵심노트 ▶ 시전 상인

• 관허 상인으로, 종로 거리에 상점가를 만들어 점포세와 상세를 거둠
• 금난전권 : 왕실이나 관청에 물품을 공급하는 대신에 특정 상품에 대한 독점 판매권을 부여받음(육의전을 제외한 금난전권은 1791년 신해통공으로 폐지)

18. 조선왕조실록의 이해

정답 ④

암기박사 역대 왕들의 행적, 날짜별 기록, 사초 · 시정기 ⇒ 조선왕조실록

정답 해설

『조선왕조실록』은 조선 태조로부터 철종에 이르기까지 25대 472년간의 왕들의 역사를 연월일 순서에 따라 편년체로 기록한 역사서이다.

오답 해설

① 일성록 : 국정 사항 → 일기 형식
　일성록은 영조 때부터 순조 때까지 조선 후기의 국정 사항을 국왕의 입장에서 일기의 형식으로 쓰여 편찬되었다.

② 대전회통 : 경국대전, 속대전, 대전통편 보완 → 편찬
　대전회통은 『경국대전』·『속대전』·『대전통편』 등을 보완하는 의미에서 편찬한 것으로, 이들 법전의 모든 내용에 새로운 내용을 추가하여 편찬하였다.

③ 제왕운기 : 이승휴 → 역사 서사시
　『제왕운기』는 이승휴가 저술한 책으로, 우리나라와 중국의 역사를 시로 적은 역사 서사시이다.

19. 조선 세종의 업적

암기박사 농사직설, 앙부일구 ⇒ 조선 세종

정답 ②

정답 해설

밑줄 그은 '왕'은 세종이다. 조선 세종 때 정초 등은 우리나라 최초의 농서인 농사직설을 편찬하여 중국의 농업 기술을 수용하면서 우리의 실정에 맞는 독자적인 농법을 정리하였다. 또한 이 시기에 시간과 계절에 따른 해 그림자의 변화를 이용한 해시계인 앙부일구가 제작되었다.

오답 해설

① 대동법 실시 → 조선 광해군
  조선 광해군은 공납의 폐단을 시정하고 농민 부담을 경감시키기 위해 대동법을 실시하였다.
③ 노비안검법 시행 → 고려 광종
  고려 광종은 노비안검법을 시행하여 양인이었다가 불법으로 노비가 된 자를 조사하여 해방시켜 줌으로써 호족과 공신 세력을 견제하였다.
④ 신문고 최초 설치 → 조선 태종
  조선 태종 때 민의 상달 제도인 신문고가 처음 설치되어 백성들의 여론을 수렴하고자 하였다.

핵심노트 ▶ 세종의 업적

유교 정치	의정부 서사제 부활, 집현전 설치, 국가 행사를 오례(五禮)에 따라 거행
사회 제도	전분 6등법, 연분 9등법 시행, 의창제 실시, 금부삼복법, 사형 금지, 가혹한 형벌 금지
서적 간행	고려사, 용비어천가, 동국정운, 월인천강지곡, 농사직설, 칠정산 내외편, 삼강행실도, 팔도지리지
과학 기구	측우기, 자격루, 앙부일구
불교 정책	5교 양종을 선교 양종으로 통합, 내불당 건립

20. 향약의 이해

암기박사 향촌 사회 교화, 이황 · 이이 ⇒ 향약

정답 ①

정답 해설

제시된 내용은 향약에 관한 설명이다. 향약은 향촌 사회 질서 유지를 위해 만들어진 것으로, 중종 때 조광조에 의해 처음 보급되었고, 16세기 이후 이황과 이이에 의해 전국적으로 확산되었다.

오답 해설

② 불교 신앙 : 매향 활동 → 향도
  매향은 불교 신앙의 하나로, 위기에 대비해 향나무를 바닷가에 묻었다가 후에 향으로 만들어, 이를 매개로 미륵을 만나 구원받고자 하는 신앙 행위를 말하며, 이러한 매향 활동을 하는 무리들을 향도라 한다.
③ 공동 노동 작업 : 농촌 사회의 협력 도모 → 두레
  두레는 공동 노동의 작업 공동체로, 농촌 사회의 협력을 도모하였다.
④ 향촌 자치 기구 : 수령 보좌, 향리 감찰 → 유향소
  유향소는 향촌 자치 기구로, 고려 말부터 조선 시대에 걸쳐 지방의 수령을 보좌하고 향리를 감찰하던 자문 기관이다.

21. 균역법의 이해

암기박사 군역의 폐단, 군포 1필, 결작 부과 ⇒ 균역법

정답 ④

정답 해설

영조는 군역의 폐단을 시정하기 위해 균역법을 실시하여 군포를 2필에서 1필로 경감시켰고, 부족한 재정은 어장세 · 염세 · 선박세 등의 잡세와, 토지 1결당 미곡 2두를 납부하는 결작을 통해 보충하였다.

오답 해설

① 흥선대원군 : 호포제 → 양반에게 군포 징수
  흥선대원군은 호포제를 실시하여 양반에게도 군포를 징수하였다.
② 인조 : 영정법 → 전세 고정
  인조 때 영정법이 실시되어 토지 1결당 미곡 4~6두로 전세를 고정시켰다.
③ 대한 제국 : 양전 사업 → 지계 발급
  대한 제국은 양전 사업을 실시하여 지계를 발급하였다.

핵심노트 ▶ 균역법

• 내용 : 종전의 군적수포제에서 군포 2필을 부담하던 것을 1년에 군포 1필로 경감
• 부족분의 보충 : 부가세 징수
  – 결작 : 감소된 재정을 보충하기 위해 지주에게 결작을 부과
  – 선무군관포 : 일부 상층 양인에게 선무군관이란 칭호를 주고 군포 1필 부과
  – 잡세 : 어장세 · 염세 · 선박세 등

22. 중상학파 박제가

암기박사 서얼 출신 규장각 검서관, 북학의 저술 ⇒ 박제가

정답 ④

정답 해설

중상학파 박제가는 청나라의 풍속과 제도를 살펴보고 돌아와서 북학의를 저술하였는데, 적극적인 청 문물의 도입과 소비 촉진을 통한 생산력 증대 등을 주장하였다. 박제가는 조선 정조 때 이덕무, 유득공과 함께 서얼 출신으로 규장각 검서관에 등용되어 활동하였다.

오답 해설

① 의산문답 : 지전설 주장 → 홍대용
  홍대용은 김석문의 지구 회전설을 계승하여 의산문답을 저술하고 지전설을 주장하였다.
② 금석과안록 : 진흥왕 순수비 고증 → 김정희
  추사 김정희는 금석과안록을 저술하여 북한산비가 진흥왕 순수비임을 고증하였다.
③ 사상 의학 : 사람의 체질 연구 → 이제마
  이제마는 사람의 체질을 연구하여 태양인, 태음인, 소양인, 소음인으로 구분하는 사상 의학을 정립하였다.

👆 **핵심노트** ▶ 중상학파 박제가(1750~1805)

- 청에 다녀온 후 《북학의》 저술
- 상공업의 육성, 청과의 통상 강화, 세계 무역에의 참여, 서양 기술의 습득을 주장
- 선박과 수레의 이용 증가 및 벽돌 이용 등을 강조
- 소비의 권장, 생산과 소비와의 관계를 우물에 비유하면서 생산을 자극하기 위해서는 절약보다 소비를 권장해야 한다고 주장
- 신분 차별 타파, 양반의 상업 종사 등을 주장

23. 정조의 업적

정답 ③

🏷️ **암기박사** 사도 세자, 화성 건립, 초계문신제 시행 ⇒ 정조

정답 해설

제시된 자료에서 아버지인 사도 세자의 무덤을 수원 화산으로 옮기고 이름을 현륭원으로 바꾼 다음 화성을 크게 쌓았다는 대목에서 밑줄 그은 '왕'은 정조임을 알 수 있다. 정조는 초계문신제를 시행하여 신진 인물이나 중·하급(당하관 이하) 관리 가운데 능력 있는 자들을 재교육시키고 시험을 통해 승진시켰다.

오답 해설

① 나선정벌 : 조총 부대 파견 → 효종
효종 때 조총 부대를 파견하여 러시아 군대와 교전하였다.
② 금위영 설치 : 5군영 체제 완성 → 숙종
숙종 때 기병으로 구성되어 궁궐 수비를 담당하던 금위영이 설치되어 5군영 체제가 완성되었다.
④ 직전법 : 현직 관리에게 수조권 지급 → 세조
세조는 직전법을 실시하고 현직 관리에게만 수조권을 지급하여 국가의 수조권 지배를 강화하였다.

👆 **핵심노트** ▶ 정조의 업적

- 규장각 설치 : 역대 왕들의 글, 글씨 등과 어진을 보관하던 왕실 도서관을 설치
- 실학을 중시 : 다산을 비롯한 여러 실학자들의 정계 진출을 지원, 중농학파 실학자들을 육성
- 장용영 설치 : 왕권강화를 위한 왕실의 친위대 군대조직을 설치
- 서적 편찬 : 〈대전통편〉, 〈동문휘고〉, 〈탁지지〉, 〈추관지〉, 〈규장전운〉 등을 편찬
- 수원화성 건설 : 정약용의 거중기를 이용하여 건설
- 신해 통공 : 금난전권을 전면 폐지하여 상업의 자유화를 촉성, 경제의 발전을 유도
- 서얼의 등용 : 신분상제약으로 정계진출에 제한이 있었던 서얼들에게 길을 열어줌

24. 효종 재위 기간의 사건

정답 ②

🏷️ **암기박사** 나선 정벌 : 조총 부대 파견 ⇒ 효종

정답 해설

삼전도의 굴욕을 겪은 아버지인 인조에 이어 즉위한 왕은 효종이다. 효종은 러시아의 남하로 청과 러시아 간 국경 충돌이 발생하자 청의 원병 요청으로 두 차례의 나선 정벌에 조총 부대를 파견하였다.

오답 해설

① 4군 6진 개척 → 세종

세종 때 김종서, 최윤덕 등은 여진족을 정벌하고 4군 6진을 개척하였다.

> └▶ 최윤덕 : 압록강 유역 확보
> └▶ 김종서 : 두만강 유역 확보

③ 초계문신제 : 문신 재교육 → 정조
정조는 신진 인물이나 중·하급 관리 가운데 능력 있는 자들을 재교육시키고 시험을 통해 승진시키는 초계문신제(抄啓文臣制)를 시행하였다.
④ 균역법 실시 : 군역 부담 경감 → 영조
조선 영조는 백성들의 군역 부담을 줄이기 위해 1년에 군포 2필을 부담하던 것을 1필로 경감하는 균역법을 실시하였다.

👆 **핵심노트** ▶ 나선 정벌(羅禪征伐)

- 배경 : 러시아의 남하로 청과 러시아 간 국경 충돌이 발생하자 청이 원병을 요청
- 제1차 나선 정벌(효종 5, 1654) : 헤이룽강(흑룡강) 유역에 침입한 러시아군을 변급이 격퇴
- 제2차 나선 정벌(효종 9, 1658) : 헤이룽강 유역에서 신유가 조총군을 이끌고 러시아군을 격퇴

25. 서얼의 이해

정답 ③

🏷️ **암기박사** 첩의 자식, 규장각 검서관 ⇒ 서얼

정답 해설

(가)는 서얼이다. 서얼은 양반의 자손 가운데 첩의 소생으로서, 가정에서도 천하게 여겨 재산 상속권이 없었고, 서얼 차대법에 의해 관직에 등용되기도 어려웠다. 그러나 정조 때 능력 있는 서얼을 등용하여 규장각 검서관 등으로 임명하였다.

오답 해설

① 중인층 : 향리 → 직역 세습
중인층인 향리는 직역을 세습하고 같은 신분 안에서 혼인하였다.
② 노비 : 최하층 신분 → 매매, 상속, 증여의 대상
조선 시대 최하층인 천인 신분은 노비로, 재산으로 취급하여 매매, 상속, 증여의 대상이 되었다.
④ 백정 : 조선 형평사 → 사회적 차별 철폐 운동
조선 시대의 백정들은 조선 형평사를 조직하여 사회적 차별 철폐를 위한 형평 운동을 전개해나갔다.

👆 **핵심노트** ▶ 서얼의 신분 상승

- 제약의 완화 : 임진왜란 이후 정부의 납속책·공명첩 등으로 서얼의 관직 진출 증가
- 허통(許通) 운동 : 신분 상승을 요구하는 서얼의 상소 운동으로 18~19세기에 활발히 전개
  - 통청윤음(영조 48, 1772)으로 서얼의 삼사 청요직 임명이 가능하게 됨
  - 정유절목(정조 1, 1777)에 따라 허통의 범위가 크게 확대
  - 신해허통(철종 2, 1851)으로 완전한 청요직 허통이 이루어짐
- 영향 : 기술직 중인에게 자극을 주어 통청 운동이 전개됨

26. 영조의 업적

정답 ②

🏷️ **암기박사** 속대전, 균역법 ⇒ 영조

정답 해설

'이 왕'은 영조이다. 영조는 『경국대전』 편찬 이후에 공포된 법령 가운데

시행 법령만을 추려서 『속대전』을 편찬하였다. 또한 영조는 백성들의 군역 부담을 덜어주고자 기존에 군포 2필을 부담하던 것을 1년에 1필로 경감시키는 균역법을 실시하였다.

오답 해설

① 세조 : 직전법 → 현직 관료에게 수조권 지급
세조는 직전법을 실시하여 과전의 부족에 따라 현직 관료에게 수조권을 지급하였다.

③ 정조 : 초계 문신제 → 능력 있는 자 재교육
정조는 초계 문신제를 시행하여 신진 인물이나 중·하급(당하관 이하) 관리 가운데 능력 있는 자들을 재교육시켰다.

④ 효종 : 나선 정벌 → 조총 부대 파견
효종은 나선 정벌 때 청의 요청으로 조총 부대를 파견하였다.

핵심노트 ▶ 영조의 업적

탕평 정치	탕평교서 발표, 탕평비 건립, 이인좌의 난, 산림 부정, 서원 정리, 이조전랑 권한 약화
개혁 정치	균역법 시행, 가혹한 형벌 폐지, 3심제 시행
문헌	속대전, 속오례의, 동국문헌비고

27. 김정희의 활동

 암기박사 세한도 ⇒ 김정희

정답 ④

정답 해설

자료에 제시된 그림은 김정희가 그린 '세한도'이다. 김정희는 조선 후기의 화가로, 서예 발전의 성과를 바탕으로 고금의 필법을 두루 연구하여 굳센 기운과 다양한 조형성을 가진 추사체(秋史體)를 창안하였다. 또한 김정희는 금석학 연구를 통해 『금석과안록』을 저술하여 북한산비가 진흥왕 순수비임을 밝혔다.

오답 해설

① 허준 : 동의보감 → 의료 지식 보급
허준은 『동의보감』을 편찬하여 의료 지식의 민간 보급에 기여했다.

② 이제마 : 동의수세보원 → 사상의학 확립
이제마는 『동의수세보원』을 저술하여 사상의학을 확립하였다.

③ 박제가, 박지원 : 중상학파 실학자 → 청 문물 수용 주장
박제가와 박지원 등의 중상학파 실학자들은 청 문물의 수용을 주장하였다.

28. 천도교의 이해

암기박사 기관지 : 만세보 ⇒ 천도교

정답 ②

정답 해설

동학을 계승한 천도교는 개벽, 신여성 등의 잡지를 발간하였다. 또한 기관지로 만세보를 발간하여 민중 계몽에 힘쓰고 일진회의 국민신보에 대항하였다.

오답 해설

① 중광단 결성 → 대종교
대종교의 지도자들은 항일 무장 단체인 중광단을 조직하였고, 3·1 운동 직후 북로 군정서로 개편하여 청산리 대첩에 참여하였다.

③ 의민단 조직 → 천주교
천주교는 만주에서 항일 운동 단체인 의민단을 조직하여 무장 투쟁을 전개하였다.

④ 배재 학당 설립 → 개신교
미국의 개신교 선교사 아펜젤러가 배재 학당을 세워 신학문 보급에 기여하였다.

핵심노트 ▶ 일제 강점기의 종교 활동

- 천도교 : 제2의 3·1 운동을 계획하여 자주 독립 선언문 발표, 〈개벽〉·〈어린이〉·〈학생〉 등의 잡지를 간행하여 민중의 자각과 근대 문물의 보급에 기여
- 개신교 : 천도교와 함께 3·1 운동에 적극 참여, 민중 계몽과 문화 사업을 활발하게 전개, 1930년대 후반에는 신사 참배를 거부하여 탄압을 받음
- 천주교 : 고아원·양로원 등 사회사업을 계속 확대하면서 〈경향〉 등의 잡지를 통해 민중 계몽에 이바지, 만주에서 항일 운동 단체인 의민단을 조직하여 항일 무장 투쟁 전개
- 대종교 : 지도자들은 항일 무장 단체인 중광단을 조직, 3·1 운동 직후 북로 군정서로 개편하여 청산리 대첩에 참여 → 천도교와 더불어 양대 민족 종교를 형성
- 불교 : 3·1 운동에 참여, 한용운 등의 승려들이 총독부의 정책에 맞서 민족 종교의 전통을 지키려 노력, 교육 기관을 설립하여 민족 교육 운동에 기여
- 원불교 : 박중빈이 창시(1916), 불교의 현대화와 생활화를 주장, 민족 역량 배양과 남녀 평등, 허례허식의 폐지 등 생활 개선 및 새생활 운동에 앞장섬

29. 사절단의 이해

암기박사 일본, 시찰 ⇒ 조사 시찰단

정답 ④

정답 해설

제시된 자료는 조사 시찰단 파견과 관련한 내용이다. 1881년 조선 정부는 일본의 근대 문물을 배워 오기 위해 조사 시찰단을 파견하였다. 박정양·어윤중·홍영식 등으로 구성된 조사 시찰단은 개화 반대 여론을 의식하여 비밀리에 보내졌다. 이들은 일본의 발전상을 보고 돌아와 개화 정책의 추진을 뒷받침하였다.

오답 해설

① 보빙사 : 미국 → 외교 사절단
보빙사는 최초로 미국 등 서방 세계에 파견한 외교 사절단이다.

② 통신사 : 에도 막부 → 일본에 파견
통신사는 에도 막부의 요청으로 일본에 파견된 사절단이다.

③ 영선사 : 청 → 시찰단
영선사는 개화기 때 선진 문물을 배우기 위해 청나라에 파견했던 시찰단이다.

핵심노트 ▶ 외교 사절단

- 조사 시찰단(1881) : 박정양·어윤중·홍영식 등으로 구성, 일본의 발전상을 보고 돌아와 개화 정책의 추진을 뒷받침
- 영선사(1881) : 김윤식을 단장으로 청에 파견하여 무기 제조법과 근대적 군사 훈련법을 배움
- 보빙 사절단(1883) : 최초의 구미 사절단, 유길준이 미국에 남아 유학하고 유럽 여행 후 귀국

30. 조선의 궁궐

정답 ③

암기박사 아관파천 이후 환궁, 미·소 공동 위원회 개최 ⇒ 덕수궁

정답 해설

덕수궁의 원래 명칭은 경운궁이었으나 순종이 즉위한 후 태상황이 된 고종이 머무르면서 궁호를 덕수궁으로 바꾸었다. 덕수궁은 고종이 아관파천 이후 러시아 공사관에서 환궁한 곳이며 8·15 광복 이후에는 미·소 공동 위원회가 개최된 곳이기도 하다.

오답 해설

① 흥선 대원군 중건 → 경복궁 *일제가 경복궁 내에 조선 총독부 청사 건립*
경복궁은 태조 이성계가 한양으로 도읍을 천도하면서 처음 지어졌고, 임진왜란 당시 불타 소실된 것을 흥선 대원군이 중건하였다.

② 유사시 피난용 궁궐 → 경희궁
경희궁의 처음 이름은 경덕궁으로 유사시 왕이 본궁을 떠나 피난하는 이궁(離宮)으로 지어졌으나, 여러 왕이 정사를 보았기 때문에 동궐인 창덕궁에 대해 서궐이라 불렸다.

④ 일제 : 창경원으로 격하 → 창경궁
창경궁의 처음 이름은 수강궁으로 세종이 생존한 상왕인 태종을 모시기 위해 지은 궁이었으나, 일제에 의해 창경원으로 격하되고 동물원과 식물원 등이 설치되었다.

31. 조선책략 유포 이후의 상황

정답 ②

암기박사 조선책략 ⇒ 영남 만인소

정답 해설

『조선책략』은 청의 주일 참사관인 황준헌(황쭌셴)이 지은 책으로, 김홍집(2차 수신사)이 도입하였고, 조선의 당면 외교 정책으로 친중(親中)·결일(結日)·연미(聯美)를 주장하는 내용을 담고 있다. 『조선책략』이 유표된 이후 이만손 등은 개화 정책과 『조선책략』 유포에 반발하여 영남 만인소를 올렸다.

오답 해설

① 운요호 사건 : 강화도 조약 → 일본의 경제 침략
운요호 사건으로 인해 조선은 일본과 강화도 조약을 맺고 일본의 경제 침략을 위한 발판을 마련하였다.

③ 병인양요 : 프랑스군 → 외규장각 도서 약탈
병인양요 때 프랑스군은 강화도에 침입하여 외규장각 도서를 약탈하였다.

④ 오페르트 : 통상 거부 → 남연군 묘 도굴 시도
독일 상인 오페르트는 통상을 거부당하자, 흥선 대원군의 아버지인 남연군의 묘를 도굴하려다 실패하였다.

핵심노트 ▶ 조선책략

• 도입 : 김홍집(2차 수신사)이 도입
• 내용 : 친중(親中)·결일(結日)·연미(聯美)
• 목적 : 일본 견제, 청의 종주권을 국제적으로 승인
• 영향 : 미국·영국·독일 등과의 수교 알선 계기, 개화론 자극, 위정척사론의 격화 요인

32. 임오군란으로 인한 조약 체결

정답 ③

암기박사 임오군란 ⇒ 제물포 조약, 조·청 상민 수륙 무역 장정

정답 해설

(가) 제물포 조약 : 임오군란의 결과 일본과 제물포 조약을 체결하여 배상금을 지불하고 일본 공사관의 일본 경비병 주둔을 허용하였다 (1882).

(나) 조·청 상민 수륙 무역 장정 : 임오군란의 결과 청과 조·청 상민 수륙 무역 장정을 체결하고 청 상인의 내지 통상권 및 조선에 대한 청의 종주권을 인정하였다(1882).

신식 군대인 별기군과 차별을 받던 구식 군대가 임오군란을 일으켜 포도청과 의금부를 습격하고 일본 공사관을 불태웠다(1882).

오답 해설

① 조·미 수호 통상 조약 → 미국에 보빙사 파견
조·미 수호 통상 조약은 서양과 맺은 최초의 조약으로, 이 조약의 체결로 민영익, 홍영식을 중심으로 한 보빙사가 미국에 파견되었다.

② 강화도 조약 → 부산, 원산, 인천 개항
강화도 조약은 일본과 맺은 최초의 근대적 조약이자 불평등 조약으로, 부산, 원산, 인천에 개항장이 설치되는 결과를 가져왔다.

④ 조·러 수호 통상 조약 → 영국 : 거문도 사건
갑신정변 이후 조·러 수호 통상 조약이 체결되자 영국은 러시아의 남하를 견제하기 위해 거문도를 불법으로 점령하였다.

핵심노트 ▶ 임오군란으로 인한 조약 체결

• 제물포 조약(1882. 7) : 일본과 제물포 조약을 체결하여 배상금을 지불하고 군란 주동자의 처벌을 약속, 일본 공사관의 경비병 주둔을 인정 *→ 일본군의 주둔 허용*
• 조·청 상민 수륙 무역 장정(1882. 8) : 청의 속국 인정, 치외법권, 서울과 양화진 개방, 내지 통상권, 연안 무역·어업권, 청 군함 항행권 등 *→ 청 상인의 통상 특권이 넓게 허용되어 조선 상인들의 피해 증가*

33. 대한매일신보의 이해

정답 ④

암기박사 대한매일신보 : 베델 & 양기탁 ⇒ 국채 보상 운동 후원

정답 해설

영국인 베델과 양기탁 등이 창간한 대한매일신보는 일제의 국권 침탈을 비판하고, 국채 보상 운동을 전국적으로 확산시키는 데 기여했다.

오답 해설

① 독립신문 : 서재필 → 최초의 민간 신문
독립신문은 서재필이 창간한 최초의 민간 신문이다.

② 제국신문 : 이종일 → 계몽적 일간지
제국신문은 이종일이 발행한 순한글의 계몽적 일간지로, 일반 대중과 부녀자를 대상으로 발행되었다.

③ 황성신문 : 남궁억, 유근 → 민족주의적 항일 신문
황성신문은 남궁억, 유근 등 개신유학자들이 발간한 민족주의적 성격의 항일 신문으로, 국한문을 혼용하여 발행하였다.

👆 **핵심노트** ▶ 근대 신문

한성순보	박문국에서 발간한 최초의 신문
독립신문	서재필이 발행한 독립협회의 기관지로서, 최초의 민간지, 격일간지
매일신문	협성회의 회보를 발전시킨 최초의 순한글 일간지
황성신문	남궁억, 유근 등 개신유학자들이 발간, 국한문 혼용
제국신문	이종일이 발행한 순한글의 계몽적 일간지(일반 대중과 부녀자 중심)
대한매일신보	영국인 베델이 양기탁 등과 함께 창간, 국한문판·한글판·영문판 간행 (최대 발행부수)
만세보	천도교의 후원을 받아 오세창이 창간한 천도교 기관지

34. 제1차 갑오개혁

정답 ①

🏷 **암기박사**   군국기무처 : 신분제 폐지 ⇒ 제1차 갑오개혁

정답 해설

제1차 갑오개혁 때 김홍집 친일 내각은 초정부적 정책 의결 기구인 군국기무처를 설치하고 과거제 폐지, 조혼 금지, 과부 재가 허용, 신분제 폐지 등의 개혁을 추진하였다.

오답 해설

② 단발령 시행 → 을미개혁

  을미사변 후 김홍집 친일 내각은 을미개혁을 추진하여 건양이라는 연호를 제정하고 태양력을 사용하였으며 단발령을 시행하였다.

③ 별기군 창설 → 개화 정책

  개항 이후 개화 정책의 일환으로 5군영을 무위영, 장어영의 2군영으로 통합하고 신식 군대인 별기군을 창설하였다.

④ 원수부 설치 → 광무개혁

  광무개혁 때 고종 황제는 군 통수권을 장악하기 위해 원수부를 설치하였다.

👆 **핵심노트** ▶ 제1차 갑오개혁 : 군국기무처

정치	연호 개국, 왕실과 정부 사무 분리, 6조를 80아문으로 개편, 과거제 폐지
경제	재정 일원화로 탁지아문이 관장, 은 본위 화폐 제도, 조세 금납제, 도량형 통일
사회	신분제 철폐, 공·사 노비제 폐지, 조혼 금지, 과부 개가 허용, 인신매매 금지, 고문과 연좌법의 폐지

35. 1910년대 국내 항일 독립운동

정답 ②

🏷 **암기박사**   독립 의군부, 송죽회, 대한 광복회 ⇒ 1910년대 국내 항일 독립운동

정답 해설

독립 의군부는 1912년 고종의 밀명으로 임병찬 등 각지의 유생들이 전라도에서 조직·결성한 항일 독립운동 단체이며, 송죽회는 1913년 평양에서 여성들이 조직한 항일 독립운동 단체이다. 대한 광복회는 1915년 대구에서 결성된 독립운동 단체이다.

오답 해설

① 김원봉 → 한커우 : 조선 의용대

  김원봉의 조선 의용대는 조선 민족 전선 연맹 산하 부대로 한커우에서 창설되었으며, 화북 지역에서 일본군과 전투를 벌였다(1938).

③ 이회영 → 서간도 : 신흥 강습소

  이회영 등은 서간도 삼원보에 군사 교육 기관인 신흥 강습소를 설립하였고, 이후 신흥 무관 학교로 발전하였다(1911).

④ 홍범도 : 대한 독립군 → 간도 : 봉오동 전투

  홍범도의 지휘 아래 활동한 대한 독립군은 봉오동 전투에서 간도 지역을 기습한 일본군을 상대로 승리를 거두었다(1920).

36. 정미의병의 이해

정답 ①

🏷 **암기박사**   이인영, 해산된 군인, 서울 진공 작전 ⇒ 정미의병

정답 해설

제시된 자료는 정미의병에 관한 내용이다. 정미의병은 유생 이인영을 총대장, 허위를 군사장으로 하여 13도 창의군을 조직하고 서울 진공 작전을 펼쳤다(1908).

오답 해설

② 신민회 : 공화정 수립 목표 → 국권 회복

  신민회는 공화정 수립을 목표로 국권 회복을 위해 노력하였다.

③ 의열단 : 조선 혁명 선언 → 활동 지침

  의열단은 조선 혁명 선언을 활동 지침으로 삼았다.

④ 대한민국 임시 정부 : 독립 공채 → 자금 마련

  대한민국 임시 정부는 독립 공채를 발행하여 독립 운동의 자금을 마련하였다.

👆 **핵심노트** ▶ 정미의병의 격문

> 군대를 움직이는 데 가장 중요한 점은 고립을 피하고 일치단결하는 것에 있다. 따라서 각 도의 의병을 통일하여 둑을 무너뜨릴 기세로 서울에 진격하면, 전 국토가 우리 손 안에 들어오고 한국 문제의 해결에 있어서도 유리하게 될 것이다.
>
> – 이인영의 격문 –

37. 을사늑약의 결과

정답 ③

🏷 **암기박사**   외교권 박탈 ⇒ 을사늑약

정답 해설

러·일 전쟁에서 승리한 일본은 을사늑약을 강제로 체결하여 외교권을 박탈하고 통감부를 설치하여 한국의 독점적 지배권을 인정받았다(1905).

오답 해설

① 근대 사회 개혁 → 갑오개혁

  김홍집의 친일 내각이 낡은 제도를 없애고 근대 국가로 발돋움하기 위해 실시한 개혁으로, 유교 중심의 조선 사회를 근대 사회로 바꾸기 위한 활동이다.

② 조선과 청의 경계 → 백두산정계비

조선 숙종은 청의 요구로 조선과 청의 경계를 정한 백두산정계비를 세워, 동쪽으로 토문강과 서쪽으로 압록강을 경계로 삼았다.

④ 영남 만인소 주도 → 이만손

이만손은 김홍집의 조선책략 유포에 반발하여 영남 만인소를 주도하고 그의 처벌을 요구하였다.

👆 핵심노트 ▶ 을사늑약의 외교권 박탈과 통감부 설치

> 제2조 일본 정부는 한국과 타국 간에 현존하는 조약의 실행을 완수하는 임무를 담당하고 한국 정부는 지금부터 일본 정부의 중개를 거치지 않고서는 국제적 성질을 가진 어떤 조약이나 약속을 맺지 않을 것을 서로 약속한다.
> 제3조 일본 정부는 그 대표자로 한국 황제 폐하 밑에 1명의 통감을 두되 통감은 오로지 외교에 관한 사항을 관리하기 위하여 경성에 주재하고 친히 한국 황제 폐하를 만날 수 있는 권리를 가진다.

38. 3 · 1 운동의 전개

정답 ②

🔖 암기박사   3 · 1 운동 ⇒ 일제 : 제암리 학살 사건

정답 해설

자료로 제시된 대한민국 헌법 전문은 3 · 1 운동에 나타난 독립정신을 강조하고 있다. 고종의 인산일에 민족 대표 33인의 이름으로 독립 선언서를 발표함으로써 시작된 3 · 1 운동은 전개 과정에서 일제가 수원 제암리 주민들의 집단 학살을 자행하였다.

오답 해설

① 동아일보 : 농촌 계몽 운동 → 브나로드 운동

동아일보사는 1931년에 농촌 계몽 운동의 일환으로 브나로드 운동을 전개하였다. → 문맹 퇴치을 목적으로 함

③ 백정 : 조선 형평사 조직 → 형평 운동

백정들은 사회적 차별 철폐를 주장하며 진주에서 조선 형평사를 조직하고 전국적으로 형평 운동을 전개해나갔다. → 각종 파업과 소작 쟁의에도 참여하여 민족 해방 운동으로 발전

④ 순종의 인산일 : 사회주의자, 학생들 → 6 · 10 만세 운동

순종의 인산일에 사회주의자들과 학생들은 대규모의 시위운동인 6 · 10 만세 운동을 준비하였으나 사회주의자들이 사전에 발각되어 학생들을 중심으로 진행되었다.

👆 핵심노트 ▶ 제암리 학살 사건

> 3 · 1 운동 당시 일본군이 수원 제암리에서 주민들을 집단 학살한 사건이다. 1919년 4월 15일 한 무리의 일본 군경은 만세 운동이 일어났던 제암리에 가 기독교도와 천도교도 약 30명을 교회당 안에 몰아넣은 후 문을 잠그고 집중 사격을 퍼부었다. 일본군은 증거를 없애기 위해 교회당에 불을 지른 후, 다시 부근의 채암리에 가서 민가를 방화하고 주민들을 학살했다. 이 만행에 분노한 선교사 스코필드(Frank W. Schofield)가 현장을 사진에 담아 〈수원에서의 일본군 잔악 행위에 관한 보고서〉를 작성하여 미국에 보내 여론화하였다.

39. 신간회의 독립 활동

정답 ①

🔖 암기박사   광주 학생 항일 운동의 전국적 확산에 기여 ⇒ 신간회

정답 해설

신간회는 민족주의 진영과 사회주의 진영이 연대한 민족 유일당 운동의 일환으로 결성된 단체로 광주 학생 항일 운동을 전국적으로 확산시키는 데 기여하였다.

오답 해설

② 신민회 → 안창호, 양기탁

신민회는 국권 회복과 공화정체의 국민 국가 건설을 목적으로 안창호와 양기탁이 중심이 되어 조직된 비밀 결사 단체로, 일제가 조작한 105인 사건으로 해체되었다.

③ 의열단 → 김원봉

의열단은 김원봉이 만주 길림성에서 조직한 단체로, 신채호의 조선 혁명 선언을 행동 강령으로 무장 투쟁과 민중의 직접 혁명을 통한 독립 쟁취를 목적으로 하였다.

④ 한인 애국단 → 김구

한인 애국단은 김구의 주도로 상하이에서 조직된 독립 운동 단체로, 이 소속의 이봉창과 윤봉길 등이 항일 의거 활동을 전개하였다.

👆 핵심노트 ▶ 신간회 결성과 활동

> • 결성 : 민족주의 진영과 사회주의 진영이 민족 유일당 운동의 일환으로, 조선 민흥회(비타협 민족주의 계열)와 정우회(사회주의 계열)가 연합하여 결성(1927) → 회장 이상재, 안재홍 등이 주심
> • 조직 : 민족 운동계의 다수 세력이 참가하였으며, 전국에 약 140여 개소의 지회 설립, 일본과 만주에도 지회 설립이 시도됨
> • 강령 : 민족의 단결, 정치 · 경제적 각성 촉진, 기회주의자 배격
> • 활동 : 민중 계몽 활동, 노동 쟁의 · 소작 쟁의 · 동맹 휴학 등 대중 운동 지도, 광주 학생 항일 운동 시 조사단 파견

40. 독립협회의 활동

정답 ①

🔖 암기박사   서재필, 독립신문, 만민공동회 ⇒ 독립 협회

정답 해설

밑줄 그은 '이 단체'는 독립 협회이다. 이들은 자주 독립의 상징인 독립문을 세우고 우리나라 최초의 근대적 민중 대회인 만민공동회를 개최하였다.

오답 해설

② 신민회 : 서간도 → 신흥 무관 학교

신민회는 서간도 삼원보에 군사교육기관인 신흥 강습소(신흥 무관 학교)를 설립하였다.

③ 신한 청년당 : 파리 강화 회의 → 김규식 파견

상하이에서 결성된 신한 청년당은 파리 강화 회의에 김규식을 대표로 파견하여 독립을 주장하였다.

④ 보안회 : 황무지 개간권 요구 반대 → 철회

보안회는 일제의 황무지 개간권 요구에 반대하여 이를 철회시켰다.

• 민중의 자발적 참여, 평등 의식의 확산
• 근대화 사상의 계승 : 대한 제국 말기의 애국 계몽사상으로 이어짐

41. 신채호의 조선 혁명 선언

암기박사 의열단의 행동 강령 ⇒ 신채호 : 조선 혁명 선언   정답 ④

정답 해설

신채호는 만주와 부여족 중심의 고대사를 서술한 독사신론을 저술하여 민족주의 사관의 기초를 마련하였다. 또한 의열단의 행동 강령으로 조선 혁명 선언을 작성하였는데, 기존의 독립 운동 방법을 비판하고 무장 투쟁과 민중의 직접 혁명을 통한 독립 쟁취를 주장하였다.

오답 해설

① 삼균주의 제창 → 조소앙
　독립 운동가 조소앙은 민족주의적 정치사상인 삼균주의를 제창하였다.
② 서유견문 집필 → 유길준
　유길준은 서유견문을 집필하여 국·한문체의 보급에 크게 공헌하였다.
③ 조선 의용군 창설 → 조선 독립 동맹
　조선 독립 동맹이 조선 의용대를 개편하여 조선 의용군을 창설하였으며, 중국 팔로군과 함께 태평양 전쟁에 참전해 항일 전쟁을 전개하였다.

핵심노트 ▶ 민족주의 사학자 신채호

• 조선 상고사 : 역사는 아(我)와 비아(非我)의 투쟁의 기록
• 조선사 연구초 : 낭가 사상을 강조하여 묘청의 서경 천도 운동을 '조선 1천년래 제일대 사건'으로 높이 평가
• 조선 상고 문화사 : 조선 상고사에서 다루지 못한 상고사 관련 부분과 우리 민족의 전통적 풍속, 문화 등을 다룸 → 대종교와 연결되는 전통적 민간신앙에 관심을 보임
• 독사신론 : 일제 식민사관에 기초한 일부 국사교과서를 비판하기 위해 〈대한 매일 신보〉에 연재, 만주와 부여족 중심의 고대사 서술로 근대 민족주의 역사학의 초석을 다짐
• 조선 혁명 선언(한국 독립 선언서, 의열단 선언) : 무장 투쟁과 민중 혁명을 강조한 민중 봉기를 주장 → 의열단의 요청으로 집필

42. 안창호의 생애

암기박사 신민회, 대성 학교, 흥사단 ⇒ 안창호   정답 ③

정답 해설

안창호는 양기탁 등과 함께 신민회를 결성하였고, 평양에 대성 학교를 설립하여 민족 교육을 실시하였다. 또한 미주 지역에서 흥사단을 조직하여 민족 실력 양성 운동을 전개해나갔다.

오답 해설

① 나석주 : 의열단 → 동양 척식 주식회사에 폭탄 투척
　나석주는 의열단 소속으로 일제의 대표적인 수탈 기관인 동양 척식 주식회사에 폭탄을 투척하였다.
② 윤봉길 : 한인 애국단 → 상하이 홍커우 공원 의거
　한인 애국단 소속의 윤봉길은 상하이 홍커우 공원에서 열린 일본군 기념식장에 폭탄을 던지고 의거하였다.

④ 이봉창 : 한인 애국단 → 일본 국왕에 폭탄 투척
　한인 애국단 소속의 이봉창은 도쿄에서 일본 국왕에게 폭탄을 투척하고 의거하였다.

핵심노트 ▶ 안창호의 실력 양성론

• 아직 힘이 미약하므로 힘을 길러 독립 전쟁을 준비해야 한다고 주장
• 교육과 산업 발전을 통한 민족의 실력 양성이 우선 → 민립 대학 설립 운동, 물산 장려 운동 등
• 식민지배하에서 민족 실력 양성은 현실적으로 곤란

43. 4·19 혁명의 결과

암기박사 4·19 혁명 ⇒ 이승만 대통령 하야   정답 ④

정답 해설

이승만 정권의 장기 독재와 자유당 정권의 3·15 부정선거로 4·19 혁명이 발발하였고, 그 결과 이승만 대통령이 하야하는 결과를 가져왔다.

오답 해설

① 유신 헌법 철폐 요구 → 부·마 민주 항쟁
　유신 체제에 대한 저항으로 발생한 부·마 민주 항쟁 등은 유신 헌법의 철폐를 요구하였다.
② 4·13 호헌 조치 → 6월 민주 항쟁
　박종철 고문치사와 전두환 정부의 4·13 호헌 조치 발표로 호헌 철폐와 독재 타도 등의 구호를 내세운 6월 민주 항쟁이 촉발되었다.
③ 신군부의 비상계엄 확대 → 5·18 민주화 운동
　전두환·노태우 등 신군부의 계엄 확대와 무력 진압에 저항하여 5·18 민주화 운동이 발발하였고, 계엄군의 무자비한 진압으로 많은 시민과 학생이 희생되었다.

핵심노트 ▶ 4·19 혁명의 전개(1960)

• 3월 15일 : 선거 당일 부정 선거를 규탄하는 마산의거에서 경찰의 발포로 많은 사상자 발생 → 3·15 마산의거
• 4월 11일 : 마산의거에서 행방불명되었던 김주열 학생의 시신 발견
• 4월 18일 : 고려대 학생들의 총궐기 시위 직후 정치 깡패들이 기습·폭행하여 수십 명의 사상자 발생 → 4·18 고대생 습격 사건
• 4월 19일 : 부정 선거와 강경 진압으로 인한 사상자 속출 등의 진상이 밝혀지면서 국민의 분노가 극에 달해 학생·시민들의 대규모 시위 발발 → 4·19 혁명
• 4월 22일 : 재야인사들의 이승만 대통령 퇴진 요구
• 4월 25일 : 서울 시내 27개 대학 259명의 대학 교수들의 시국 선언문 발표 → 4·25 대학교수단 선언
• 4월 26일 : 라디오 연설을 통한 이승만 대통령의 하야 발표, 자유당 정권 붕괴

44. 산미 증식 계획의 결과

암기박사 일본의 식량 부족 문제 해결 ⇒ 산미 증식 계획   정답 ④

정답 해설

(가)는 산미 증식 계획이다. 제1차 세계 대전 후 일제는 고도성장을 위한 공업화 추진에 따른 식량 부족과 쌀값 폭등을 우리나라에서의 식량 수탈로 해결하려 하였다. 이 정책의 시행 결과, 한국인의 1인당 연간 쌀 소비량이 감소되었고, 늘어난 생산량보다 더 많은 쌀이 일본으로 반출되었다.

오답 해설

ㄱ. 일제 : 토지 약탈 → 동양 척식 주식회사 설립

일제는 토지 약탈을 본격화하기 위해 1908년에 동양 척식 주식회사를 설립하였다.

ㄷ. 조병식 : 곡물 반출 방지 → 방곡령

함경도 관찰사 조병식은 일본 상인의 농촌 시장 침투와 지나친 곡물 반출을 막기 위해 방곡령을 선포하였다.

핵심노트 ▶ 산미 증식 계획의 결과

- 식량 사정 악화 : 증산량보다 훨씬 많은 수탈
- 농촌 경제의 파탄 : 쌀 수급량과 관계없이 정해진 목표대로 수탈함으로써 농촌 경제를 파탄에 빠뜨림
- 농민 몰락 : 수리 조합비 · 비료 대금 등 증산 비용을 농민에게 전가, 지주의 소작료 인상
- 화전민 · 유랑민 · 소작농 증가, 만주나 일본 등으로 이주
- 식민지 지주제를 강화하여 식민 지배체제를 위한 사회적 기반을 마련
- 쌀 중심의 단작형 농업 구조 형성
- 소작 쟁의 발생의 원인 제공
- 일제의 농촌 진흥 운동 실시

45. 한국 광복군의 활동

암기박사 대한민국 임시 정부, 기관지 '광복', 국내 진공 작전 ⇒ 한국 광복군

정답 ①

정답 해설

(가)는 1940년에 임시정부의 김구와 지청천 등이 창설한 대한민국 임시 정부 산하 군대인 한국 광복군이다. 한국 광복군은 미국의 지원으로 국내 진공 작전을 준비했으나, 일제의 패망으로 실현하지 못했다.

오답 해설

② 김원봉 : 의열단 → 조선 혁명 간부 학교

김원봉을 중심으로 하는 의열단은 중국 국민당 정부의 지원 아래 난징에 조선 혁명 간부 학교를 설립하였다.

③ 자유시 참변 : 독립군 → 3부 조직

자유시 참변 이후 독립군은 만주로 다시 탈출하여 조직을 재정비하면서 역량을 강화하고 참의부 · 정의부 · 신민부의 3부를 조직하였다.

④ 홍범도 : 대한 독립군 → 봉오동 전투 승리

홍범도가 이끄는 대한 독립군은 연합군과 함께 봉오동 전투에서 승리를 거두었다.

핵심노트 ▶ 한국 광복군의 활동

- 대일 선전 포고(1941)
- 영국군과 연합 작전 전개(1943) : 인도, 미얀마 전선
- 포로 심문, 암호 번역, 선전 전단 작성 등 심리전 수행
- 국내 진공 작전(1945. 9) : 미국 전략정보처(OSS)의 지원과 국내 정진군 특수 훈련

46. 독도의 이해

암기박사 가장 동쪽에 있는 섬, 칙령 제41호 ⇒ 독도

정답 ④

정답 해설

우리나라의 가장 동쪽에 있는 섬은 독도이다. 대한 제국은 대한 제국 칙령 제41호를 반포하여 독도가 우리 영토임을 재확인하였다.

오답 해설

① 정약전 : 자산어보 서술 → 흑산도

정약전은 신유박해 때 흑산도에 유배되어 근해의 해산물 등을 직접 채집 · 조사하여 155종의 해산물에 대한 명칭 · 분포 · 형태 · 습성 등을 기록한 『자산어보』를 저술하였다.

② 영국 : 러시아 남하 견제 → 거문도

영국은 러시아의 남하 정책을 견제하기 위해 거문도를 불법 점령하였다.

③ 미국 : 제너럴 셔먼호 사건 → 강화도

미국은 제너럴 셔먼호 사건을 빌미로 강화도를 침략하였다.

47. 6 · 25 전쟁의 경과

암기박사 모스크바 3상 회의 ⇒ 6 · 25 전쟁 이전

정답 ①

정답 해설

8 · 15 광복 직후 모스크바 3상 회의에서 한국에 임시 민주 정부를 수립하기 위하여 미 · 소 공동 위원회를 설치하고, 최고 5년 동안 미 · 영 · 중 · 소 4개국의 신탁 통치하에 두기로 결정하였다(1945).

오답 해설

② 판문점 : 휴전 회담 → 6 · 25 전쟁

소련의 유엔 대표가 휴전을 제의하여 판문점에서 휴전 회담이 진행된 후 휴전 협정이 체결되었다.

③ 학도병 : 낙동강 혈전 → 6 · 25 전쟁

학도병이 낙동강 전선에서 고지 점령을 위해 적군과 뺏고 빼앗기는 혈전을 치렀다.

④ 맥아더 : 인천 상륙 작전 → 6 · 25 전쟁

국군과 유엔군은 맥아더 장군의 인천 상륙 작전을 계기로 전세를 역전시키고 압록강 인근까지 북진하였다.

핵심노트 ▶ 6 · 25 전쟁의 경과

전쟁 발발 → 서울 함락(1950. 6. 28) → 한강 대교 폭파(1950. 6. 28) → 낙동강 전선으로 후퇴(1950. 7) → 인천 상륙 작전(1950. 9. 15) → 서울 탈환(1950. 9. 28) → 중공군 개입 (1950. 10. 25) → 압록강 초산까지 전진(1950. 10. 26) → 서울 철수(1951. 1. 4) → 서울 재수복(1951. 3. 14) → 휴전 제의(1951. 6. 23) → 휴전 협정 체결(1953. 7. 27)

48. 김규식의 활동

정답 ①

암기박사 파리 강화 회의, 임시 정부 부주석, 좌우 합작 위원회 ⇒ 김규식

정답 해설

제시된 활동은 김규식과 관련된 내용이다. 김규식은 신한 청년당의 대표로, 1918년 파리 강화 회의에 파견되었고, 1944년 대한민국 임시 정부 부주석으로 활동하는 한편, 1946년 좌우 합작 위원회에 우익 대표로 참여하였다. 또한 1948년에 남한만의 단독 선거에 반대하여 김구와 함께 남북 협상에 참여하였다.

오답 해설

② 대한 광복군 정부 부통령, 대한민국 임시 정부 국무총리 → 이동휘
　이동휘는 연해주에 설립된 대한 광복군 정부의 부통령으로 선임되어 무장 독립 전쟁을 준비하였고 3 · 1 운동 후에 설립된 대한민국 임시 정부의 국무총리를 역임하였다.
③ 독립협회 조직, 신간회 회장 → 이상재
　일제 강점기 독립 운동가인 이상재는 서재필과 독립협회를 조직하였고, 신간회 창립 회장 등을 역임하였다.
④ 대한민국 초대 대통령 → 이승만
　이승만은 대한민국 초대 대통령으로 임시 정부에서 독립 운동가로 활동하였다. 4 · 19 혁명 때 대통령직에서 하야하였다.

49. 노동 운동가 전태일

정답 ③

암기박사 근로기준법 준수 : 분신 ⇒ 전태일

정답 해설

서울 동대문 평화시장에서 피복공장 재단사로 일하던 노동운동가인 전태일은 노동환경 개선과 근로기준법 준수를 외치며 온 몸에 휘발유를 붓고 분신하였다(1970).

오답 해설

① 김주열 : 3 · 15 부정 선거를 규탄하는 시위에 참가하였다가 실종되고 사망한 채로 발견되어 4 · 19 혁명의 도화선이 되었다(1960).
② 이한열 : 6월 민주 항쟁 당시 연세대학교에서 전두환 정부의 계엄군이 쏜 최루탄에 맞아 사망하였다(1987).
④ 박종철 : 전두환 정부 때에 4 · 13 호헌 조치 반대 시위로 붙잡힌 후 치안본부 대공 분실에서 고문 치사로 사망하였다(1987).

50. 김영삼 정부

정답 ④

암기박사 OECD 가입, IMF 구제 금융 요청 ⇒ 김영삼 정부

정답 해설

김영삼 정부 때에 선진국 진입의 관문인 경제 협력 개발 기구(OECD)에 29번째 회원국으로 가입하였다. 또한 김영삼 정부 때에 외환 위기로 국제 통화 기금(IMF)에 긴급 구제 금융을 요청하였다.

오답 해설

① 한반도 비핵화 공동 선언 → 노태우 정부
　노태우 정부 때에는 한반도에서 핵무기의 보유나 사용금지 등을 규정한 한반도 비핵화 공동 선언에 서명하였다.
② 한 · 일 월드컵 축구 대회 개최 → 김대중 정부
　김대중 정부 때에 한국과 일본이 공동 주최한 한 · 일 월드컵 축구 대회가 아시아에서 최초로 개최되었다.
③ 한 · 미 자유 무역 협정(FTA) 체결 → 노무현 정부
　노무현 정부 때에 한 · 미 자유 무역 협정(FTA)이 체결되어 미국과의 무역 장벽을 허무는 계기가 되었다. ← 발효는 이명박 정부 때부터 임

👉 **핵심노트** ▶ 김영삼 정부(문민 정부, 1993.3 ~ 1998.2)

• 성립 : 1992년 12월 김영삼 대통령 당선 → 5·16 군사 정변 이후 30여 년만의 민간인 출신 대통령
• 주요 정책 : 공직자 재산 등록, 금융 실명제, 지방 자치제 전면 실시, 역사 바로 세우기 운동 → 전두환, 노태우 구속
• 외환위기 : 집권 말기 국제 통화 기금(IMF)의 구제 금융 지원 요청

제5회 정답 및 해설

1. 신석기 시대의 사회 모습

정답 ③

암기박사 갈돌과 갈판 ⇒ 신석기 시대

정답 해설

농경과 정착 생활이 시작된 것은 신석기 시대로, 움집을 짓고 가락바퀴를 이용하여 실을 뽑았으며 빗살무늬 토기에 식량을 저장하였다. 또한 갈판 위에 곡식을 올려놓고 갈돌로 갈아서 음식을 만들어 먹었다.

오답 해설

① 고인돌 축조 → 청동기 시대

청동기 시대에는 지배층의 무덤으로 고인돌을 축조하여 당시 계급의 분화 및 지배층의 권력을 반영하였다.

② 철제 농기구 → 철기 시대

철기 시대에는 기존의 석기나 목기 외에 쟁기, 쇠스랑 등의 철제 농기구를 사용하여 농사를 지었다.

④ 주먹도끼, 찍개 → 구석기 시대

주먹도끼, 찍개 등의 도구를 사용하여 사냥을 하거나 어로 · 채집 생활을 영위한 시기는 구석기 시대이다.

핵심노트 ▶ 신석기 시대의 대표적 유물

| 갈판과 갈돌 | 빗살무늬 토기 | 가락바퀴 | 뼈바늘 |

2. 옥저의 생활 풍속

정답 ④

암기박사 민며느리제, 가족 공동묘 ⇒ 옥저

정답 해설

제시된 사료에서 결국 고구려에 복속되고, 신랑 집에서 여자를 맞이하여 장성하도록 키워 며느리로 삼는 혼인 풍습이 있던 나라는 옥저이다. 옥저에는 가족의 유골을 한 목곽에 모아 두는 매장 풍습이 있었다.

오답 해설

① 영고 : 제천 행사 → 부여

부여는 음력 12월에 영고(迎鼓)라는 제천 행사를 열어 하늘에 제사를 지내고 노래와 춤을 즐겼다.

② 특산물 : 단궁, 과하마, 반어피 → 동예

동예는 토지가 비옥하고 해산물이 풍부하여 농경 · 어로 등 경제생활이 윤택하였으며, 특산물로 단궁, 과하마, 반어피가 있었다.

③ 범금 8조 : 사회 질서 유지 → 고조선

고조선은 사회 질서를 유지하기 위해 범금 8조를 만들어 살인 · 절도 등의 죄를 다스렸다.

핵심노트 ▶ 옥저의 생활 풍속

- 고구려와 같은 부여족 계통으로, 주거 · 의복 · 예절 등에 있어 고구려와 유사 → 혼인풍속 등에서는 차이도 존재
- 매매혼의 일종인 민며느리제(예부제)가 존재
- 가족의 시체를 가매장하였다가 나중에 그 뼈를 추려 가족 공동묘인 커다란 목곽에 안치 → 세골장제, 두벌 묻기
- 가족 공동묘의 목곽 입구에는 죽은 자의 양식으로 쌀을 담은 항아리를 매달아 놓기도 함

3. 고구려 전성기의 역사적 사실

정답 ④

암기박사 한강 유역 점령, 충주 고구려비 ⇒ 고구려 전성기 : 장수왕

정답 해설

지도는 고구려의 전성기인 5세기 장수왕 시기의 모습이다. 장수왕은 남하 정책을 통해 백제의 수도 한성을 함락하고, 한강 전 지역을 포함하여 죽령 일대로부터 남양만을 연결하는 선까지 장악하였다. 이후 충주(중원) 고구려비를 건립하였다.

오답 해설

① 신라 : 진흥왕 → 한강 유역 차지

신라는 6세기 진흥왕 때 한강 유역을 완전히 차지하고 영토를 함경도까지 확장하였다.

② 백제 : 사비 천도 → 국호 남부여

백제는 6세기 성왕 때 수도를 웅진에서 사비로 천도하고 국호를 남부여로 칭하였다.

③ 대가야 : 신라의 공격 → 멸망

대가야는 6세기에 신라 진흥왕의 공격을 받아 멸망하였다.

핵심노트 ▶ 장수왕의 남하 정책이 미친 영향

- 신라와 백제의 나 · 제 동맹 체결(433~553)
- 백제의 개로왕이 북위(후위)에 군사 원조를 요청(472)
- 백제가 수도를 한성에서 웅진(공주)으로 천도(475)
- 충북 중원 고구려비의 건립

4. 평양과 관련된 역사적 사실

정답 ③

암기박사 서경, 대성학교, 물산 장려 운동 ⇒ 평양

정답 해설

안창호와 양기탁은 신민회를 조직하고 평양에 대성 학교를 설립하였다. 또한 조만식 등이 중심이 되어 발족된 물산 장려 운동은 평양에서 시작하여 전국적으로 확산되었다.

오답 해설

ㄱ. 장보고 : 완도 → 청해진

　장보고는 완도에 청해진을 설치하여 해상 무역권을 장악하였다.

ㄹ. 조선 후기 : 송상 → 개성

　조선 후기에 송상은 개성을 근거지로 삼아 활동하였다.

5. 진흥왕의 업적

암기박사　한강 유역 차지, 화랑도 개편 ⇒ 진흥왕　[정답 ②]

정답 해설

진흥왕은 6세기 신라의 전성기를 이끈 왕으로, 백제 성왕과 연합하여 고구려가 점유하던 한강 상류 지역을 차지하고, 백제가 점유하던 한강 하류 지역도 차지하였다. 또한 진흥왕은 화랑도를 국가적 조직으로 개편하고 많은 인재를 양성하였다.

오답 해설

① 지증왕 : 이사부 → 우산국 복속

　신라 지증왕은 이사부를 파견하여 우산국(울릉도)을 복속시켰다.

③ 법흥왕 : 이차돈의 순교 → 불교 공인

　신라 법흥왕은 이차돈의 순교를 계기로 불교를 공인하였다.

④ 원성왕 : 독서삼품과 → 관리등용

　통일 신라 원성왕은 독서삼품과를 실시하여 유교 경전의 이해 수준에 따라 3등급으로 구분해 관리를 등용하였다.

핵심노트 ▶ 진흥왕의 업적

• 영토 확장 및 삼국 항쟁의 주도
• 화랑도를 공인(제도화)하고, 거칠부로 하여금 「국사(國史)」를 편찬하게 함
• 황룡사 · 흥륜사를 건립하여 불교를 부흥하고, 불교 교단을 정비하여 주통 · 승통 · 군통제를 시행
• 최고 정무기관으로 품주(稟主)를 설치하여 국가기무와 재정을 담당하게 함

6. 가야 문화유산

암기박사　말머리 가리개 ⇒ 가야 문화유산　[정답 ③]

정답 해설

6개의 연맹 왕국으로 구성된 철의 왕국은 가야이다. 말머리 가리개는 합천 지역의 가야 왕족 무덤에서 출토된 문화유산으로, 말의 머리를 보호하는 역할을 한다.

오답 해설

① 돌사자상 → 발해 문화유산

　발해의 돌사자상은 정혜공주 무덤에서 출토된 두 개의 화강암 사자상이 대표적인데, 당나라의 돌사자상보다 크기가 작지만 강한 힘을 표현한 조각 수법이 돋보인다.

② 금동 대향로 → 백제 문화유산

　부여의 능산리 절터에서 발견된 금동 대향로는 백제의 금속 공예 기술이 중국을 능가할 정도로 매우 뛰어났음을 보여 주는 걸작품으로, 불

교와 도교의 요소를 반영하고 있다.

④ 연가 7년명 금동 여래 입상 → 고구려 문화유산

　두꺼운 의상과 긴 얼굴 모습에서 북조 양식을 따르고 있으나, 강인한 인상과 은은한 미소에는 고구려의 독창성이 보인다.

핵심노트 ▶ 가야의 문화유산

가야 토기　　가야 금관　　철제 갑옷과 투구

말머리 가리개　　기마인물형 뿔잔　　용문양 금동제 허리띠

7. 통일 신라 말의 사회적 상황

암기박사　김흠돌의 난 ⇒ 신라 중대 : 신문왕　[정답 ③]

정답 해설

혜공왕 이후 신라 멸망까지는 신라 하대의 시기에 해당한다. 김흠돌의 난은 681년 신라 중대 신문왕 때의 일이다. 이는 김흠돌이 파진찬 흥원(興元), 대아찬 진공(眞功) 등과 함께 모반을 꾀하다가 발각되어 처형된 사건으로, 통일 신라의 왕권이 전제화되는 과정에서 나타난 중요한 사건 중 하나로 간주되고 있다.

오답 해설

① 6두품 : 골품 사회 비판 → 신라 하대

　신라 하대 때 당에서 유학하고 돌아온 6두품 출신의 유학생들은 신라의 골품제 사회를 비판하면서 개혁을 추구하였다.

② 궁예 : 후고구려 건국 → 신라 하대

　신라 하대에 왕족 출신의 궁예가 양길(梁吉)을 몰아내고 송악에서 후고구려를 건국하였다.

④ 원종과 애노의 난 → 신라 하대

　신라 하대 진성여왕 때 중앙 정부의 기강이 극도로 문란해져 사벌주(상주)에서 원종과 애노가 봉기하였다.

핵심노트 ▶ 신라 하대의 정치적 변동

• 왕위 쟁탈전의 전개 : 진골 귀족들은 경제 기반을 확대하여 사병을 거느렸으며, 이러한 군사력과 경제력을 토대로 왕위 쟁탈전 전개 → 진골 귀족 내부의 분열을 의미하며, 이로 인해 신라 하대 155년 간 20명의 왕이 교체됨
• 왕권의 약화 : 왕권이 약화되고 귀족 연합적인 정치가 운영되었으며, 집사부 시중보다 상대등의 권력이 다시 강대해짐 → 상대등 중심의 족당 정치 전개
• 지방 통제력의 약화 : 김헌창의 난(822)은 중앙 정부의 지방 통제력이 더욱 약화되는 계기로 작용
• 새로운 세력의 성장 : 골품제로 정치적 출세가 제한된 6두품 세력과 반독립적 지방 호족 세력이 결탁하여 성장함

61

8. 신라 승려 의상의 활동

정답 ②

암기박사 부석사 · 낙산사, 관음 신앙, 화엄일승법계도 ⇒ 의상

정답 해설

신라의 승려 의상은 화엄의 근본 도량이 된 부석사와 낙산사 등의 사찰을 창건하고, 아미타 신앙과 함께 현세에서 고난을 구제받고자 하는 관음 신앙을 설파하였다. 또한 『화엄일승법계도』를 저술하여 화엄 사상을 정립하였다.

오답 해설

① 원광 : 세속 5계 → 화랑도의 계율

신라의 승려 원광은 세속 5계를 만들었고, 이는 화랑도의 기본 계율이자 불교의 도덕률로서 기능하였다.

③ 혜심 : 유불 일치설 → 성리학 수용의 토대

고려의 승려 혜심은 유불 일치설을 주장하여 성리학 수용의 사상적 기반을 마련하였다.

④ 지눌 : 불교 개혁 → 수선사 결사

고려의 승려 지눌은 무신 집권기 당시 불교계의 타락상을 비판하면서 불교 개혁 운동인 수선사 결사를 제창하였다.

👆 **핵심노트** ▶ 의상(義湘, 625~702)

- 당에 유학하여 화엄종을 연구
- 『화엄일승법계도』를 저술하여 화엄 사상을 정립
- 화엄의 근본 도량이 된 부석사(浮石寺)를 창건(676)하고, 화엄 사상을 바탕으로 교단을 형성하여 제자를 양성하고 불교문화의 폭을 확대
- 원융 사상을 설파하여 통일 후 갈등 해소와 왕권 전제화에 공헌
- 현세에서 고난을 구제받고자 하는 관음 신앙을 설파

9. 발해의 이해

정답 ②

암기박사 고구려 계승, 해동성국, 5경 15부 62주 ⇒ 발해

정답 해설

자료에서 밑줄 그은 '이 국가'는 발해이다. 일본에 보낸 국서에 '고려' 또는 '고려국왕'이라는 명칭을 사용한 사실과 문화의 유사성 등으로 보아 발해가 고구려를 계승했음을 알 수 있다. 발해는 선왕 때 전성기를 맞아 중국은 당대의 발해를 해동성국이라 불렀다. 또한 전국을 5경 15부 62주로 나누어 다스렸다.

오답 해설

ㄴ. 통일 신라 : 군사 조직 → 9서당 10정

통일 신라는 통일 전 1서당 6정이었던 군사 조직을 9서당(중앙군) 10정(지방군)으로 확대 개편하였다.

ㄹ. 통일 신라 : 지방관 감찰 → 외사정 파견

통일 신라는 지방관의 감찰을 위하여 주 · 군에 감찰 기관인 외사정(감찰관)을 파견하였다.

👆 **핵심노트** ▶ 발해의 고구려 계승 근거

- 건국 주도 세력과 지배층, 사신의 대부분이 고구려인
- 일본과의 외교 문서에서 고려 및 고려국왕이라는 명칭 사용
- 고구려 문화의 계승 : 발해 성터, 수도 5경, 궁전의 온돌 장치, 천장의 모줄임 구조, 사원의 불상 양식, 와당의 연화문, 이불병좌상(법화 신앙), 정혜공주 무덤 양식 등

10. 불국사 삼층 석탑

정답 ①

암기박사 무구정광대다라니경 발견 ⇒ 불국사 삼층 석탑

정답 해설

무구정광대다라니경은 현존하는 세계 최고(最古)의 목판 인쇄물로, 경주에 있는 불국사 삼층 석탑을 보수하는 과정에서 발견되었다. 불국사 삼층 석탑은 경주의 불국사에 있는 통일 신라의 석탑으로 석가탑 또는 무영탑으로 불리며 신라의 전형적인 석탑 양식을 대표한다.

오답 해설

② 분황사 모전 석탑 → 현존 신라의 최고(最古) 석탑

경북 경주의 분황사에 있는 모전 석탑은 석재를 벽돌 모양으로 만들어 쌓은 탑으로, 현존하는 신라 석탑 중 가장 오래된 석탑이다.

③ 법흥사지 칠층 전탑 → 우리나라에서 가장 큰 전탑

경북 안동시 법흥사지에 있는 통일 신라 시대의 전탑으로 우리나라에서 가장 큰 전탑이다.

④ 정림사지 오층 석탑 → '백제를 정벌한 기념탑'

충남 부여의 정림사지에 있는 5층 석탑은 목탑의 구조와 비슷하지만 돌의 특성을 살려 전체저인 형태가 매우 우아하고 아름답다. 당나라 장수 소정방이 백제를 정복한 후 '백제를 정벌한 기념탑'이라는 글귀가 새겨져 있다.

👆 **핵심노트** ▶ 무구정광대다라니경

국보 제126호로 목판으로 인쇄된 불경이다. 불국사 3층 석탑(석가탑)의 해체 · 복원 공사가 진행되던 1966년 탑신부 제2층에 안치된 사리함 속에서 다른 유물들과 함께 발견되었다. 출간 연대의 상한과 하한은 700년대 초 ~ 751년인데, 이는 이전까지 가장 오래된 인경으로 알려진 일본의 백만탑 다라니경(770년에 인쇄)보다 앞선 것이다.

11. 고창 전투의 이해

정답 ①

암기박사 차전놀이, 왕건, 견훤 ⇒ 고창 전투

정답 해설

고창 전투는 후삼국 시대에 고창군에서 고려와 후백제 사이에서 벌어졌던 전투이다. 고려는 고창 전투에서 후백제를 격파하여 후삼국 통일에 있어서 유리한 고지를 점령하였다.

오답 해설

② 백제 성왕 전사 → 관산성 전투

백제 성왕은 신라 진흥왕이 백제가 차지한 한강 유역을 점령하자 신라를 공격하다 관산성 전투에서 전사하였다.

③ 조선 혁명군 → 영릉가 전투

양세봉의 조선 혁명군은 중국 의용군과 연합하여 영릉가 전투에서 일본군에 대승을 거두었다.

④ 몽골의 2차 침입 → 처인성 전투

몽골의 2차 침입 때 처인성 전투에서 김윤후가 이끄는 민병과 승병에 의해 적장 살리타가 사살되자 몽골은 퇴각하였다.

👆 **핵심노트** ▶ 고창 전투

> 서기 930년 고려의 왕건과 후백제의 견훤이 현재의 경상북도 안동시에 있는 고창에서 맞붙은 전투. 사실상 후삼국 시대의 승패를 결정지은 전투이다.

12. 고려의 대몽 항쟁

 삼별초 : 용장성 구축 ⇒ 대몽 항쟁

정답 ①

정답 해설

고려 무신집권기 때에 몽골 사신 저고여 일행이 귀국하던 길에 피살되자 이를 구실로 몽골군이 여섯 차례에 걸쳐 고려를 침입하였다. 몽골의 5차 침입 때 김윤후가 이끄는 민병과 관노는 충주성 전투에서 몽골군을 물리쳤다. 그 후 고려 최씨 무신 정권의 특수 군대인 삼별초가 개경환도에 반대하여 진도에서 용장성을 쌓고 저항하였다.

오답 해설

② 윤관 : 동북 9성 축조 → 여진 정벌

고려 예종 때 윤관은 별무반을 이끌고 여진을 정벌하여 동북 지방 일대에 9성을 축조하였다.

③ 최무선 : 화통도감 → 왜구 격퇴

고려 우왕 때 최무선은 화약과 화포 제작을 위해 화통도감을 설치하고 화포를 사용하여 진포(금강 하구)에서 왜구를 격퇴하였다.

④ 초조대장경 조판 → 거란의 침입

고려 현종 때 거란의 침입을 부처의 힘으로 극복하고자 대구 부인사에서 초조대장경을 조판하였다.

👆 **핵심노트** ▶ 몽골의 침입과 대몽 항전

> • 1차 침입(1231) : 몽골 사신 저고여 일행이 귀국하던 길에 파살되자 이를 구실로 침입
> • 2차 침입(1232) : 최우가 다루가치를 사살하고 강화도로 천도하여 방비를 강화, 처인성 전투에서 살리타가 김윤후가 이끄는 민병과 승병에 의해 사살
> • 3차 침입(1235~1239) : 안성의 죽주산성에서 민병이 승리, 속장경과 황룡사 9층탑 소실, 팔만대장경 조판 착수
> • 4차 침입(1247~1248) : 침입 후 원 황제의 사망으로 철수
> • 5차 침입(1253~1254) : 충주성에서 김윤후가 이끄는 민병과 관노의 승리
> • 6차 침입(1254~1259) : 6년간의 전투로 20여만 명이 포로가 되는 등 최대의 피해가 발생

13. 최무선의 활동

 화통도감, 화약과 화포 제조 ⇒ 최무선

정답 ④

정답 해설

고려 말에 최무선은 왜구의 침입을 격퇴하기 위해 중국의 화약 제조 기술을 습득하였다. 정부는 화통도감을 설치하고 최무선을 중심으로 화약과

화포를 제작하였으며, 화포를 이용하여 진포(금강 하구) 싸움에서 왜구를 격퇴하였다.

오답 해설

① 김종서, 최윤덕 : 4군 6진 개척 → 영토 확장

조선 세종 때 최윤덕과 김종서는 각각 4군과 6진을 개척하여 영토를 확장하였고 오늘날의 국경선이 획정되었다.

② 김윤후 : 처인성 전투 → 살리타 사살

고려 때 몽골의 2차 침략 당시 김윤후는 처인성 전투에서 살리타를 사살하였다.

③ 이성계 : 요동 정벌 반대 → 위화도 회군

이성계는 4불가론을 들어 요동 정벌을 반대하고 위화도에서 회군하였다.

👆 **핵심노트** ▶ 최무선

> • 화통도감 설치 : 화약무기를 생산하고 관리하는 국가기관
> • 화약무기 제조 : 주화, 대장군포 등
> • 진포대첩 : 세계 최초의 함포대첩, 100여척의 배로 500척의 여구를 상대로 대승을 거둠

14. 고려 시대의 경제 상황

 은병, 해동통보 발행 ⇒ 고려 숙종
전시과 : 전지와 시지 지급 ⇒ 고려 경종

정답 ②

정답 해설

고려 숙종 때에는 주전도감에서 해동통보 등의 동전 외에 활구라고도 불리는 은병(銀甁)이 제작되었다. 또한 고려 경종 때에는 전시과 제도를 마련하여 관리들에게 전지와 시지를 품계에 따라 차등 지급하였다.

농작물을 수확할 수 있는 논이나 밭   땔감을 얻을 수 있는 임야

오답 해설

① 고구마, 감자 : 상품 작물 → 조선 후기

조선 후기에는 감자, 고구마 등 시장에서 판매할 목적으로 상품 작물을 재배하였다.

③ 동시전 : 시장 감독 → 신라 : 지증왕

신라 지증왕 때 시장을 감독하는 관청인 동시전(東市典)이 수도 경주에 설치되었다.

④ 완도 : 청해진 → 통일 신라 : 장보고

통일 신라 때 장보고가 완도에 청해진을 설치하여 해상 무역을 전개하였으며 국제 무역의 거점으로 번성하였다.

👆 **핵심노트** ▶ 고려 시대의 화폐 주조

> • 성종 : 건원중보
> • 숙종 : 삼한통보, 해동통보, 해동중보, 동국통보, 활구(은병)
> • 충렬왕 : 쇄은
> • 충혜왕 : 소은병
> • 공양왕 : 저화

15. 경천사지 십층 석탑

정답 ②

암기박사 경천사지 십층 석탑 ⇒ 원의 영향을 받은 고려 시대 석탑

정답 해설

국보 제86호인 개성 경천사지 십층 석탑은 원의 영향을 받아 대리석으로 제작된 고려 시대의 석탑으로, 기존의 신라계 석탑과는 양식을 달리하는 가장 특이하고 세련된 기교를 보이는 탑이다.

오답 해설

① 정림사지 오층 석탑 → 백제

충남 부여에 있는 정림사지 오층 석탑은 목탑의 구조와 비슷하지만 돌의 특성을 살려 전체적인 형태가 매우 우아하고 아름답다. → 당나라 장수 소정방이 '백제를 정복한 후 '백제를 정벌한 기념탑'이라는 글귀가 새겨져 있음

③ 월정사 팔각 구층 석탑 → 고려 시대

월정사 팔각 구층 석탑은 강원도 평창의 월정사 대웅전 앞뜰에 있는 고려 전기의 석탑으로, 당시 불교 문화 특유의 화려하고 귀족적인 면모가 잘 나타난 다각 다층 석탑이다.

④ 화엄사 사사자 삼층 석탑 → 통일 신라

전남 구례의 화엄사에 있는 통일 신라의 석탑으로 석가모니 진신(眞身)이 머물러 있는 기단 모서리에 사자를 넣어 사자좌 위에 탑이 서 있는 독특한 형태의 석탑이다.

16. 삼국사기

정답 ②

암기박사 삼국사기 편찬 ⇒ 고려 인종 : 김부식

정답 해설

고려 인종 때 묘청이 서경 천도 운동을 전개하며 반란을 일으켰으나 김부식이 이끄는 관군이 약 1년여 만에 진압하였다(1135). 김부식은 인종의 명을 받아 현존하는 우리나라 최고(最古)의 역사서인 삼국사기를 편찬하였다(1145).

오답 해설

① 정방 설치 → 최우

최우는 자신의 집에 정방을 설치하였는데, 이는 교정도감에서 인사 행정 기능을 분리한 것으로 문무 관직에 대한 인사권을 장악하였다.

③ 화약 무기 개발 → 최무선

고려 우왕 때 최무선은 화통도감을 설치하여 화약 무기를 개발하고 화포를 제작하였다.

④ 고려에 성리학 최초 소개 → 안향

고려 충렬왕 때 안향이 원으로부터 고려에 성리학을 최초로 소개하였다.

🖕 핵심노트 ▶ 삼국사기(인종 23, 1145)

- 시기 : 고려 인종 때 김부식 등이 왕명을 받아 편찬
- 의의 : 현존하는 우리나라 최고(最古)의 역사서
- 사관 : 유교적 합리주의 사관에 기초하여 신라를 중심으로 서술
- 체제 : 본기 · 열전 · 지 · 연표 등으로 구분되어 서술된 기전체 사서
- 구성 : 총 50권으로 구성

17. 정도전의 활동

정답 ②

암기박사 조선경국전 ⇒ 정도전

정답 해설

『조선경국전』은 조선의 헌법이라고 할 수 있는 책으로, 태조 3년에 정도전이 저술하여 올린 법전이다. 이를 통해 정도전은 왕도 정치와 민본 정치를 강조하였다.

오답 해설

① 정약용 : 기기도설 → 거중기 설계

정약용은 『기기도설』을 참고하여 거중기를 설계하였고, 이는 수원 화성 축조 때 사용되었다.

③ 정상기 : 100리 척 → 동국지도 제작

영조 때 정상기는 100리 척의 축척 개념을 사용해 동국지도를 제작하였다.

④ 주세붕 : 최초의 서원 → 백운동 서원

주세붕은 최초의 서원인 백운동 서원을 설립하였다.

🖕 핵심노트 ▶ 정도전

- 재상 중심의 정치를 강조하고 민본적 통치 규범을 마련
- 『불씨잡변(佛氏雜辨)』을 통하여 불교를 비판하고 성리학을 통치 이념으로 확립
- 주요 저서 : 『불씨잡변』, 『조선경국전』, 『심기리편』, 『경제문감』, 『경제육전』, 『고려국사』

18. 농사직설의 간행 시기

정답 ①

암기박사 농사직설, 칠정산 ⇒ 세종

정답 해설

『농사직설』은 세종 때 정초 등이 왕명에 따라 편찬한 우리나라 최초의 농서로서, 중국의 농업 기술을 수용하면서 우리의 풍토에 맞는 독자적인 농법을 정리하였다. 또한 이 시기에 중국의 수시력과 아라비아의 회회력을 참고로 한 역법서인 『칠정서』가 간행되었다.

오답 해설

② 광해군 : 허준 → 동의보감

광해군 때 허준은 『동의보감』을 편찬하여 의료 지식의 민간 보급에 기여하였다.

③ 경국대전 : 세조 때 편찬 → 성종 때 반포

조선의 법전인 『경국대전』은 세조 때 편찬되어 성종 때 반포되었다.

④ 철종 : 김정호 → 대동여지도

철종 때 김정호는 대동여지도를 제작하였다.

🖕 핵심노트 ▶ 세종의 문화적 업적

- 활자 주조 : 경자자, 갑인자, 병진자, 경오자
- 서적 간행 : 용비어천가, 동국정운, 고려사, 칠정산 내외편, 삼강행실도, 팔도지리지, 효행록 등
- 관습도감 설치 : 박연으로 하여금 아악 · 당악 · 향악을 정리하게 함
- 불교 정책 : 5교 양종을 선교 양종으로 통합, 궁중에 내불당 건립
- 과학 기구의 발명 : 측우기, 자격루(물시계), 앙부일구(해시계), 혼천의(천체 운행 측정기)

19. 광해군 재위 기간의 사건

정답 ②

암기박사 허준 : 동의보감 ⇒ 조선 광해군

정답 해설

영창대군을 살해하고 인목대비를 유폐한 왕은 광해군이다. 이 시기에 허준이 전통 한의학을 체계적으로 정리한 동의보감을 편찬하여 의료 지식의 민간 보급에 기여하였다.

오답 해설

① **훈민정음 반포 → 조선 세종**
조선 세종은 집현전 학자들과 독창적인 문자인 훈민정음을 반포하였다.

③ **노비안검법 시행 → 고려 광종**
고려 광종은 노비안검법을 시행하여 양인이었다가 불법으로 노비가 된 자를 조사하여 해방시켜 줌으로써 호족과 공신 세력을 견제하였다.

④ **신문고 최초 설치 → 조선 태종**
조선 태종 때에 백성의 억울함을 풀어 주기 위해 대궐 밖에 신문고를 설치하였다.

핵심노트 ▶ 광해군의 정치와 인조반정

- **중립 외교** : 명과 후금 사이에서 중립 외교 전개, 전후 복구 사업 추진
- **북인의 독점** : 광해군의 지지 세력인 북인은 서인과 남인 등을 배제
- **인조반정(1623)** : 폐모살제(廢母殺弟) 사건, 재정 악화, 민심 이탈 등을 계기로 발발한 인조반정으로 몰락
  (→ 인목대비 유폐, 영창대군 살해)

20. 임진왜란

정답 ②

암기박사 홍의장군 : 곽재우 ⇒ 임진왜란

정답 해설

임진왜란 당시 최초의 의병으로 홍의장군으로 불린 곽재우가 경상도 의령에서 거병하여 진주성 혈전에서 김시민과 함께 의병장으로 활약하였다.

오답 해설

① **이종무 → 대마도 정벌**
조선 세종 때 대일 강경책의 일환으로 이종무가 왜구의 소굴인 대마도(쓰시마 섬)를 정벌하였다.

③ **임경업 → 병자호란**
임경업 장군은 병자호란 당시 청나라 군사의 침입을 막기 위해 민병대를 훈련시키고 백마산성에서 항전하였다.

④ **김윤후 → 처인성 전투**
고려 고종 때 김윤후가 처인성에서 적장 살리타를 사살하고 몽골군을 물리쳤다.

21. 대동법 시행의 결과

정답 ④

암기박사 광해군 : 대동법 ⇒ 공인 : 관청에 물품 조달

정답 해설

광해군 때에 방납의 폐단을 해결하고자 선혜청을 설치하여 대동법을 시행하였다. 대동법의 시행으로 관청에 필요한 물품을 납부하는 공인(貢人)이 등장하였다.
(→ 관허 상인)

오답 해설

① **양반에게 군포 부과 → 흥선 대원군 : 호포제**
흥선 대원군은 군정의 문란을 개혁하기 위해 호포제를 실시하고 양반에게도 군포를 부과하였다.

② **1년에 군포 1필로 경감 → 영조 : 균역법**
영조 때 군역의 부담을 줄이고자 균역법을 재정하여 1년에 2필씩 걷던 군포를 1필로 줄였다.

③ **비옥도에 따른 부과 → 세종 : 전분 6등법**
세종 때에는 비옥도에 따라 토지를 6등급으로 나누어 전세를 차등 부과하였다.

핵심노트 ▶ 대동법의 시행 결과

- **농민 부담 경감** : 부과가 종전 가호 단위에서 전세(토지 결수) 단위로 바뀌어, 토지 1결당 미곡 12두만을 납부
- **공납의 전세화** : 공물 대신 토지 결수에 따라 쌀을 차등 과세
- **조세의 금납화** : 종래 현물 징수에서 쌀(대동미) · 베(대동포) · 동전(대동전)으로 납부
- **국가 재정의 회복** : 과세 기준의 변경으로 지주 부담이 늘고, 대동법의 관리 · 운영과 재정 수입을 선혜청에서 담당하게 되면서 국가 재정은 어느 정도 회복됨
- **공인(貢人)** : 대동법이 실시되면서 등장한 관허 상인으로 이들의 활발한 활동은 상품 화폐 경제의 발달을 촉진
- **상품 화폐 경제의 발달** : 상품 수요가 증가하고 시장이 활성화, 상품 구매력의 증가로 자급자족에서 유통 경제로 변화

22. 조선 후기 서민 문화

정답 ④

암기박사 한글 소설을 전문적으로 읽어주는 사람 ⇒ 전기수

정답 해설

조선 후기에는 인물과 장면, 분위기에 어울리는 목소리로 책 읽는 솜씨가 뛰어난 전기수가 저잣거리에서 심청전, 춘향전 등의 한글 소설을 전문적으로 읽어주었다.

오답 해설

① **규장각의 관리 → 검서관**
조선 정조 때 설치된 규장각 각신의 보좌, 문서 필사 등의 업무를 맡은 관리로 박제가, 이덕무, 유득공 등이 이에 해당된다.

② **봇짐 또는 등짐 장수 → 보부상**
봇짐이나 등짐을 지고 돌아다니며 물건을 파는 상인으로 조선 시대에는 보부상단을 만들어 전국적인 조직을 갖추었다.

③ **손님 몰이꾼 → 여리꾼**
상점 앞에서 손님을 끌어들여 물건을 사게 하고 주인으로부터 얼마간의 보수를 받는 손님 몰이꾼이다.

23. 창덕궁의 이해

정답 ②

암기박사 돈화문, 별궁, 정궁, 유네스코 세계유산 ⇒ 창덕궁

정답 해설

창덕궁은 태종 때 지어진 조선시대의 궁궐로, 별궁으로 세워졌고 임진왜란 이후에는 정궁의 역할을 하였다. 이는 1997년에 유네스코 세계 문화유산으로 등재되었다.

오답 해설

① 덕수궁 : 서양식 건물 → 석조전

덕수궁은 서울시 중구에 있는 조선 시대의 궁궐로, 서양식 건물인 석조전이 있다.

③ 덕수궁(경운궁) : 고종 → 환궁

덕수궁(경운궁)은 고종이 아관파천 이후 환궁한 곳이다.

④ 경복궁 : 한양 천도 → 창건

경복궁은 태조 이성계가 조선을 건국하고 한양으로 천도하면서 창건되었다.

24. 조선 후기의 회화

정답 ①

암기박사 까치와 호랑이 : 민화 ⇒ 조선 후기

정답 해설

조선 후기에는 까치와 호랑이 민화와 같이 민중의 미적 감각을 잘 나타낸 민화가 유행하였는데, 우화적이며 내용이나 발상 등에 소박한 우리 정서가 잘 배어 있다.

오답 해설

② 고사관수도 → 조선 전기

고사관수도는 조선 전기의 사대부 화가 인재 강희안의 작품으로, 깎아지른 듯한 절벽을 배경으로 바위 위에 양팔을 모아 턱을 괸 채 수면을 바라보는 선비의 모습을 묘사하였다.

③ 수월관음도 → 고려 후기

일본 사가현 경신사에 있는 수월관음도로 고려 충선왕 때 제작되었다. 관음보살이 왼쪽 측면을 향하여 반가한 자세로 앉아 있는 그림으로 고려 수월관음도의 통례와는 정반대의 모습이다.

④ 초충도 → 조선 중기

초충도는 조선 중기 율곡 이이의 어머니인 신사임당이 그린 작품으로 풀과 벌레를 소재로 그렸다.

핵심노트 ▶ 조선 후기의 민화

- 대상 : 조선 후기에는 민중의 미적 감각을 잘 나타낸 민화가 유행
- 소재 : 한국의 자연과 농경·풍속 등을 소재로 해·달·나무·꽃·동물·물고기 등을 그림
- 목적 : 예술적 감상보다는 서민의 생활공간을 장식하기 위한 그림
- 표현 : 서민의 기원과 소망, 민간 신앙, 생활 윤리 규범을 표현함
- 특징 : 우화적이며, 내용이나 발상 등에 소박한 우리 정서가 배어 있음

25. 동학의 이해

정답 ①

암기박사 경전 : 동경대전 ⇒ 동학

정답 해설

동학을 창시한 교조 최제우는 1864년에 혹세무민의 죄로 처형당하였다. 2대 교주인 최시형은 '사람이 곧 하늘'이라는 인내천 사상을 강조하면서 교세를 확장하고 동학의 경전인 동경대전과 포교 가사집인 용담유사를 펴내 교리를 정리하였다.

오답 해설

② 단군 숭배 사상 → 대종교

대종교의 3종사(宗師)인 나철, 김교헌, 서일은 단군 숭배 사상을 전파하여 민족 의식을 고취하였다.

③ 미륵불이 세상 구원 → 예언 사상

세도 정치기에는 비기, 도참과 같은 예언 사상이 유행하여 미륵불이 세상을 구원한다고 예언하였다.

④ 서학으로 소개 → 천주교

천주교는 중국에 다녀온 사신들에 의해 서양 학문인 서학으로 소개되었다.

핵심노트 ▶ 동학

교리	인내천(사람이 곧 하늘)
전파 과정	• 창시 : 최제우 • 2대 교주 : 최시형 • 3대 교주 : 손병희
탄압	• 철종 14년(1863) : 사교로 규정하고 금령 반포 • 고종 1년(1864) : 혹세무민(세상을 어지럽히고 백성을 현혹함)의 죄로 교주 최제우를 처형
교세 확대	• 2대 교주 최시형은 교세를 확대하면서 『동경대전』과 『용담유사』를 펴내어 교리를 정리 • 의식과 제도를 정착시키고 포·접 등 교단 조직을 정비

26. 흥선 대원군의 정책

정답 ③

암기박사 서원의 폐단, 사창제 ⇒ 흥선 대원군

정답 해설

제시된 자료는 흥선 대원군의 서원 철폐 정책과 관련한 내용이다. 흥선 대원군은 국가 재정 확충과 민생 안정을 위해 국가 재정을 좀먹고 백성을 수탈하며 붕당의 온상이던 서원을 정리하였다. 또한 환곡의 폐단을 없애고자 사창제를 실시하였다.

오답 해설

① 정조 : 국왕 친위 부대 → 장용영

정조는 국왕 친위 부대인 장용영을 설치하여 왕권을 뒷받침하는 군사적 기반을 갖추었다.

② 성종 : 조선의 기본 법전 → 경국대전

세조 때 착수하였다가 성종 때 완성된 『경국대전』은 조선의 기본 법전이다.

④ 정조 : 관리 재교육 → 초계문신제
정조는 관리들의 재교육을 위해 초계문신제를 실시하였다.

 핵심노트 ▶ 대원군의 개혁 정치

• 왕권 강화 정책 : 사색 등용, 비변사 혁파, 경복궁 재건, 법치 질서 정비(대전회통, 육전 조례)
• 애민 정책 : 서원 정리, 삼정의 개혁(양전 사업, 호포제, 사창제)

27. 혼일강리역대국도지도

정답 ③

암기박사   동양 최고(最古)의 세계 지도 ⇒ 혼일강리역대국도지도

정답 해설

혼일강리역대국도지도는 조선 태종 때 권근 · 김사형 · 이회 등이 제작한 세계 지도로, 현존하는 동양 최고(最古)의 세계 지도이다. 지도 하단에 권근이 쓴 발문에 의하면 이 지도는 중국에서 들여와 우리나라와 일본을 추가하여 새로 편집한 지도이다.

오답 해설

① 목판 제작 : 대량 인쇄 가능 → 대동여지도
대동여지도는 조선 철종 때 김정호가 제작한 우리나라 대축척 지도로, 대량 인쇄가 가능한 목판으로 제작되었다.

② 최초로 100리 척 적용 → 동국지도
동국지도는 조선 영조 때 정상기가 제작한 지도로 최초로 100리 척의 축적 개념이 적용되었다.

④ 각 지방의 산천, 인물, 풍속 수록 → 동국여지승람
조선 성종 때 서거정은 팔도지리지를 보완하여 각 지방의 산천, 인물, 풍속 등이 수록된 동국여지승람을 편찬하였다.

28. 영조의 업적

정답 ③

암기박사   균역법, 속대전 ⇒ 영조

정답 해설

영조는 백성들의 군역 부담을 줄여주기 위해 균역법을 실시하여 1년에 군포 2필을 부담하던 것을 1필로 경감시켰다. 또한 법전인 『속대전』을 편찬하였다.

오답 해설

① 세종 : 집현전 → 학문 연구
세종은 궁중 내에 집현전을 설치하여 왕실의 학문 연구와 유교 정치 활성화에 힘썼다.

② 세조 : 직전법 → 현직 관리에게 수조권 지급
세조는 직전법을 실시하여 현직 관리에게만 수조권을 지급하여 국가의 수조권 지배를 강화하였다.

④ 숙종 : 금위영 → 5군영 체제
숙종은 금위영을 설치하여 5군영 체제를 완성하였다.

 핵심노트 ▶ 군역 제도의 흐름

보법(保法, 세조) → 대립제(15세기 중엽) → 방군수포제(16세기 초) → 군적수포제(16세기 중엽) → 군역의 폐단이 만연 → 균역법(영조 26, 1750) → 군정(軍政)의 문란 → 호포제(대원군)

29. 을미개혁

정답 ①

암기박사   태양력, 연호 건양, 단발령 ⇒ 김홍집 : 을미개혁

정답 해설

을미사변 후 김홍집 친일 내각이 을미개혁을 추진하였는데, 이 때 건양이라는 연호를 제정하고 태양력을 사용하였으며 단발령을 시행하였다(1895).

오답 해설

② 박문국 : 출판 기관 → 김옥균, 서광범, 박영효
박문국은 김옥균, 서광범, 박영효 등의 노력으로 설치된 출판 기관으로 최초의 근대식 신문인 한성순보를 발간하였다(1883).

③ 대전회통 편찬 → 흥선 대원군
흥선 대원군은 경국대전, 속대전, 대전통편 등을 보완한 대전회통을 편찬하여 통치 체제를 정비하였다(1865).

④ 삼정이정청 설치 : 삼정의 문란 해결 → 박규수
철종은 임술 농민 봉기가 발발하자 삼정의 문란을 해결하기 위해 안핵사 박규수의 건의로 삼정이정청을 설치하였다(1862).
→ 조선 후기 지방에서 사건이 발생하였을 때 처리를 위해 파견한 임시 직책

 핵심노트 ▶ 을미개혁의 내용

• 종두법 실시
• 소학교 설립
• 태양력 사용
• 우편 제도 실시
• 연호 건양(建陽) 사용
• 단발령 실시
• 군제의 개편 → 훈련대 폐지, 중앙군(친위대 2개)·지방군(친위대) 설치

30. 육영 공원의 이해

정답 ④

암기박사   1886년, 최초의 관립 근대 학교 ⇒ 육영 공원

정답 해설

육영 공원은 1886년 보빙사 민영익의 건의로 설립된 최초의 근대식 관립 학교로, 길모어 · 헐버트 등 미국인 교사를 초빙하여 상류층의 자제들에게 근대 학문 교육을 실시하였다.

오답 해설

① 광혜원 : 우리나라 최초 → 서양식 병원
광혜원은 1885년에 설립된 근대식 국립 의료 기관으로, 우리나라 최초의 서양식 병원이다.

② 박문국 : 관립 인쇄 기구 → 한성순보 발간
박문국은 개항 이후 설립된 관립 인쇄 기구로, 최초의 근대 신문 한성

순보를 발간하였다.
③ 원산 학사 : 덕원 관민 → 최초의 근대식 사립학교
원산 학사는 덕원 관민의 요청으로 세워진 우리나라 최초의 근대식 사립학교이다.

31. 유길준의 활동

정답 ③

암기박사 보빙사, 서유견문 ⇒ 유길준

정답 해설

유길준은 최초의 구미 사절단인 보빙사의 일원으로, 미국에 남아 유학하고 유럽 여행 후 귀국하여 『서유견문』을 저술하였다. 또한 유길준은 갑신정변 이후 독일 부영사 부들러와 함께 조선 중립화론을 제기하였다.

오답 해설

① 조선 상고사, 독사신론, 조석 혁명 선언 → 신채호
민족주의 사학자 신채호는 조선 상고사를 저술하여 역사를 아(我)와 비아(非我)의 투쟁으로 보았다. 또한 만주와 부여족 중심의 고대사를 서술한 독사신론을 저술하였고 의열단의 행동 강령으로 조선 혁명 선언을 작성하였다.
② 대한매일신보 창간 → 양기탁
한말의 언론인이자 독립운동가인 양기탁은 만민 공동회의 간부로 활약하다 영국인 베델과 제휴하여 대한매일신보를 창간하였다.
④ 신흥 강습소 설립 : 독립군 양성 → 이회영
신민회의 일원인 이회영은 삼원보에 경학사를 조직하고 신흥 강습소를 설립하여 독립군을 양성하였다.

핵심노트 ▶ 유길준

한말의 개화운동가이자 최초의 국비유학생으로, 미국에서 공부하였다. 귀국 후 7년 동안 감금되어 『서유견문』을 집필하였고, 새로운 국·한문체의 보급에 크게 공헌하였다. 이후 국민교육과 계몽사업에 힘썼다.

32. 군국기무처의 이해

정답 ③

암기박사 의정부 산하, 정책 의결 기구, 김홍집, 개혁 안건 ⇒ 군국기무처

정답 해설

제1차 갑오개혁 당시 김홍집 내각은 초정부적 회의 기관인 군국기무처를 설치하고 개혁 정치를 추진하였다. 그 내용으로는 조혼 금지, 과거제 폐지, 과부의 재가 허용, 왕실과 정부의 사무 분리 등이 있다.

오답 해설

① 탁지아문 : 국가 재무 총괄 → 중앙 행정 관청
탁지아문은 제1차 갑오개혁 이후 설치된 기관으로, 국가 재무를 총괄하는 중앙 행정 관청이다.
② 삼정이정청 : 삼정의 폐단 → 임시 관청
삼정이정청은 진주 농민 봉기 이후 삼정의 폐단을 해결하기 위해 세운 임시 관청이다.
④ 통리기무아문 : 12사 → 개화 정책

통리기무아문은 아래 12사를 두고 개화 정책을 추진하였다.

핵심노트 ▶ 제1차 갑오개혁의 주요 내용

• 개국 연호를 사용하여 청의 종주권 부인
• 왕실과 정부의 사무 분리
• 과거제 폐지
• 재정 일원화
• 은(銀) 본위 화폐 제도를 채택, 일본 화폐 통용 허용, 조세의 금납제 시행
• 도량형 개정·통일
• 신분제 철폐
• 조혼 금지, 과부 개가 허용

33. 대한 제국과 광무개혁

정답 ①

암기박사 고종 : 광무개혁 ⇒ 지계 발급

정답 해설

광무개혁 때 고종은 근대적 토지 소유제도 마련을 위해 양지아문을 설치하여 양전사업을 실시하고 토지 소유자에게 지계를 발급하였다.
└→ 토지증서

오답 해설

② 갑신정변 : 14개조 정강 → 재정을 호조로 일원화
갑신정변을 통해 발표된 14개조 정강에 재정을 호조로 일원화하는 내용이 포함되어 있다.
③ 갑신정변 : 14개조 정강 → 청에 조공하는 허례 폐지
갑신정변을 통해 발표된 14개조 정강에 청에 조공하는 허례를 폐지하는 내용이 포함되어 있다.
④ 동학 농민 운동 : 폐정 개혁안 → 왜와 내통한 자 처벌
동학 농민 운동 당시 발표된 폐정 개혁안에 왜와 내통한 자는 처벌한다는 내용이 포함되어 있다.

핵심노트 ▶ 광무개혁의 내용

정치	대한국 국제 반포, 원수부 설치, 시위대 창설, 호위군 증강·개편, 진위대를 6대 연대로 증강
경제	지계 발급, 내장원의 재정업무 관할, 상공업 진흥책 실시, 실업학교 및 기술교육기관 설립
사회	광제원 설치, 소학교·중학교·사범학교 등 설립, 무관학교 설립, 교통·통신·전기·의료 등의 근대적 시설 확충

34. 국채 보상 운동의 이해

정답 ④

암기박사 국채, 한민족 1천만이 한 사람 1원씩 ⇒ 국채 보상 운동

정답 해설

국채 보상 운동은 일제의 강제 차관 도입으로 인해 정부가 짊어진 1,300만 원의 외채를 국민의 힘으로 상환하여 국권을 회복하자는 운동으로, '한민족 1천만이 한 사람 1원씩'을 구호로 하였다.

오답 해설

① 물산 장려 운동 : 평양 → 조선 물산 장려회 주도

물산 장려 운동은 평양에서 시작되어 조선 물산 장려회의 주도로 전개되었다.

② 신간회 : 민중 대회 계획 → 무산

신간회는 광주 학생 항일 운동 조사단을 파견하고 민중 대회를 계획하였으나 일제에 의해 무산되었다.

③ 보안회 : 일제의 황무지 개간권 요구 → 저지

보안회는 일제의 황무지 개간권 요구에 반대하여 이를 저지하였다.

핵심노트 ▶ 물산 장려 운동

활동	일본 상품 배격, 국산품 애용 등을 강조
구호	내 살림 내 것으로, 조선 사람 조선 것, 우리가 만들어서 우리가 쓰자
확산	전국적 민족 운동으로 확산되면서 근검 절약, 생활 개선, 금주·단연 운동도 전개

35. 헤이그 특사 이준

정답 ④

암기박사 을사늑약의 불법성 폭로 ⇒ 헤이그 특사 : 이준

정답 해설

이준은 이상설, 이위종과 함께 네덜란드 헤이그에서 열린 만국 평화 회의에 특사로 파견되어 을사늑약 체결의 불법성을 폭로하였다.

오답 해설

① 조선책략 유입 → 김홍집

2차 수신사인 김홍집이 일본에 갔다가 귀국할 때 황준헌이 지은 조선책략을 국내에 유입하였다.

② 영남 만인소 주도 → 이만손

이만손은 김홍집의 조선책략 유포에 반발하여 영남 만인소를 주도하고 그의 처벌을 요구하였다.

③ 한국독립운동지혈사 저술 → 박은식

박은식은 일제 침략에 대항하여 독립 투쟁 과정을 정리한 한국독립운동지혈사를 저술하였다.

36. 개화기의 신문물 수용

정답 ④

암기박사 경인선, 광혜원, 명동 성당 ⇒ 개화기 신문물

정답 해설

전화는 1896년, 전차는 1899년에 개통된 근대 문물이다. 경인선 개통(1899), 광혜원 개원(1885), 명동 성당 건립(1898)은 모두 개화기 신문물에 해당한다. 경성 제국 대학은 1924년 일제가 설립한 고등 교육 기관이다.

오답 해설

① 우리나라 최초의 철도 → 경인선 철도

서울과 인천을 연결하는 우리나라 최초의 철도인 경인선 철도가 개통되었다. → 노량진~제물포

② 최초의 근대식 국립 의료 기관 → 광혜원

광혜원은 우리나라 최초의 근대식 국립 의료 기관으로 미국인 선교사 → 후에 제중원으로 개칭

알렌(Allen)의 건의로 설립되었다.

③ 중세 고딕 양식의 대성당 → 명동 성당

명동 성당은 한국 천주교를 대변하는 중세 고딕 양식의 대성당으로, 6월 민주 항쟁 당시 시위대가 농성한 한국 민주화 운동의 성지이다.

핵심노트 ▶ 개항 이후의 서양 문물 수용

- 동도서기론에 입각하여 서양 과학 기술 수용
- 조사 시찰단과 영선사 파견
- 무기 제조 기술 외에 산업 기술의 수용에도 관심이 높아져서, 1880년대에는 양잠·방직·제지·광산 등에 관한 기계를 도입하고 외국 기술자를 초빙
- 1890년대 : 근대적 과학 기술의 수용을 위해서는 교육 제도의 개혁이 급선무임을 인식하여 갑오개혁 이후 유학생의 해외 파견을 장려하고 교육 시설을 갖추는 데 노력

37. 민족 말살 통치기의 일제 정책

정답 ④

암기박사 국가 총동원법, 국민 징용령 ⇒ 민족 말살 통치기

정답 해설

제시된 법령은 일제가 민족 말살 통치기에 제정한 국가 총동원법으로 조선에 대한 인적·물적 자원 수탈을 가속화하였다. 또한 일제는 민족 말살 통치기에 조선인 근로자의 노동력을 착취하기 위해 국민 징용령을 공포하였다.

오답 해설

① 조선 태형령 → 무단 통치기

일제는 무단 통치기에 한국인에 한하여 태형을 통해 형벌을 가하는 조선 태형령을 공포하였다.

② 헌병 경찰제 → 무단 통치기

일제가 무단 통치기에 강압적 통치를 목적으로 헌병이 경찰 업무를 대행하는 헌병 경찰제를 시행하였다.

③ 치안 유지법 → 문화 통치기

치안 유지법은 일제가 문화통치기에 제정한 사상 통제법으로, 공산주의 및 무정부주의 운동을 탄압하기 위해 제정한다고 했으나 사실상 독립 운동에 대한 전반적 탄압을 위해 만들어진 법률이었다.

핵심노트 ▶ 국가 총동원법(1938)

- 식량 수탈 : 산미 증식 계획 재개, 미곡 공출제, 식량 배급제
- 전쟁 물자 공출 : 금속제 공출 → 농기구, 식기, 제기, 교회나 사원의 종
- 인적 자원의 수탈
  - 징용 : 노무 동원(1939), 징용령(1939)
  - 근로 동원 : 어린 학생을 동원
  - 여자 정신대 근로령(1944) : 여성 동원을 법제화
  - 일본군 위안부 : 반인권적, 반인륜적 범죄
  - 병력 동원 : 지원병제(1938), 학도 지원병제(1943), 징병제(1943)

38. 1930년대 국외 무장 독립 전쟁

정답 ④

암기박사 조선 혁명군 : 영릉가 전투(1932) ⇒ 김원봉 : 조선 의용대 조직(1938)

정답 해설

양세봉이 만주에서 조직한 조선 혁명군은 중국 의용군과 연합하여 영릉가 전투에서 일본군에 대승을 거두었다(1932). 그 후 김원봉의 조선 의용대가 조선 민족 전선 연맹 산하 부대로 한커우에서 조직되어 대일 항일전에 참여하였다(1938).

오답 해설

① 조선 독립군 인계 조약 → 미쓰야 협정
미쓰야 협정은 총독부 경무국장 미쓰야와 만주의 봉천성 경무처장 우징 사이에 맺어진 협정으로, 만주 지역의 한국인 독립 운동가를 체포해 일본에 인계한다는 조약이다(1925)

② 북로 군정서 → 청산리 전투
김좌진의 북로 군정서군과 홍범도의 대한 독립군이 연합하여 청산리 전투에서 일본군을 대파하였다(1920).

③ 대한 독립군 → 봉오동 전투
홍범도의 대한 독립군이 대한 국민회군과 연합하여 봉오동에서 일본군을 격퇴하였다(1920).

39. 이육사의 생애

정답 ③

암기박사 시 : 청포도, 절정' ⇒ 이육사

정답 해설

이육사는 본명이 이원록으로 일제 강점기에 활동한 저항 시인이다. '청포도', '절정' 등 항일 의식과 민족 정서를 담은 작품을 다수 창작하였다.

오답 해설

① 실험적 모더니즘 문학 개척 → 이상
이상은 일제 강점기 시인이자 소설가로, 기존의 문학적 체계를 뒤엎고 실험적 모더니즘 문학을 개척한 대표적인 작가이다.

② 그날이 오면, 상록수 → 심훈
심훈은 문학가이자 독립운동가로 그 날이 오면, 상록수 등의 작품을 남겼다.

④ 일제 강점기 저항 시인 → 윤동주
윤동주는 일제 강점기에 활동한 시인이자 독립 운동가이다. 그는 문인 활동을 통해 일제의 탄압에 저항하였고 서시, 별 헤는 밤, 하늘과 바람과 별과 시 등의 작품을 남겼다.

핵심노트 ▶ 일제 강점기의 문학 활동

• 일제의 탄압이 강화되자 많은 문인들이 작품 활동을 중단하거나 현실도피적인 순수 문학을 전개 → 정지용과 김영랑, 박용철 등은 시문학 동인으로 활약하여 순수 문학 발전에 기여
• 문학의 분야가 소설 · 희곡 · 평론 · 수필으로 다양해지고 내용도 세련미를 갖춤
• 친일 문학 : 문인들은 작품 활동을 중단하고 침묵으로 일관하였으나, 이광수 · 최남선 등 일부 문인들은 침략 전쟁을 찬양하는 활동에 참여
• 저항 문학
  – 전문적 문인 : 한용운 · 이육사 · 윤동주 등은 항일의식과 민족 정서를 담은 작품을 창작
  – 비전문적 문인 : 독립 운동가 조소앙, 현상윤 등은 일제에 저항하는 작품을 남김
  – 역사 소설 : 김동인 · 윤백남 등은 많은 역사 소설을 남겨 역사와 민족의식을 고취

40. 대한민국 임시 정부

정답 ④

암기박사 구미 위원부 설치 ⇒ 대한민국 임시 정부

정답 해설

국내의 13도 대표가 창설한 한성 정부를 계승하여 상하이에 설립한 것은 대한민국 임시 정부이다. 대한민국 임시 정부는 미국에 구미 위원부를 설치하여 국제 연맹과 워싱턴 회의에 우리 민족의 독립 열망을 전달하는 외교 활동을 전개하였다.

오답 해설

① 삼원보 : 경학사 조직 → 신민회
신민회는 독립 전쟁의 기반을 다지고 장기적 독립 전쟁 수행을 위해 서간도 삼원보에 자치기구인 경학사를 조직하였다.

② 오세창 : 만세보 발행 → 천도교
오세창이 천도교 기관지인 만세보를 발행하여 신지식 개발과 신문화 보급 운동 등 민중 계몽에 힘썼다.

③ 대구 : 비밀 결사 단체 → 대한 광복회
박상진은 공화정체의 국민 국가 수립을 목표로 대구에서 비밀 결사 단체인 대한 광복회를 조직하였다.

핵심노트 ▶ 대한민국 임시 정부의 활동

• **군자금의 조달** : 애국 공채 발행이나 국민의 의연금으로 마련. 국내외에서 수집된 자금은 연통제나 교통국 조직망에 의해 임시 정부에 전달되었으며, 만주의 이륭양행이나 부산의 백산 상회를 통하여 전달되기도 함
• **외교 활동** : 파리 강화 회의에 김규식을 대표로 파견하여 독립을 주장, 미국에 구미 위원부를 두어 국제 연맹과 워싱턴 회의에 우리 민족의 독립 열망을 전달
• **문화 활동** : 기관지로 〈독립신문〉을 간행하여 배포, 사료 편찬소를 두어 한 · 일 관계 사료집과 〈한국 독립 운동 지혈사〉(박은식) 등 간행
• **군사 활동**
  – 육군 무관 학교의 설립 : 독립 전쟁을 수행할 초급 지휘관 양성
  – 임시 정부 직할대 : 만주에서 활동하던 무장 독립군을 임시 정부 직할의 군대로 개편하여 광복군 사령부 · 광복군 총영 · 육군 주만 참의부 등을 결성
  – 한국 광복군의 창설(1940) : 임시 정부의 김구와 지청천 등이 한국 광복군을 창설하고 군사력을 증강하여 무장항전을 주도 → 태평양 전쟁을 계기로 대일 선전포고를 한 후 창전(1943) 했으나, 국내 진공 작전을 준비했으나 일제의 패망으로 실천하지 못함

41. 형평 운동의 이해

정답 ②

암기박사 백정, 차별 철폐 ⇒ 형평 운동

정답 해설

'백정의 칭호가 없어지고 평민이 된 우리들'이라고 한 것을 통해 자료의 사회 운동이 조선의 형평 운동임을 알 수 있다. 형평 운동은 갑오개혁으로 신분제가 폐지된 이후에도 백정에 대한 사회적 차별이 지속되자, 백정들이 이에 반발하여 일으킨 신분 해방 운동이다. 백정들은 진주에서 조선 형평사를 결성(1923)하고, 서울로 본부를 옮긴 뒤 전국에 지사를 설치하

여 전국적으로 확대시켜 나갔다.

오답 해설

① 독립 협회 : 관민 공동회 → 헌의 6조
독립 협회는 관민 공동회를 개최하고 헌의 6조를 건의하였다.
③ 3 · 1 운동 : 중국 → 5 · 4 운동
3 · 1 운동은 중국의 5 · 4 운동에 영향을 주었다.
④ 광주 학생 항일 운동 : 광주 → 전국적 확산
광주 학생 항일 운동은 광주에서 시작하여 전국적으로 확산되었다.

핵심노트 ▶ 조선 형평사 취지문

> 공평은 사회의 근본이고 애정은 인류의 본령이다. 그러한 까닭으로 우리는 계급을 타파하고 모욕적 칭호를 폐지하여, 우리도 참다운 인간이 되는 것을 기하자는 것이 우리의 주장이다. 지금까지 조선의 백정은 어떠한 지위와 압박을 받아왔는가? 과거를 회상하면 종일 통곡하고도 피눈물을 금할 수 없다. … 직업의 구별이 있다고 한다면 금수의 생명을 빼앗는 자는 우리들만이 아니다.

42. 독립 투쟁

정답 ③

암기박사 이회영 : 신흥 강습소 설립 ⇒ 김좌진 : 청산리 대첩 ⇒ 윤봉길 : 홍커우 공원 의거

정답 해설

(나) 이회영 : 신흥 강습소 설립(1910년대)
신민회의 일원인 이회영은 삼원보에 경학사를 조직하고 독립군을 양성하기 위하여 신흥 강습소를 설립하였다(1911).  신흥 무관 학교로 발전
(가) 김좌진 : 청산리 대첩(1920년대)
청산리 대첩은 김좌진 장군이 간도의 청산리에서 일본군을 대파하여 독립군 사상 최대의 승리를 이끈 전투이다(1920).
(다) 윤봉길 : 홍커우 공원 의거(1930년대)
일제 강점기의 독립운동가 윤봉길은 상하이 홍커우 공원에서 열린 일본군 축하 기념식에서 폭탄을 투척하였다(1932).

43. 보안회의 활동

정답 ①

암기박사 일제의 황무지 개간권 요구 저지 ⇒ 보안회

정답 해설

보안회는 1904년 7월 13일 일본의 조선황무지 개간권 요구에 대항하기 위하여 서울에서 조직된 항일 단체로 일본의 개간권 요구를 철회시켰다.

오답 해설

② 민족 유일당 운동 : 정우회 선언 → 신간회
민족주의 진영과 사회주의 진영의 연대에 의한 민족 유일당 운동의 일환으로 정우회 선언 후 신간회가 결성되었다.
③ 안창호, 양기탁 : 비밀 결사 단체 → 신민회
신민회는 국권 회복과 공화정체의 국민 국가 건설을 목적으로 안창호와 양기탁이 중심이 되어 조직한 비밀 결사 단체로, 일제가 조작한 105인 사건으로 해체되었다.
④ 여성계 민족 유일당 조직 → 근우회

근우회는 여성 노동자의 권익 옹호와 생활 개선을 위해 김활란 등을 중심으로 한 여성계 민족 유일당 조직이다.

핵심노트 ▶ 보안회

> 1904년 일본의 황무지 개척을 반대하기 위해 만든 단체. 일제시대 경제적 항일 운동 중의 하나. 일본은 황무지를 개척하여 조선의 토지를 차지하려고 하였다. 이에 송수만 등이 보안회를 조직하여 황무지 개간 반대 운동을 전개함으로써 일본은 황무지 개척 요구를 철회하였다.

44. 모스크바 3국 외상 회의의 내용

정답 ③

암기박사 신탁 관리 결의, 미 · 소 공동 위원회 ⇒ 모스크바 3국 외상 회의

정답 해설

미군과 소련군의 군정이 실시되는 가운데 미국 · 영국 · 소련의 3국 외상은 모스크바에서 회의를 열어 한반도 문제를 협의하였다. 이 회의에서 한국에 임시 민주 정부를 수립하기 위하여 미 · 소 공동 위원회를 설치하고, 최고 5년 동안 미 · 영 · 중 · 소 4개국의 신탁 통치하에 두기로 결정하였다.

오답 해설

① 남한만의 단독 선거 결정 : 보통 선거 → 5 · 10 총선거
남한만의 단독 선거 결정으로 우리나라 최초의 보통 선거인 5 · 10 총선거가 실시되었다.
② 여운형 : 조선 건국 동맹 → 민주주의 국가 설립
여운형을 중심으로 한 조선 건국 동맹은 민주주의 국가 설립을 목표로 활동하였다.
④ 유엔 총회 : 유엔의 감시 → 남북한 총선거
유엔 총회는 유엔의 감시 하에 남북한 총선거 실시를 결정하였다.

핵심노트 ▶ 한국에 대한 모스크바 3상 회의 결정서(1945)

> • 한국을 독립 국가로 재건하기 위해 임시적인 한국 민주 정부를 수립한다.
> • 한국 임시 정부 수립을 돕기 위해 미 · 소 공동 위원회를 설치한다.
> • 미, 영, 소, 중의 4개국이 공동 관리하는 최고 5년 기한의 신탁 통치를 실시한다.
> • 남북한의 행정 · 경제면의 항구적 균형을 수립하기 위해 2주일 이내에 미 · 소 양군 사령부 대표 회의를 소집한다.

45. 농지 개혁법의 이해

정답 ①

암기박사 정부 귀속 농지, 정부 매수 농지 ⇒ 농지 개혁법

정답 해설

제시된 자료는 1949년에 제정된 농지 개혁법의 일부이다.

오답 해설

② 일제 : 식량 수탈 → 산미 증식 계획
일제는 공업화 추진에 따른 식량 부족과 쌀값 폭등을 우리나라에서의 식량 수탈로 해결하고자 산미 증식 계획을 실시하였다.
③ 일제 : 소작농 불만 → 농촌 진흥 운동
일제는 소작농들의 불만을 무마시키고자 농촌 진흥 운동을 전개하였다.

④ 일제 : 토지 조사 사업 → 토지 약탈 본격화

일제는 1910년대에 토지 조사 사업을 실시하여 토지 약탈을 본격화하였다.

🖐 핵심노트 ▶ 농지 개혁법(1949년 제정, 1950년 시행)

목적	소작제를 철폐하고 자영농을 육성하고자 경자 유전의 원칙에 따라 시행
원칙	• 삼림, 임야 등 비경작지를 제외한 농지만을 대상으로 한 개혁 • 3정보를 상한으로 그 이상의 농지는 유상 매입하고 지가 증권을 발급하여 5년간 지급 • 매수한 토지는 영세 농민에게 3정보를 한도로 유상 분배하여 5년간 수확량의 30%씩을 상환하도록 함

46. 독도의 이해

정답 ③

암기박사   세종실록, 태정관 지령, 대한 제국 칙령 제41호 ⇒ 독도

정답 해설

(가)는 독도이다. 독도는 신라 지증왕 때 이사부를 파견하여 우산국을 복속 한 이래로 우리나라의 영토였다. 양헌수 부대가 프랑스군을 격퇴한 것은 병인박해로, 강화도에서 일어난 사건이다.

오답 해설

① 독도 : 세종실록 → 우산

독도는 『세종실록지리지』에 '우산'으로 기록되어 있다.

② 독도 : 태정관 지령 → 일본과 관련 없음

일본 메이지 정부는 태정관에서 죽도(울릉도)와 일도(독도)가 관계가 없다는 지령을 내렸다.

④ 독도 : 대한 제국 칙령 제41호 → 독도 관할

대한제국은 칙령 제41호를 통해 독도를 관할하게 하였다.

47. 분단의 역사 판문점

정답 ④

암기박사   6 · 25 전쟁 : 휴전 협정 체결 ⇒ 판문점

정답 해설

6 · 25 전쟁의 휴전 협정이 체결된 곳은 판문점으로 소련의 유엔 대표가 휴전을 제의하여 판문점에서 휴전 회담이 진행된 후 휴전 협정이 체결되었다. 판문점은 최근 문재인 대통령과 김정은 국무위원장 그리고 트럼프 미국 대통령과 김정은 국무위원장 간에 정상회담이 이루어진 곳이기도 하다.

오답 해설

① 신미양요 → 강화도 : 광성보

광성보는 강화도에 있는 요새로 고려가 몽골의 침입 때 강화도로 천도한 후 쌓은 성이며 개항기 때 미국과 전투를 벌인 신미양요의 격전지이기도 하다.

② 실향민의 망향 장소 → 파주 임진각

분단의 슬픈 현실을 상징하는 임진각은 6 · 25 전쟁과 분단으로 고향에 갈 수 없는 실향민들의 망향을 달래는 장소이다.

③ 을미사변 : 명성왕후 시해 → 건청궁

건청궁은 경복궁 내에 있는 궁궐로, 을미사변 때 명성 왕후가 일본 낭인들에 의해 시해된 장소이다.

48. 강강술래의 이해

정답 ③

암기박사   한가위, 유네스코 인류 무형 문화유산 ⇒ 강강술래

정답 해설

강강술래는 전라남도 해안 지역에서 전해져 내려오던 민속놀이로, 우리 고유의 정서와 말과 리듬이 잘 담겨있는 무형 문화유산이다. 이는 한가위에 주로 젊은 여성들이 즐기던 놀이로, 유네스코 인류 무형 문화유산에 등재되어 있다.

오답 해설

① 집단노동요 → 농악

농악은 농촌에서 집단노동이나 명절 등에 흥을 돋우기 위해서 연주되는 음악으로, 풍물 · 두레 · 풍장 · 굿이라고도 한다. 이는 2014년에 유네스코 인류 무형 문화유산에 등재되었다.

② 경상도 민요 : 율동적 가락 → 뱃노래

뱃노래는 경상도의 민요로, 굿거리장단에 의해 활기차고 율동적인 가락을 지녔다.

④ 함경도 민요 : 어랑타령 → 신고산타령

신고산타령은 함경도의 대표적 민요로, 어랑타령으로도 불린다.

🖐 핵심노트 ▶ 우리나라의 대표적 민속놀이

쥐불놀이, 널뛰기, 연날리기, 윷놀이, 씨름, 제기차기, 그네뛰기, 강강술래, 놋다리밟기, 지신밟기, 고싸움 놀이, 차전놀이, 고누놀이, 가마싸움, 석전, 자치기

49. 일본군 위안부와 전쟁 범죄

정답 ④

암기박사   김학순 할머니 증언, 고노 담화 ⇒ 일본군 위안부 문제

정답 해설

• 바타비아 군사 재판 판결문 : 인도네시아 자바섬 근교의 억류소에서 일제가 20명 이상의 네덜란드 여성들을 연행해 위안부로 강제 동원한 사건과 관련된 판결문이다(1948).

• 김학순 할머니의 증언 : 국내 거주자 최초로 일본군 위안부의 실상을 증언하였다(1991).

• 일본 정부의 고노 담화 : 일본의 관방 장관인 고노 요헤이가 일본군 위안부에 대해 사과한 담화이다(1993).

• 라디카 쿠마라스와미 유엔 보고서 : 쿠마라스와미 전 유엔 특별 보고관이 일본군 위안부 문제를 최초로 다룬 보고서이다(1996).

오답 해설

① 3 · 1 운동 → 제암리 학살 사건

3 · 1 운동의 전개 과정에서 일제가 수원 제암리 주민들의 집단 학살을 자행하였다.

② 일본의 한인 강제 노동 징발 → 사할린 강제 징용

일제는 태평양 전쟁으로 사할린 지역의 노동력이 부족해지자 조선인을 강제 징용하여 탄광과 군수 공장 등에서 일을 시켰다.
③ 관동 대지진과 한인 학살 사건 → 관동 대학살
　일본 관동 대지진 때 계엄령이 시행되는 사회 혼란 속에서 일본 관헌과 민간인들이 조선인들을 무차별로 학살한 사건이다.

50. 노태우 정부의 정책

정답 ③

 암기박사　서울 올림픽, 남북한 유엔 동시 가입, 한반도 비핵화 공동 선언 ⇒ 노태우 정부

정답 해설

서울 올림픽 개최(1988), 남북한 유엔 동시 가입(1991)은 노태우 정부 때의 일이다. 또한 노태우 정부 때 북방 외교 정책을 통해 한반도 비핵화 공동 선언이 채택(1991)되어 핵무기의 보유나 사용금지 등을 규정하였다.

오답 해설

① 김대중 정부 : 6·15 남북 공동 선언 → 개성 공단 조성 합의
　김대중 정부 때 남북 정상 회담을 개최(2000)하여 6·15 남북 공동 선언에서 개성 공단 건설을 합의하였다.
② 박정희 정부 : 7·4 남북 공동 성명 → 남북 조절 위원회
　박정희 정부 때 7·4 남북 공동 성명에 따라 남북 조절 위원회를 설치하였다.
④ 전두환 정부 : 남북 고향 방문단 → 이산가족 고향 방문
　전두환 정부 때 최초로 남북 이산가족 상봉이 성사되었다.

핵심노트 ▶ 노태우 정부

- 헌법 개정(1987. 10) : 5년 단임, 대통령 직선제
- 성립 : 야당의 후보 단일화 실패로 노태우 대통령 당선(1987)
- 정치 : 5공 청문회 개최, 지방 자치제 부분적 실시, 언론 기본법 폐지
- 외교 : 북방 정책(→ 소련(1990), 중국(1992)과 수교), 남북한 유엔 동시 가입(1991)
- 3당 합당(1990)
　- 1988년 13대 총선에서 여당인 민정당 참패
　- 민주 정의당(노태우), 통일 민주당(김영삼), 신민주 공화당(김종필)의 합당

좋은 결과 있길 SISCOM이 응원합니다.

2024

한국사능력검정시험
실전모의고사

기본

정답 및 해설

2024

한국사능력검정시험
실전모의고사

기본

제1회

시스컴
SISCOM

기본 제1회 한국사능력검정시험 문제지

1. (가) 시대의 생활 모습으로 옳은 것은? [1점]

> 여러분은 (가) 시대의 벼농사를 체험하고 있습니다. 이 시대에는 처음으로 금속 도구를 만들었으나, 농기구는 여러분이 손에 들고 있는 반달 돌칼과 같이 돌로 만들었습니다.

① 우경이 널리 보급되었다.
② 비파형 동검을 제작하였다.
③ 철제 농기구를 사용하였다.
④ 주로 동굴과 막집에서 거주하였다.

2. 학생들이 공통으로 이야기하고 있는 나라에 대한 설명으로 옳은 것은? [2점]

> 한반도 남부에서 철기 문화를 바탕으로 발전하였어.
> 소도라고 불리는 신성 구역이 있었어.
> 씨뿌리기를 끝낸 5월과 추수를 마친 10월에 계절제를 지냈어.

① 범금 8조로 백성을 다스렸다.
② 서옥제라는 혼인 풍습이 있었다.
③ 신지, 읍차 등의 지배자가 있었다.
④ 여러 가(加)들이 별도로 사출도를 다스렸다.

3. (가) 나라에 대한 탐구 활동으로 가장 적절한 것은? [2점]

> 초대합니다
> **창작 뮤지컬 '김수로왕과 허황옥'**
> 경상남도 김해에서 (가) 을/를 건국하였다고 전해지는 김수로왕이 아유타국의 공주였던 허황옥을 만나 혼인하게 된 이야기를 한 편의 뮤지컬로 선보입니다. 많은 관람 바랍니다.
> • 일시: 2024년 ○○월 ○○일 20:00
> • 장소: 김해 대성동 고분군 앞 특설 무대

① 사비로 천도한 이유를 파악한다.
② 우산국을 복속한 과정을 살펴본다.
③ 청해진을 설치한 목적을 조사한다.
④ 구지가가 나오는 건국 신화를 분석한다.

4. 다음 문화유산에 대한 탐구 활동으로 가장 적절한 것은? [3점]

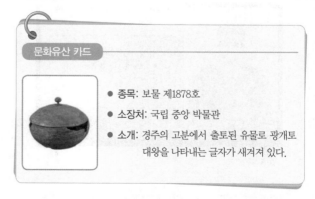

> **문화유산 카드**
> • 종목: 보물 제1878호
> • 소장처: 국립 중앙 박물관
> • 소개: 경주의 고분에서 출토된 유물로 광개토 대왕을 나타내는 글자가 새겨져 있다.

① 신라와 고구려의 관계에 대해 분석한다.
② 신라에 전래된 서역 문화에 대해 살펴본다.
③ 백제 건국 세력과 고구려의 관계를 파악한다.
④ 백제가 일본에 전파한 불교 문화에 대해 조사한다.

5. 다음 가상 일기의 밑줄 그은 '이 전투'로 옳은 것은? [2점]

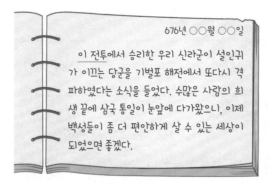

676년 ○○월 ○○일

이 전투에서 승리한 우리 신라군이 설인귀가 이끄는 당군을 기벌포 해전에서 또다시 격파하였다는 소식을 들었다. 수많은 사람의 희생 끝에 삼국 통일이 눈앞에 다가왔으니, 이제 백성들이 좀 더 편안하게 살 수 있는 세상이 되었으면 좋겠다.

① 안시성 전투
② 황산벌 전투
③ 매소성 전투
④ 처인성 전투

6. 다음 가상 뉴스에서 보도하고 있는 사건이 일어난 시기를 연표에서 옳게 고른 것은? [3점]

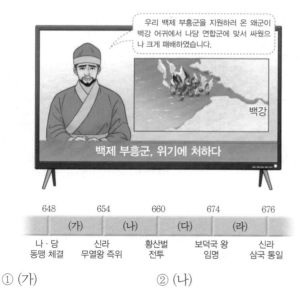

우리 백제 부흥군을 지원하러 온 왜군이 백강 어귀에서 나당 연합군에 맞서 싸웠으나 크게 패배하였습니다.

백강

백제 부흥군, 위기에 처하다

	648	654	660	674	676
	(가)	(나)	(다)	(라)	
	나·당 동맹 체결	신라 무열왕 즉위	황산벌 전투	보덕국 왕 임명	신라 삼국 통일

① (가)
② (나)
③ (다)
④ (라)

7. (가) 국가에 대한 설명으로 옳은 것은? [1점]

우리 (가) 에서는 골품제 때문에 큰 재주와 공이 있어도 진골이 아니면 승진에 제한이 있지 않은가?

그러게 말일세. 심지어 집의 크기도 제한하고 있지.

① 진대법을 실시하였다.
② 기인 제도를 실시하였다.
③ 지방에 22담로를 파견하였다.
④ 청소년 집단인 화랑도를 두었다.

8. (가) 인물에 대한 설명으로 옳은 것은? [2점]

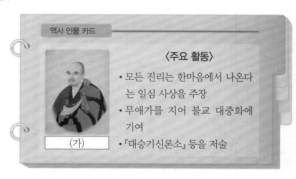

역사 인물 카드

〈주요 활동〉
• 모든 진리는 한마음에서 나온다는 일심 사상을 주장
• 무애가를 지어 불교 대중화에 기여
• 『대승기신론소』 등을 저술

(가)

① 세속 5계를 지었다.
② 천태종을 창시하였다.
③ 돈오점수를 강조하였다.
④ 화쟁 사상을 주장하였다.

9. (가)에 들어갈 내용으로 옳은 것은? [2점]

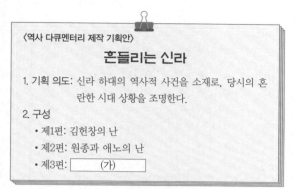

〈역사 다큐멘터리 제작 기획안〉
흔들리는 신라
1. 기획 의도: 신라 하대의 역사적 사건을 소재로, 당시의 혼 란한 시대 상황을 조명한다.
2. 구성
 • 제1편: 김헌창의 난
 • 제2편: 원종과 애노의 난
 • 제3편: ___(가)___

① 묘청의 난
② 홍경래의 난
③ 적고적의 난
④ 망이 · 망소이의 난

10. 밑줄 그은 '국가'에 대한 설명으로 옳은 것은? [1점]

① 9주 5소경을 설치하였다.
② 한의 침략을 받아 멸망하였다.
③ 대조영이 동모산에서 건국하였다.
④ 안시성에서 당의 군대를 물리쳤다.

11. (가)~(다)를 일어난 순서대로 옳게 나열한 것은? [2점]

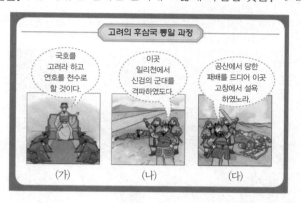

① (가) – (나) – (다)
② (가) – (다) – (나)
③ (나) – (가) – (다)
④ (다) – (가) – (나)

12. 밑줄 그은 '왕'의 업적으로 옳은 것은? [2점]

① 균역법을 시행하였다.
② 독서삼품과를 실시하였다.
③ 삼강행실도를 편찬하였다.
④ 정동행성이문소를 폐지하였다.

13. (가)에 들어갈 인물로 옳은 것은? [1점]

거란의 3차 침입 때 (가) 이/가 귀주에서 적의 대군을 격파하고 큰 승리를 거두었어요.

① 윤관
② 강감찬
③ 김종서
④ 연개소문

14. (가) 국가의 경제 상황으로 옳은 것은? [3점]

화면 속의 청동 거울은 (가) 시대에 제작된 것으로, 여기에 새겨진 배를 통해 당시 국제 무역이 활발하게 이루어졌음을 짐작할 수 있습니다. 송을 비롯한 여러 나라 상인들은 예성강 하구의 벽란도를 드나들면서 무역을 하였습니다.

① 전시과 제도가 실시되었다.
② 고구마, 감자가 널리 재배되었다.
③ 모내기법이 전국적으로 확산되었다.
④ 시장을 감독하기 위한 동시전이 설치되었다.

15. (가)에 들어갈 내용으로 옳은 것은? [2점]

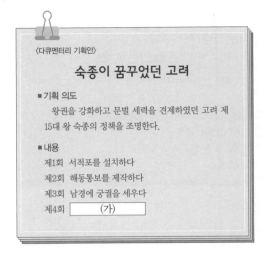

〈다큐멘터리 기획안〉

숙종이 꿈꾸었던 고려

■기획 의도
왕권을 강화하고 문벌 세력을 견제하였던 고려 제15대 왕 숙종의 정책을 조명한다.

■내용
제1회 서적포를 설치하다
제2회 해동통보를 제작하다
제3회 남경에 궁궐을 세우다
제4회 (가)

① 별무반을 조직하다
② 건원중보를 제작하다
③ 화통도감을 설치하다
④ 노비안검법을 실시하다

16. (가) 문화유산에 대한 설명으로 옳은 것은? [1점]

이달의 뮤지컬

등불처럼 불꽃처럼

청주 흥덕사에서 간행된 금속 활자본인 (가) 을
프랑스 국립 도서관에서 발견하여 알린 그녀!
조선 왕실의 행사를 기록한 외규장각 의궤의
국내 반환을 위해 애쓴 그녀!
박병선 박사의 꿈과 열정이
춤과 노래로 펼쳐집니다.

• 일시: 2024년 ○○월 ○○일 오후 7시
• 장소: ◇◇ 문화 센터 대강당

① 김부식이 왕명을 받아 편찬하였다.
② 우리나라 풍토에 맞는 농법을 소개하였다.
③ 정조가 세손 시절부터 쓴 일기에서 유래하였다.
④ 현존하는 세계에서 가장 오래된 금속 활자본이다.

17. 밑줄 그은 '이 책'에 대한 설명으로 옳은 것은? [2점]

> 이 책은 승려 일연이 쓴 역사서입니다. 왕력, 기이, 흥법 등 9편으로 구성되어 있으며, 단군의 고조선 건국 이야기가 실려 있습니다.

① 사초, 시정기를 바탕으로 편찬되었어요.

② 남북국이라는 용어가 처음 사용되었어요.

③ 유교 사관에 기초하여 기전체로 서술되었어요.

④ 불교사를 중심으로 고대 민간 설화 등이 수록되었어요.

18. (가)에 들어갈 내용으로 옳은 것은? [2점]

> 두 차례 왕자의 난을 통해 집권한 조선의 제3대 왕에 대해 말해 볼까요?

> (가)

> 호패법을 시행하였어요.

① 균역법을 시행하였어요.

② 직전법을 실시하였어요.

③ 5군영 체제를 완성하였어요.

④ 6조 직계제를 시행하였어요.

19. 다음 대화가 이루어진 시기에 시행된 것으로 적절한 것은? [2점]

> 박연 등이 새로 아악을 정비하여 바쳤으니 논공행상을 하려는데 어떠한가?

> 아악 정비에 참여한 모두에게 차등을 두어 상을 주는 것이 마땅하옵니다.

① 만권당을 세웠다.

② 농사직설을 간행하였다.

③ 대전회통을 편찬하였다.

④ 초계문신제를 시행하였다.

20. (가) 시기에 있었던 사실로 옳은 것은? [2점]

> 이곳 탄금대에서 배수진을 치고 적을 섬멸하라!

> (가)

> 칠천량에서는 패배했지만 아직 우리에게는 열두 척의 배가 남아 있다!

① 최영이 홍산에서 왜구를 물리쳤다.

② 임경업이 백마산성에서 항전하였다.

③ 김시민이 진주성에서 승리를 거두었다.

④ 김윤후가 처인성에서 적을 막아내었다.

21. 다음 학생이 생각하고 있는 기구로 옳은 것은? [2점]

조선의 중앙 정치 기구 중 하나였어.

왕의 각종 자문에 응하였어.

수장은 대제학이 맡았어.

① 사간원   ② 사헌부
③ 승정원   ④ 홍문관

22. (가)에 들어갈 세시 풍속으로 옳은 것은? [1점]

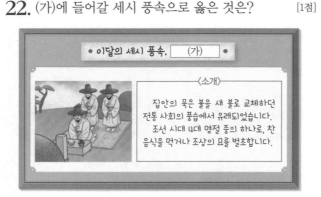

• 이달의 세시 풍속. (가) •

〈소개〉

집안의 묵은 불을 새 불로 교체하던 전통 사회의 풍습에서 유래되었습니다. 조선 시대 4대 명절 중의 하나로, 찬 음식을 먹거나 조상의 묘를 벌초합니다.

① 설날   ② 단오
③ 한식   ④ 삼짇날

23. (가) 왕의 재위 기간에 있었던 사실로 옳은 것은? [2점]

이곳은 제주 행원 포구입니다. 인조반정으로 폐위되어 강화도 등지로 유배되었던 (가) 은/는 이후 이곳을 통해 제주도로 들어와 유배 생활을 이어가다가 생을 마감하였습니다.

① 직전법이 제정되었다.
② 장용영이 설치되었다.
③ 만동묘가 철폐되었다.
④ 동의보감이 편찬되었다.

24. 다음 비석을 세운 왕의 업적으로 옳은 것은? [2점]

이 건물 안에 있는 비석은 탕평비입니다. '두루 원만하고 치우치지 않음이 군자의 공정한 마음이요, 치우치고 두루 원만하지 못함이 소인의 사사로운 마음이다.'라는 글이 새겨져 있습니다.

① 균역법을 실시하였다.
② 신해통공을 시행하였다.
③ 나선 정벌을 단행하였다.
④ 백두산정계비를 건립하였다.

25. 밑줄 그은 '그'에 대한 설명으로 옳은 것은? [3점]

이곳은 그가 학문 연구와 저술에 힘썼던 전라북도 부안군 우반동의 반계 서당입니다. 그는 이곳에 머물면서 다양한 개혁안을 담은 반계수록을 저술하였습니다.

① 정혜결사를 제창하였다.
② 균전제의 실시를 주장하였다.
③ 훈련도감의 창설을 건의하였다.
④ 전민변정도감의 설치를 제안하였다.

26. 밑줄 그은 '사절단'에 대한 설명으로 옳은 것은? [2점]

이것은 일본 에도 막부의 요청으로 조선이 파견한 공식 외교 사절단에 관한 기록물입니다. 이 기록물을 통해 양국이 우호 관계 구축과 유지를 위해 노력하였다는 것을 알 수 있습니다.

① 동지사, 정조사, 성절사 등이 있었다.
② 해국도지, 영환지략을 국내에 소개하였다.
③ 시문, 서화 등을 통해 문화 교류를 하였다.
④ 기기국에서 무기 제조 기술을 습득하고 돌아왔다.

27. (가)에 들어갈 지도로 옳은 것은? [1점]

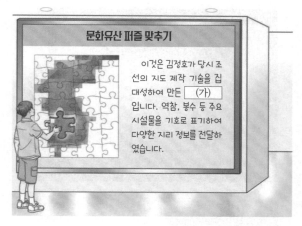

문화유산 퍼즐 맞추기

이것은 김정호가 당시 조선의 지도 제작 기술을 집대성하여 만든 (가) 입니다. 역참, 봉수 등 주요 시설물을 기호로 표기하여 다양한 지리 정보를 전달하였습니다.

① 천하도
② 대동여지도
③ 곤여만국전도
④ 혼일강리역대국도지도

28. 밑줄 그은 '신문'으로 옳은 것은? [2점]

남궁억, 유근 등 개신 유학자들이 발행한 신문입니다.
을사늑약 때 장지연이 글을 올렸다지.
네, 시일야방성대곡이 게재되었습니다.

① 만세보 ② 한성순보
③ 황성신문 ④ 대한매일신보

29. (가)에 들어갈 작품으로 옳은 것은? [1점]

○○미술관

전시 작품 둘러보기

조선 후기 풍속화가 혜원 신윤복

◀ (가) ▶

화면을 터치하면 다른 작품을 볼 수 있습니다.

①
인왕제색도

②
대장간

③
월하정인

④
몽유도원도

31. (가)~(다) 학생이 발표한 내용을 일어난 순서대로 옳게 나열한 것은? [3점]

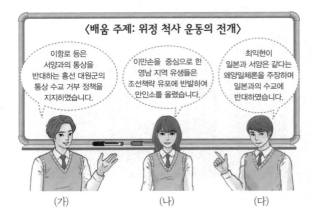

〈배움 주제: 위정 척사 운동의 전개〉

이항로 등은 서양과의 통상을 반대하는 흥선 대원군의 통상 수교 거부 정책을 지지하였습니다.

이만손을 중심으로 한 영남 지역 유생들은 조선책략 유포에 반발하여 만인소를 올렸습니다.

최익현이 일본과 서양은 같다는 왜양일체론을 주장하며 일본과의 수교에 반대하였습니다.

(가)   (나)   (다)

① (가) – (나) – (다)
② (가) – (다) – (나)
③ (나) – (가) – (다)
④ (다) – (가) – (나)

30. 다음 시나리오의 상황 이후에 전개된 사실로 옳은 것은? [3점]

S#15. 한성의 궁궐 안
　일본에 조사 시찰단으로 파견되었다가 약 4개월 만에 돌아온 홍영식이 고종과 대화를 나누고 있다.

고　종: 일본의 제도가 장대하고 정치가 부강하다고 하는데 시찰해 보니 과연 그러하더냐?
홍영식: 그렇습니다. 일본의 부강은 모두 밤낮을 가리지 않고 부지런히 노력한 결과입니다. 일본이 이룬 것을 볼 때 우리도 노력하면 충분히 가능할 것입니다.

① 임술 농민 봉기가 발생하였다.
② 어재연 부대가 미군에 맞서 싸웠다.
③ 구식 군인들이 임오군란을 일으켰다.
④ 평양 관민이 제너럴 셔먼호를 불태웠다.

32. (가) 문화유산에 대한 설명으로 옳은 것은? [2점]

이 문화유산에 대해 발표해 볼까요?

고려 후기에 만들어졌어요.

(가)

지금은 국립 중앙 박물관에 전시되어 있어요.

대한 제국 시기에 일본인에게 약탈되었다가 일제 강점기에 다시 돌아왔어요. 그 과정에서 베델과 헐버트 등이 많은 노력을 하였어요.

① 목탑 양식을 반영하였다.
② 돌을 벽돌 모양으로 다듬어 쌓아 올렸다.
③ 원의 영향을 받아 대리석으로 제작되었다.
④ 내부에서 무구정광대다라니경이 발견되었다.

33. 밑줄 그은 '이 단체'로 옳은 것은? [2점]

이 사진에 대해 설명해 주세요.

일제가 조작한 105인 사건으로 끌려가는 애국 지사들을 찍은 사진입니다. 이 사건을 계기로 안창호, 양기탁 등이 비밀리에 결성한 이 단체가 와해되었습니다.

① 신민회
② 서북 학회
③ 헌정 연구회
④ 북로 군정서

34. (가)에 들어갈 민족 운동으로 옳은 것은? [2점]

1926년, 그날의 길을 따라

우리 동아리에서는 (가) 당시 만세의 함성이 울려 퍼졌던 길을 함께 걸으며, 그날의 의미를 되새겨 보고자 합니다. 많은 참여 바랍니다.

• 일시: 2024년 ○○월 ○○일 09:00~15:00
• 주요 경로

중앙 고보 학생들이 격문을 뿌리며 만세를 외친 곳

단성사

창덕궁 돈화문   종로   경성 사범 학교   흥인지문

국장 행렬 이동 경로

순종 장례 행렬이 출발한 곳

조선 학생 과학 연구회 학생이 경찰에 의해 체포된 곳

① 3·1 운동
② 6·10 만세 운동
③ 5·18 민주화 운동
④ 광주 학생 항일 운동

35. 밑줄 그은 '이 지역'을 지도에서 옳게 찾은 것은? [2점]

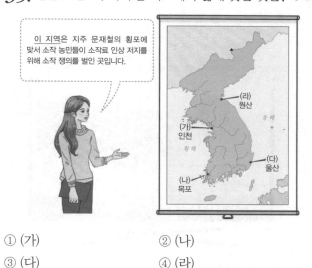

이 지역은 지주 문재철의 횡포에 맞서 소작 농민들이 소작료 인상 저지를 위해 소작 쟁의를 벌인 곳입니다.

(라) 원산
(가) 인천
(다) 울산
(나) 목포

동해
황해

① (가)
② (나)
③ (다)
④ (라)

36. (가)에 들어갈 단체의 활동으로 옳은 것은? [2점]

오늘 신문에 (가) 이/가 종로에서 만민 공동회를 열어 러시아 군사 교관 철수를 요구했다는 기사가 실렸네.

지난 기사에는 러시아의 절영도 조차 요구를 반대했다는 내용이 실렸었지요.

① 독립 공채를 발행하였다.
② 정부에 헌의 6조를 건의하였다.
③ 한글 맞춤법 통일안을 발표하였다.
④ 광주 학생 항일 운동에 조사단을 파견하였다.

37. 다음 가상 뉴스의 (가) 인물에 대한 설명으로 옳은 것은? [3점]

(가) 선생의 장례가 사회장으로 거행되었습니다. 선생은 '일체의 기회주의를 부인함' 등을 강령으로 내세운 신간회의 초대 회장으로 민족 유일당 운동에 앞장섰습니다. 마지막까지 민족 운동에 헌신하였던 선생의 죽음을 많은 사람이 애도하였습니다.

월남 선생 사회장 거행

① 한국통사를 저술하였다.
② 삼균주의를 주창하였다.
③ 조선 건국 동맹을 결성하였다.
④ 민립 대학 설립 운동을 주도하였다.

38. 밑줄 그은 '이 정책'의 시행 시기에 볼 수 있는 모습으로 옳은 것은? [2점]

이 사진은 일제 강점기 일본으로 반출하기 위해 쌀을 놓은 군산항의 모습입니다. 일제는 자국의 식량 문제를 해결하기 위하여 1920년부터 조선에 이 정책을 실시하여 수많은 양의 쌀을 수탈해 갔습니다.

① 제복을 입고 칼을 찬 교사
② 브나로드 운동에 참여하는 학생
③ 조선책략 유포에 반발하는 유생
④ 치안 유지법으로 구속된 독립운동가

39. (가)~(라)에 들어갈 인물로 옳은 것은? [3점]

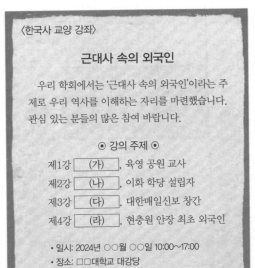

〈한국사 교양 강좌〉

근대사 속의 외국인

우리 학회에서는 '근대사 속의 외국인'이라는 주제로 우리 역사를 이해하는 자리를 마련했습니다. 관심 있는 분들의 많은 참여 바랍니다.

⊙ 강의 주제 ⊙
제1강 [(가)], 육영 공원 교사
제2강 [(나)], 이화 학당 설립자
제3강 [(다)], 대한매일신보 창간
제4강 [(라)], 현충원 안장 최초 외국인

• 일시: 2024년 ○○월 ○○일 10:00~17:00
• 장소: □□대학교 대강당
• 주관: △△학회

① (가) 어니스트 베델
② (나) 호머 헐버트

③ (다) 메리 스크랜튼
④ (라) 프랭크 스코필드

40. 다음 자료의 민족 운동에 대한 설명으로 옳은 것은? [2점]

물산 장려에 대한 운동의 새로운 풍조가 시작된 이래로 …… 반드시 토산으로 원료를 삼아 학생모, 중절모 등을 제조하는 것이 좋겠다. …… 현재 인도에서는 간디캡이 크게 유행한다는데 간디 씨가 발명, 제조한 순 인도산의 재료로 순 인도인이 만든 모자라고 한다.

① 혜상공국의 혁파를 주장하였다.
② 평양에서 시작하여 전국으로 확산하였다.
③ 위정척사 사상을 지닌 유생들이 주도하였다.
④ 일제가 이른바 문화 통치를 실시하는 계기가 되었다.

41. (가)에 들어갈 인물로 옳은 것은? [1점]

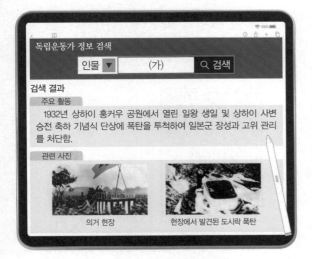

독립운동가 정보 검색

인물 ▼ (가) 🔍 검색

검색 결과

주요 활동

1932년 상하이 훙커우 공원에서 열린 일왕 생일 및 상하이 사변 승전 축하 기념식 단상에 폭탄을 투척하여 일본군 장성과 고위 관리를 처단함.

관련 사진

의거 현장 / 현장에서 발견된 도시락 폭탄

①  김원봉
② 윤동주
③ 윤봉길
④  이봉창

42. 교사의 질문에 대한 학생의 답변으로 옳은 것은? [2점]

이것은 중일 전쟁 발발 이후 일제가 본격적인 전시 체제 구축을 위해 제정한 법령입니다. 이 법령이 시행된 시기에 있었던 사실에 대해 말해 볼까요?

제1조 본 법에서 국가 총동원이란 전시에 국방 목적 달성을 위해 국가의 전력을 가장 유효하게 발휘하도록 인적, 물적 자원을 통제 운용하는 것을 가리킨다.

제8조 정부는 전시에 국가 총동원상 필요한 경우에는 칙령이 정하는 바에 따라 물자의 생산, 수리, 배급, 양도 기타 처분, 사용, 소비, 소지 및 이동에 관하여 필요한 명령을 할 수 있다.

① 신사 참배를 강요하였어요.
② 조선 태형령이 실시되었어요.
③ 경성 제국 대학이 설립되었어요.
④ 작가들이 카프(KAPF)를 결성하였어요.

43. 밑줄 그은 '이 섬'으로 옳은 것은? [1점]

우리나라의 가장 동쪽에 위치한 이 섬의 모형이야. 이곳에 대해 알고 있니?

물론이지, 대한 제국은 직령 제41호를 통해 울릉도를 군으로 승격시키고 이 섬을 관할하게 하였어.

① 독도　　② 완도
③ 거문도　　④ 흑산도

44. (가) 인물의 활동으로 옳은 것은? [2점]

〈프로젝트 학습 – 독립운동가 심층 탐구〉
1차시: 모둠별 탐구 주제 선정하기

우리 모둠은 (가) 의 사상 변화와 독립운동을 탐구해보는 게 어떨까?

찬성이야. 그는 민중의 직접 혁명을 주장하는 조선 혁명 선언을 집필하였어.

무정부주의의 영향을 받아 동방 무정부주의자 연맹에서 활동하기도 하였지.

① 독사신론를 집필하였다.
② 파리 강화 회의에 파견되었다.
③ 조선사회경제사를 저술하였다.
④ 대조선 국민 군단을 창설하였다.

45. (가) 정부 시기에 있었던 사실로 옳은 것은? [2점]

사진으로 보는 (가) 정부

삼청 교육대 운영 / 국풍 81 개최 / 교복 자율화 시행

① 서울 올림픽이 개최되었다.
② 한미 상호 방위 조약이 체결되었다.
③ 제1차 경제 개발 5개년 계획이 실시되었다.
④ 3저 호황으로 물가가 안정되고 수출이 증가하였다.

46. (가)에 들어갈 사진으로 옳은 것은? [3점]

대한민국 정부 수립 과정

신탁 통치 반대 집회 → (가) → 대한민국 정부 수립

① 유신 헌법 공포

② 경부 고속 도로 개통

③ 유엔 한국 임시 위원단 내한

④ 반민족 행위 특별 조사 위원회 활동

47. 밑줄 그은 '이 전쟁' 중에 있었던 사실로 옳은 것은? [2점]

이것은 이 전쟁 중인 1951년 11월 판문점 인근에서 열기구를 띄우려는 모습을 촬영한 사진입니다. 이 열기구는 휴전 회담이 진행되던 당시 판문점 일대가 중립 지대임을 표시하기 위한 것이었습니다.

① 애치슨 선언이 발표되었다.
② 흥남 철수 작전이 전개되었다.
③ 미·소 공동 위원회를 개최하였다.
④ 조선 건국 준비 위원회가 결성되었다.

48. (가) 민주화 운동에 대한 설명으로 옳은 것은? [2점]

다른 나라의 민주화 운동에서도 불리는 이 노래에 대해 설명해 주시겠습니까?

이 노래는 들불야학 설립자 박기순과 (가) 당시 전남도청에서 계엄군에 의해 희생된 시민군 대변인 윤상원의 영혼결혼식에 헌정되었던 곡입니다. 노래에 담긴 민주주의에 대한 열망이 다른 나라 사람들에게도 공감을 얻고 있는 것으로 보입니다.

① 3·15 부정 선거에 항의하였다.
② 4·13 호원 조치 철폐를 요구하였다.
③ 유신 체제가 붕괴하는 계기가 되었다.
④ 신군부의 비상 계엄 확대에 반대하였다.

49. 다음 신년사를 발표한 정부 시기의 경제 상황으로
   옳은 것은?   [3점]

존경하는 국민 여러분!
   새해를 맞아 국민 여러분 모두가 행복하시길 바랍니다. 작년 2월 25일, '국민의 정부'는 전례 없는 외환 위기 속에서 출발하였습니다. 우리 국민은 실직과 경기 침체로 인해 견디기 힘든 고통에도 불구하고 금 모으기 운동 등 할 수 있는 모든 노력을 다해 왔습니다. 국민 여러분이 한없이 고맙고 자랑스럽습니다.

① 국민 기초 생활 보장법이 제정되었다.
② 서울에서 G20 정상 회의가 개최되었다.
③ 한미 자유 무역 협정(FTA)이 체결되었다.
④ 경제 협력 개발 기구(OECD)에 가입하였다.

50. 밑줄 그은 '정부' 시기의 사실로 옳은 것은?   [2점]

우리 정부가 일본의 사과와 반성 없이 한일 국교 정상화를 추진한다는 사실이 알려지면서 대학생과 시민들을 중심으로 굴욕적 대일 외교에 반대하는 시위가 확산하고 있습니다.

한일 회담 반대 시위 확산

① 3선 개헌안이 통과되었다.
② 남북 기본 합의서를 채택하였다.
③ 한일 월드컵 축구 대회가 개최되었다.
④ 이산가족 고향 방문을 최초로 성사시켰다.

2024

한국사능력검정시험
실전모의고사

기본

제1회

2024

한국사능력검정시험
실전모의고사

기본

제2회

시스컴
SISCOM

기본 제2회 한국사능력검정시험 문제지

1. (가) 시대의 생활 모습으로 옳은 것은? [1점]

우리가 만들고 있는 것은 (가) 시대 사람들이 처음으로 사용했던 빗살무늬 토기예요. 이 토기로 당시 사람들은 식량을 저장하거나 조리하였지요.

① 농경과 목축이 시작되었다.
② 거친무늬 거울을 사용하였다.
③ 주로 동굴이나 막집에서 살았다.
④ 대표적인 무덤으로 고인돌을 만들었다.

2. (가) 나라에 대한 설명으로 옳은 것은? [2점]

만화로 보는 (가) 의 사회 모습

범금 8조

사람을 죽인 자는 사형에 처한다.

남에게 상해를 입힌 자는 곡식으로 갚아야 한다.

도둑질한 자는 노비로 삼되, 용서받고자 할 때에는 50만 전을 내야 한다.

① 하남 위례성에 도읍을 정하였다.
② 한 무제의 침략으로 멸망하였다.
③ 읍락 간의 경계를 중시한 책화가 있었다.
④ 제사장인 천군과 신성 구역인 소도가 있었다.

3. 학생들이 공통으로 이야기하고 있는 왕으로 옳은 것은? [2점]

순도를 통해 불교를 수용하였어.

국립 교육 기관인 태학을 설립하였어.

율령을 반포하여 통치 기반을 확립하였어.

① 성왕
② 무열왕
③ 근초고왕
④ 소수림왕

4. (가)에 들어갈 문화유산으로 옳은 것은? [2점]

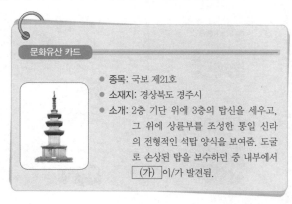

문화유산 카드

● 종목: 국보 제21호
● 소재지: 경상북도 경주시
● 소개: 2층 기단 위에 3층의 탑신을 세우고, 그 위에 상륜부를 조성한 통일 신라의 전형적인 석탑 양식을 보여줌. 도굴로 손상된 탑을 보수하던 중 내부에서 (가) 이/가 발견됨.

① 신증동국여지승람
② 직지심체요절

③ 왕오천축국전
④ 무구정광대다라니경

5. 밑줄 그은 '이 왕'의 업적으로 옳은 것은?　[1점]

충청남도 공주에 있는 이 무덤은 중국 남조의 영향을 받아 벽돌로 만들어졌습니다. 이곳에서 출토된 묘지석을 통해 무덤의 주인공이 <u>이 왕</u>임을 알 수 있습니다.

무덤 내부 모습　묘지석

① 서기를 편찬하였다.
② 국호를 남부여로 변경하였다.
③ 22담로에 왕족을 파견하였다.
④ 동진으로부터 불교를 수용하였다.

6. (가) 나라의 문화유산으로 옳은 것은?　[3점]

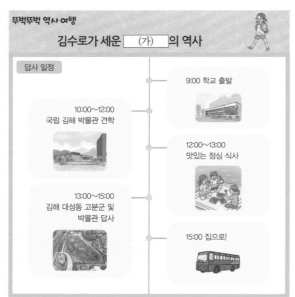

뚜벅뚜벅 역사 여행

김수로가 세운 　(가)　 의 역사

답사 일정

9:00 학교 출발

10:00~12:00
국립 김해 박물관 견학

12:00~13:00
맛있는 점심 식사

13:00~15:00
김해 대성동 고분군 및
박물관 답사

15:00 집으로!

①

금동 연가 7년명 여래 입상

②

호우명 그릇

③

철제 판갑옷과 투구

④

산수무늬 벽돌

7. 다음 퀴즈의 정답으로 옳은 것은?　[1점]

한국사 퀴즈 대회

제시된 단계별 힌트를 종합하여 알 수 있는 인물은 누구일까요?

1단계 | 신라의 장수입니다.
2단계 | 완도에 청해진을 설치하였습니다.
3단계 | 당나라와 신라, 일본을 잇는 해상무역을 주도하였습니다.

300　310

① 설총　　　　　② 이사부
③ 이차돈　　　　④ 장보고

8. (가)에 들어갈 인물로 옳은 것은?　[2점]

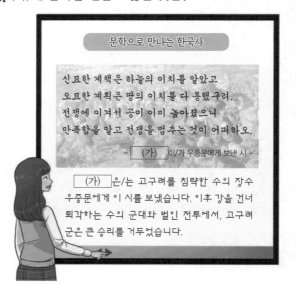

문학으로 만나는 한국사

신묘한 계책은 하늘의 이치를 알았고
오묘한 계획은 땅의 이치를 다 통했구려.
전쟁에 이겨서 공이 이미 높아졌으니
만족함을 알고 전쟁을 멈추는 것이 어떠하오.

－ 　(가)　 이/가 우중문에게 보낸 시 －

　(가)　 은/는 고구려를 침략한 수의 장수 우중문에게 이 시를 보냈습니다. 이후 강을 건너 퇴각하는 수의 군대와 벌인 전투에서, 고구려 군은 큰 승리를 거두었습니다.

① 강감찬　　　　② 양만춘
③ 을지문덕　　　④ 연개소문

9. (가) 국가에 대한 설명으로 옳은 것은?　　　　[1점]

> 옛날 북쪽에 고구려, 서남쪽에 백제, 동남쪽에 신라가 있어서 이것을 삼국이라 하였다. 여기에는 마땅히 삼국 사기가 있어야 하고, 고려가 편찬하였으니 잘한 일이다.
> 　고구려와 백제가 망한 다음에 남쪽에 신라, 북쪽에 (가) 이/가 있으니 이를 남북국이라 하였다. 여기에는 마땅히 남북국사가 있어야 하는데, 고려가 편찬하지 않은 것은 잘못이다.

① 기인 제도를 실시하였다.
② 9주 5소경을 설치하였다.
③ 한의 침략을 받아 멸망하였다.
④ 대조영이 동모산에서 건국하였다.

10. 밑줄 그은 '나'에 대한 설명으로 옳은 것은?　　[2점]

> 나는 왕으로 즉위해 나라 이름을 고려라 정하였습니다. 이후 신라의 항복을 받고 후백제를 격파하여 후삼국을 통일하였습니다.

① 훈요 10조를 남겼다.
② 과거 제도를 시행하였다.
③ 전민변정도감을 설치하였다.
④ 12목에 지방관을 파견하였다.

11. (가)에 들어갈 용어로 옳은 것은?　　　　[2점]

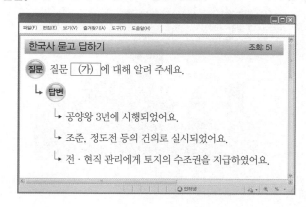

> 파일(F)　편집(E)　보기(V)　즐겨찾기(A)　도구(T)　도움말(H)
>
> **한국사 묻고 답하기**　　　　　　　　　　조회: 51
>
> **질문** 질문 (가) 에 대해 알려 주세요.
>
> ↳ **답변**
> 　↳ 공양왕 3년에 시행되었어요.
> 　↳ 조준, 정도전 등의 건의로 실시되었어요.
> 　↳ 전·현직 관리에게 토지의 수조권을 지급하였어요.
>
> 인터넷

① 사창제　　　　　　② 호포제
③ 균역법　　　　　　④ 과전법

12. 다음 문화유산이 간행된 지역을 지도에서 옳게 찾은 것은?　　　　[2점]

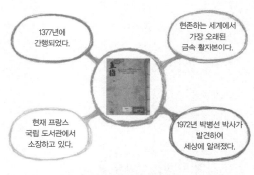

> 1377년에 간행되었다.
> 현존하는 세계에서 가장 오래된 금속 활자본이다.
> 현재 프랑스 국립 도서관에서 소장하고 있다.
> 1972년 박병선 박사가 발견하여 세상에 알려졌다.

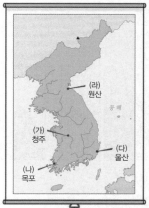

① (가)　　　　　　② (나)
③ (다)　　　　　　④ (라)

13. (가)에 들어갈 인물로 옳은 것은? [2점]

① 서희 ② 윤관

③ 이사부 ④ 김종서

14. (가) 시기에 있었던 사실로 옳은 것은? [3점]

① 별무반이 편성되었다.

② 김헌창이 난을 일으켰다.

③ 일연이 삼국유사를 편찬하였다.

④ 신돈이 전면변정도감을 설치하였다.

15. 밑줄 그은 '이 국가'의 경제 상황으로 옳은 것은?[3점]

① 모내기법이 전국적으로 보급되었다.

② 보부상이 전국의 장시를 연결하였다.

③ 담배, 면화 등이 상품 작물로 재배되었다.

④ 활구라고도 불린 은병이 화폐로 사용되었다.

16. (가)에 들어갈 인물로 옳은 것은? [1점]

  (가) 이/가 원에 갔다가 돌아오는 길에 씨 10개를 따서 가져 왔다. 진주에 와서 절반을 정천익에게 주고 기르게 하였으나 단 한 개만 살아남았다. 가을에 정천익이 그 씨를 따니 100여 개나 되었다.

① 박지원 ② 문익점

③ 정약용 ④ 홍대용

17. 밑줄 그은 '이것'을 발급한 왕의 업적으로 옳은 것은? [2점]

조선 시대로
떠나는 시간 여행

조선 시대 16세 이상의 남자들이
신분을 증명하기 위해 몸에 차고
다녔던 이것을 관람하고, 직접 만들어
보는 체험 활동이 이루어집니다.

• 일시: 2024년 ○○월 ○○일~○○일
• 장소: ◇◇ 민속촌 전시실 및 체험실

① 균역법을 시행하였다.
② 직전법을 실시하였다.
③ 5군영 체제를 완성하였다.
④ 6조 직계제를 시행하였다.

18. (가)에 들어갈 내용으로 옳은 것은? [2점]

조선의 건국 과정을 소개합니다

(가)

조선 건국

과전법 실시

위화도 회군

사직단

종묘

① 한양 천도
② 비변사 혁파
③ 대전회통 편찬
④ 훈민정음 창제

19. (가) 왕의 업적으로 옳은 것은? [2점]

한글을 빛낸 인물들

■ 전시 안내
〈1실〉 훈민정음을 창제한 (가)
〈2실〉 우리말 문법을 연구한 주시경
〈3실〉 한글 점자를 창안한 박두성
■ 기간: 2024년 ○○월 ○○일~○○일
■ 장소: □□박물관 특별 전시관

① 4군 6진을 개척하였다.
② 경국대전을 완성하였다.
③ 대동여지도를 제작하였다.
④ 백두산정계비를 건립하였다.

20. 밑줄 그은 '지금 임금'의 업적으로 옳은 것은? [3점]

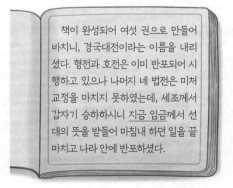

책이 완성되어 여섯 권으로 만들어
바치니, 경국대전이라는 이름을 내리
셨다. 형전과 호전은 이미 반포되어 시
행하고 있으나 나머지 네 법전은 미처
교정을 마치지 못하였는데, 세조께서
갑자기 승하하시니 지금 임금께서 선
대의 뜻을 받들어 마침내 하던 일을 끝
마치고 나라 안에 반포하셨다.

① 영정법을 시행하였다.
② 한양으로 천도하였다.
③ 나선 정벌을 단행하였다.
④ 국조오례의를 편찬하였다.

21. (가)에 들어갈 관직으로 옳은 것은? [2점]

이번에 홍문관의 수장인 (가) 에 임명되셨다고 들었습니다. 홍문관에 대해 알려주세요.

홍문관은 궁궐 내의 서적을 관리하고 왕의 각종 자문에 응하는 기구입니다. 사헌부, 사간원과 함께 삼사로 불립니다.

① 대사헌
② 대사간
③ 대제학
④ 도승지

22. 다음 인물에 대한 설명으로 옳은 것은? [2점]

○○○ 연보
- 1482년 한성에서 출생
- 1515년 문과에 급제
- 1518년 소격서 폐지를 주장 대사헌에 임명됨
- 1519년 위훈 삭제를 건의 기묘사화로 사약을 받음

① 성학십도를 저술하였다.
② 백운동 서원을 건립하였다.
③ 현량과 실시를 건의하였다.
④ 시헌력 도입을 주장하였다.

23. (가)에 들어갈 섬으로 옳은 것은? [1점]

이 책에 대해 소개해 주시겠습니까?

이 책은 (가) 에 표류한 네덜란드 사람 하멜이 조선에서의 억류 생활상을 기록한 것입니다. 조선의 풍속이 서양 사회에 알려지는 계기가 되어 사료적 가치가 있습니다.

JOURNAEL SPERWER,

① 강화도
② 흑산도
③ 제주도
④ 거문도

24. 밑줄 그은 '제도'로 옳은 것은? [1점]

선혜청에서 토지 결수를 기준으로 공납을 부과하는 제도를 전라도에서도 시행한다는군.

좋은 소식일세. 얼마 전 돌아가신 김육 대감의 공이 컸다고 하더군.

① 과전법
② 균역법
③ 대동법
④ 영정법

25. (가) 인물에 대한 설명으로 옳은 것은? [2점]

이것은 화성성역의궤에 수록된 거중기 설계도입니다. (가) 이/가 기기도설을 참고하여 제작한 거중기는 수원 화성 축조에 이용되었습니다.

① 동학을 창시하였다.
② 추사체를 창안하였다.
③ 여전론을 주장하였다.
④ 사상 의학을 확립하였다.

26. (가) 인물이 저술한 책으로 옳은 것은? [2점]

○○○님이 천안 (가) 과학관에 있습니다.
21시간 전 · 충청남도 천안시 · ◉

조선 후기 지전설과 무한우주론을 주장한 과학 사상가이자 실학자인 담헌 (가) 을/를 기리는 과학관을 다녀왔다. 다양한 체험 활동을 하며 …… 더 보기

👍 △△△님 외 38명   댓글 7개

① 북학의   ② 칠정산
③ 의산문답   ④ 동의수세보원

27. 다음 격문에 나타난 사건으로 옳은 것은? [2점]

평서대원수는 급히 격문을 띄우노니 관서 지역의 모든 사람들은 들으라. …… 조정에서는 관서 지역을 썩은 흙과 같이 버렸다. 심지어 권세가의 노비들도 관서 사람을 보면 반드시 '평안도 놈'이라고 한다. 어찌 억울하고 원통하지 않겠는가.

① 만적의 난
② 홍경래의 난
③ 원종과 애노의 난
④ 망이 · 망소이의 난

28. 밑줄 그은 '이 사건' 이후의 상황으로 옳은 것은?[2점]

이곳은 어재연 장군의 생가입니다. 미군이 통상을 강요하며 강화도를 침략한 이 사건 당시 그는 광성보에서 맞서 싸우다 전사하였습니다.

① 전국에 척화비가 세워졌다.
② 외규장각 의궤가 약탈당하였다.
③ 평양 관민이 제너럴 셔먼호를 불태웠다.
④ 오페르트가 남연군 묘를 도굴하려 하였다.

29. 다음 궁궐에 대한 설명으로 옳은 것은? [3점]

이 궁궐은 조선 시대에 창덕궁과 함께 동궐로 불렸습니다.

일제에 의해 동물원과 식물원이 설치되어 한때는 그 원래 모습을 잃었던 적도 있습니다.

이제 본 모습을 찾아가고 있는 궁궐에서 조선 왕실의 숨결을 느껴 보시기 바랍니다.

① 흥선 대원군이 중건하였다.
② 유사시 피난용 궁궐로 사용되었다.
③ 세종이 상왕인 태종을 모신 궁궐이다.
④ 고종이 러시아 공사관에서 환궁한 궁궐이다.

30. (가) 사건의 영향으로 옳은 것은? [2점]

이 책은 개화 정책에 반발하여 구식 군인들이 일으킨 (가) 당시 일본 공사가 쓴 보고서를 정리한 것입니다. 책에는 (가) (으)로 인한 일본 측의 피해 등이 기록되어 있습니다.

전보 조선사건

① 운요호 사건이 일어났다.
② 통리기무아문이 설치되었다.
③ 외규장각 도서가 약탈되었다.
④ 청의 내정 간섭이 심화하였다.

31. (가)에 들어갈 기구로 옳은 것은? [2점]

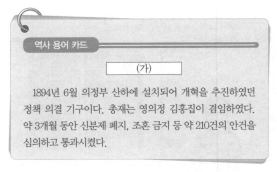

역사 용어 카드

(가)

1894년 6월 의정부 산하에 설치되어 개혁을 추진하였던 정책 의결 기구이다. 총재는 영의정 김홍집이 겸임하였다. 약 3개월 동안 신분제 폐지, 조혼 금지 등 약 210건의 안건을 심의하고 통과시켰다.

① 정방
② 교정도감
③ 군국기무처
④ 통리기무아문

32. (가)에 들어갈 내용으로 옳은 것은? [3점]

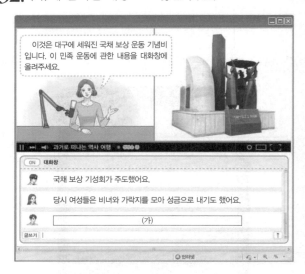

이것은 대구에 세워진 국채 보상 운동 기념비 입니다. 이 민족 운동에 관한 내용을 대화창에 올려주세요.

과거로 떠나는 역사 여행

대화창

국채 보상 기성회가 주도했어요.

당시 여성들은 비녀와 가락지를 모아 성금으로 내기도 했어요.

(가)

글쓰기

① 집강소 설치의 계기가 되었다.
② 대한매일신보의 후원을 받았다.
③ 조선 노농 총동맹의 주도로 전개되었다.
④ 조선 총독부의 탄압과 방해로 실패하였다.

한국사능력검정시험

33. (가) 인물의 활동으로 옳은 것은? [3점]

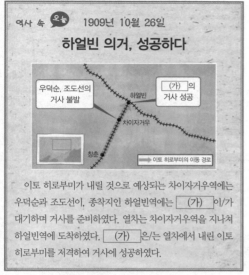

① 대종교를 창시하였다.
② 동양 평화론을 집필하였다.
③ 조선 혁명 선언을 작성하였다.
④ 파리 강화 회의에 파견되었다.

34. 다음 사건의 모습으로 적절하지 않은 것은? [2점]

① 진주 지역 농민들을 지휘하는 유계춘
② 농민 봉기의 진상을 조사하는 안핵사
③ 집강소에서 폐정 개혁을 추진하는 농민군
④ 농민군과 전주 화약을 체결하는 정부 관리

35. (가)에 들어갈 부대로 옳은 것은? [3점]

① 대한 독립군
② 조선 의용대
③ 조선 혁명군
④ 한국 광복군

36. (가) 인물의 활동으로 옳은 것은? [2점]

① 대종교를 창시하였다.
② 영남 만인소를 주도하였다.
③ 한국독립운동지혈사를 저술하였다.
④ 을사늑약 체결의 불법성을 폭로하였다.

37. (가)의 세시 풍속으로 옳은 것은? [1점]

이달의 세시 풍속

일 년 중 양기가 가장 완성한 날, (가)

1. 문헌 자료
  이날을 속칭하여 수릿날이라고도 하는데 '수리'란 우리 말로 수레[車]다. 이날 쑥을 뜯어 짓찧어서 멥쌀가루에 넣고 초록색이 나도록 반죽을 하여 수레바퀴 모양으로 떡을 만들어 먹는다. 그래서 이날을 수릿날이라고 하는 것이다.

- 「동국세시기」 -

2. 관련 행사
  (가) 이/가 되면 각지에서 다양한 행사가 열린다. 그 중에서 강릉의 행사가 유명한데, 이 행사는 유네스코 '인류 무형 문화유산'으로 등재되었다.

① 부럼 깨기

② 창포물에 머리 감기

③ 쥐불놀이

④ 오곡밥 먹기

38. (가)에 들어갈 인물로 옳은 것은? [2점]

① 심훈

② 윤동주

③ 이육사

④ 한용운

39. (가) 정책이 실시되던 시기에 있었던 사실로 옳은 것은? [2점]

① 함경도에서 방곡령이 선포되었다.
② 지계아문이 설치되어 지계가 발급되었다.
③ 증산량보다 많은 쌀이 일본으로 반출되었다.
④ 메가타의 주도로 화폐 정리 사업이 실시되었다.

40. (가)에 들어갈 인물로 옳은 것은? [2점]

이곳 임청각은 대한민국 임시 정부 초대 국무령을 지낸 (가) 의 생가입니다. 그는 이회영 등과 함께 만주 삼원보에 경학사와 신흥 강습소를 세워 무장 독립 투쟁의 토대를 마련하였습니다. 일제는 이곳이 독립운동가를 다수 배출한 집이라 하여 철길을 내어 훼손하였다고 합니다.

임청각(2025년까지 복원 예정)

① 김원봉
② 여운형
③ 이동휘
④ 이상룡

41. 다음 대화가 이루어진 시기를 연표에서 옳게 고른 것은? [3점]

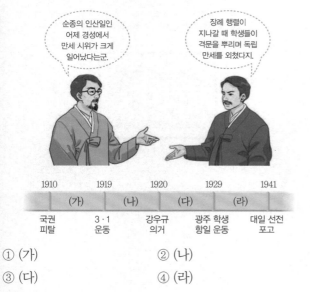

순종의 인산일인 어제 경성에서 만세 시위가 크게 일어났다는군.

장례 행렬이 지나갈 때 학생들이 격문을 뿌리며 독립 만세를 외쳤다지.

1910	1919	1920	1929	1941
(가)	(나)	(다)	(라)	
국권 피탈	3·1 운동	강우규 의거	광주 학생 항일 운동	대일 선전 포고

① (가) ② (나)
③ (다) ④ (라)

42. 밑줄 그은 '사건'으로 옳은 것은? [2점]

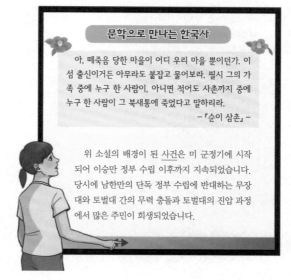

문학으로 만나는 한국사

아, 떼죽음 당한 마을이 어디 우리 마을 뿐이던가. 이 섬 출신이거든 아무라도 붙잡고 물어보라. 필시 그의 가족 중에 누구 한 사람이, 아니면 적어도 사촌까지 중에 누구 한 사람이 그 북새통에 죽었다고 말하리라. - 「순이 삼촌」 -

위 소설의 배경이 된 사건은 미 군정기에 시작되어 이승만 정부 수립 이후까지 지속되었습니다. 당시에 남한만의 단독 정부 수립에 반대하는 무장대와 토벌대 간의 무력 충돌과 토벌대의 진압 과정에서 많은 주민이 희생되었습니다.

① 원산 총파업
② 제암리 사건
③ 제주 4·3 사건
④ 부마 민주 항쟁

43. (가) 단체에 대한 설명으로 옳은 것은? [2점]

윤봉길(1908~1932)
윤봉길은 (가) 에 가입하며, 조국의 독립과 자유를 회복하기 위하여 일제 장교를 처단하겠다는 선서문을 작성하였다. 그리고 3일 후, 상하이 훙커우 공원에서 의거를 일으켜 한국인의 독립 의지를 만방에 알렸다.

독립운동가 우표 특별전

① 연통제를 실시하였다.
② 김구가 상하이에서 조직하였다.
③ 고종의 밀지를 받아 결성되었다.
④ 조선 혁명 선언을 행동 강령으로 삼았다.

44. 교사의 질문에 대한 학생의 답변으로 옳지 <u>않은</u> 것은? [2점]

지도에 표시된 지역에 대해 말해 볼까요?

① 견훤이 세운 후백제의 도읍이 있던 곳이에요.

② 동학 농민군이 정부와 화약을 맺은 곳이에요.

③ 태조 이성계의 어진이 있는 경기전이 있어요.

④ 이승만이 남한만의 단독 정부 수립을 발언한 곳이에요.

45. 다음 상황이 나타난 시기에 볼 수 있는 모습으로 옳은 것은? [2점]

황국 신민 서사를 외우지 못하는 국민학교 학생은 제국 신민이 될 자격이 없어!

① 제복을 입고 칼을 찬 교사
② 신사 참배를 강요당하는 청년
③ 암태도 소작 쟁의에 참여하는 농민
④ 원산 총파업에 동참하는 부두 노동자

46. (가)에 들어갈 사진으로 옳은 것은? [2점]

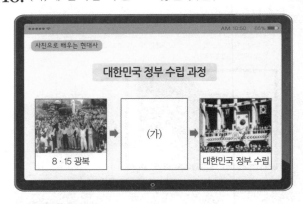

사진으로 배우는 현대사

대한민국 정부 수립 과정

8·15 광복 → (가) → 대한민국 정부 수립

①  5·10 총선거 실시

② 경부 고속 도로 개통

③  4·19 혁명

④ 반민족 행위 특별 조사 위원회 활동

47. (가)에 들어갈 정책으로 옳은 것은? [2점]

정부가 (가) 을/를 실시하면서 발급한 지가 증권입니다. 당시 재정이 부족했던 정부는 지주에게 현금 대신 이것을 지급하고 농지를 매입하였습니다. 그리고 이 농지를 농민들에게 유상으로 분배하였습니다.

이것은 무엇인가요?

① 회사령
② 농지 개혁법
③ 산미 증식 계획
④ 토지 조사 사업

48. 밑줄 그은 '전쟁' 중에 있었던 사실로 옳지 <u>않은</u> 것은?

[1점]

① 유엔군이 참전하였다.
② 애치슨 선언이 발표되었다.
③ 흥남 철수 작전이 전개되었다.
④ 인천 상륙 작전이 전개되었다.

49. (가), (나) 사이의 시기에 있었던 사실로 옳은 것은?

[3점]

> (가) 정부가 100억 달러 수출 달성을 축하하고자 광화문 사거리에 수출의 탑을 건립하였습니다. 10억 달러 수출을 달성한 지 7년 만에 100억 달러 수출을 이룬 눈부신 경제 성장을 상징합니다.
>
> (나) 마침내 대한민국이 경제 협력 개발 기구(OECD)에 가입하였습니다. 이로 인해 선진국으로서의 위상을 확보하고 국제 경쟁력을 높일 수 있는 계기가 마련되었습니다.

① G20 정상 회의를 서울에서 개최하였다.
② 미국과 자유 무역 협정(FTA)을 체결하였다.
③ 저유가, 저금리, 저달러의 3저 호황이 있었다.
④ 외환 위기 극복을 위해 금 모으기 운동이 전개되었다.

50. 다음 내용을 발표한 정부의 통일 노력으로 옳은 것은?

[1점]

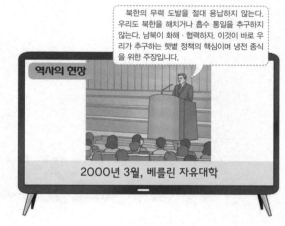

① 남북 정상 회담이 개최되었다.
② 남북 기본 합의서를 채택하였다.
③ 남북한이 유엔에 동시 가입하였다.
④ 7 · 4 남북 공동 성명을 발표하였다.

2024

한국사능력검정시험
실전모의고사

기본

제2회

한국사능력검정시험
실전모의고사

기본

제3회

시스컴
SISCOM

제3회 한국사능력검정시험 문제지

1. (가) 시대의 생활 모습으로 옳은 것은? [1점]

저희 모둠은 (가) 시대의 대표적인 문화유산인 고인돌과 민무늬 토기를 소재로 우표를 제작하였습니다.

① 철제 쟁기로 밭을 갈았다.
② 가락바퀴를 사용해 실을 뽑았다.
③ 비파형 동검 모형을 제작하였다.
④ 빗살무늬 토기에 식량을 저장하였다.

2. 밑줄 그은 '이 나라'에 대한 설명으로 옳은 것은? [2점]

이와 같은 솟대는 한반도 남부에 위치했던 이 나라의 신성 지역인 소도에서 유래한 것이라고도 해.

이 나라에는 신지, 읍차 등의 지배자가 있었어.

① 제사장인 천군이 존재하였다.
② 서옥제라는 혼인 풍습이 있었다.
③ 특산물로 단궁, 과하마, 반어피가 있었다.
④ 사회 질서를 유지하기 위해 범금 8조를 만들었다.

3. 다음 연보에 해당하는 왕의 업적으로 옳은 것은? [2점]

○ 523년 무령왕의 뒤를 이어 즉위
○ 538년 국호를 남부여로 변경, 22부 설치
○ 551년 신라와 연합하여 한강 유역 탈환
○ 552년 노리사치계를 일본에 보내 불경 · 불상 전파
○ 554년 신라와의 전쟁에서 사망

① 사비로 천도하였다.
② 왕인을 일본에 파견하였다.
③ 역사서인 서기를 편찬하였다.
④ 동진으로부터 불교를 수용하였다.

4. (가)에 들어갈 문화유산으로 옳은 것은? [1점]

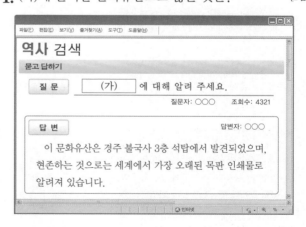

파일(F) 편집(E) 보기(V) 즐겨찾기(A) 도구(T) 도움말(H)

역사 검색

묻고 답하기

질문 (가) 에 대해 알려 주세요.

질문자: ○○○   조회수: 4321

답변   답변자: ○○○

이 문화유산은 경주 불국사 3층 석탑에서 발견되었으며, 현존하는 것으로는 세계에서 가장 오래된 목판 인쇄물로 알려져 있습니다.

① 삼강행실도
② 팔만대장경
③ 직지심체요절
④ 무구정광대다라니경

5. (가) 왕의 정책으로 옳은 것은? [3점]

신라의 제24대 왕인 (가) 에 대해 이야기해 보자.

화랑도를 국가적 조직으로 개편하였어.

황룡사를 창건하였지.

① 대가야를 정복하였다.
② 천리장성을 축조하였다.
③ 9주 5소경을 설치하였다.
④ 이차돈의 순교로 불교를 공인하였다.

6. 다음 자료에 해당하는 국가의 경제 상황으로 옳은 것은? [2점]

북쪽 구지에서 이상한 소리가 들렸다. …… 마을 사람들이 다시 모여서 상자를 열어 보니 알 여섯이 모두 어린애가 되어 있었다. …… 그 달 보름에 왕위에 올랐는데, 세상에 처음 나타났다고 하여 이름을 수로라 하였다.

① 낙랑과 왜에 철을 수출하였다.
② 벽란도를 통해 중국과 교역하였다.
③ 빈민 구제를 위해 진대법을 실시하였다.
④ 특산물로 단궁, 과하마, 반어피 등이 있었다.

7. 밑줄 그은 '이 탑'으로 옳은 것은? [1점]

지금 제작하고 있는 것은 백제 무왕이 창건한 사찰 터에 남아 있는 탑의 모형입니다. 이 탑은 건립 연대가 명확하게 밝혀진 한국의 석탑 중 가장 크고 오래되었습니다.

3D 프린터로 문화유산 만들기

① 미륵사지 석탑
② 분황사 모전 석탑
③ 불국사 삼층 석탑
④ 정림사지 오층 석탑

8. 밑줄 그은 '전쟁' 중에 있었던 전투로 옳은 것은? [3점]

백제와 고구려의 멸망 후 당이 신라까지 지배하려 하자, 문무왕은 당을 몰아내기 위해 전쟁을 벌여 승리하였어요.

① 일리천 전투
② 기벌포 전투
③ 우금치 전투
④ 처인성 전투

9. 밑줄 그은 '이 국가'에 대한 설명으로 옳은 것은? [3점]

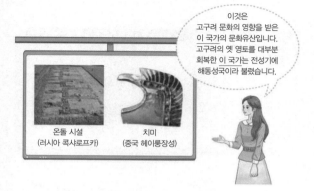

이것은 고구려 문화의 영향을 받은 이 국가의 문화유산입니다. 고구려의 옛 영토를 대부분 회복한 이 국가는 전성기에 해동성국이라 불렸습니다.

온돌 시설
(러시아 콕샤로프카)

치미
(중국 헤이룽장성)

① 한의 침략을 받아 멸망하였다.

② 무왕 때 당의 등주를 공격하였다.

③ 도병마사에서 국방 문제를 논의하였다.

④ 지방 행정 구역으로 9주 5소경을 두었다.

10. 밑줄 그은 '왕'의 업적으로 옳은 것은? [2점]

충청북도 청주시에 있는 용두사지 철당간은 국보 제41호로, 962년에 건립되었다. 철당간에는 연호 '준풍'이 새겨져 있는데, 이를 통해 당간의 제작 연대를 확실하게 알 수 있다. 준풍은 스스로 황제라 칭하였던 이 왕이 광덕에 이어 사용하였던 고려의 독자적인 연호였다.

용두사지 철당간

① 호패법을 실시하였다.

② 독서삼품과를 마련하였다.

③ 노비안검법을 시행하였다.

④ 정동행성 이문소를 폐지하였다.

11. (가) 인물의 활동으로 옳은 것은? [2점]

왜구가 선박 500척으로 진포 어귀에 들어와 …… 주와 현에 흩어져 불을 지르고 약탈을 자행하니 시체가 산과 들을 덮었다. …… 처음으로 (가) 이/가 만든 화포를 사용하여 적들의 배를 불사르니 연기와 화염이 하늘을 뒤덮었다. 적은 거의 모두 불타 죽었으며, 바다에 빠져 죽은 자도 많았다.

– 「고려사절요」 –

① 4군 6진을 개척하였다.

② 위화도에서 회군하였다.

③ 나선 정벌에 참여하였다.

④ 화통도감 설치를 건의하였다.

12. (가) 인물에 대한 설명으로 옳은 것은? [2점]

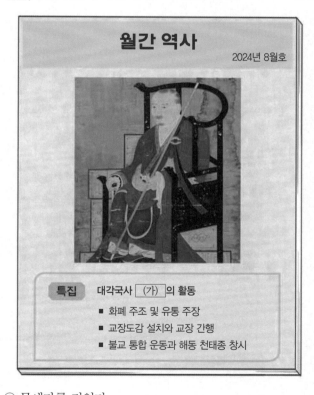

월간 역사
2024년 8월호

특집 대각국사 (가) 의 활동
■ 화폐 주조 및 유통 주장
■ 교장도감 설치와 교장 간행
■ 불교 통합 운동과 해동 천태종 창시

① 무애가를 지었다.

② 교관겸수를 주장하였다.

③ 화엄 사상을 정리하였다.

④ 수선사 결사를 제창하였다.

13. (가)에 들어갈 정치 기구로 옳은 것은?   [1점]

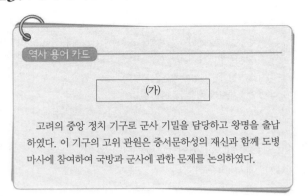

역사 용어 카드

(가)

고려의 중앙 정치 기구로 군사 기밀을 담당하고 왕명을 출납하였다. 이 기구의 고위 관원은 중서문하성의 재신과 함께 도병마사에 참여하여 국방과 군사에 관한 문제를 논의하였다.

① 비변사   ② 홍문관
③ 중추원   ④ 정당성

14. 교사의 질문에 대한 학생의 답변으로 옳은 것은?
                                                    [2점]

이것은 1287년 이승휴가 저술한 역사서입니다. 중국과 우리나라의 역사를 시로 표현한 이 책에 대해 말해 볼까요?

제왕운기

① 남북국이라는 용어가 처음 사용되었어요.
② 단군의 고조선 건국 이야기가 기록되었어요.
③ 유교 사관에 기초하여 기전체로 서술되었어요.
④ 불교사를 중심으로 고대 민간 설화 등이 수록되었어요.

15. 다음 가상 다큐멘터리에서 볼 수 있는 장면으로 적절한 것은?   [3점]

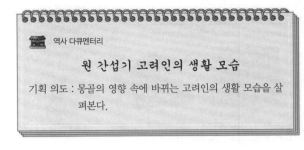

역사 다큐멘터리

원 간섭기 고려인의 생활 모습

기획 의도 : 몽골의 영향 속에 바뀌는 고려인의 생활 모습을 살펴본다.

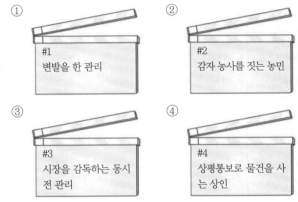

① #1 변발을 한 관리
② #2 감자 농사를 짓는 농민
③ #3 시장을 감독하는 동시전 관리
④ #4 상평통보로 물건을 사는 상인

16. 다음 검색창에 들어갈 인물의 활동으로 옳은 것은?
                                                    [2점]

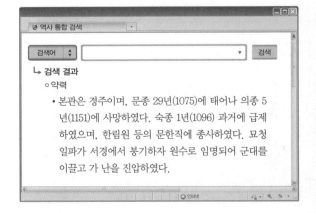

역사 통합 검색

검색어   ▼   ▼   검색

└ 검색 결과
○ 약력
• 본관은 경주이며, 문종 29년(1075)에 태어나 의종 5년(1151)에 사망하였다. 숙종 1년(1096) 과거에 급제하였으며, 한림원 등의 문한직에 종사하였다. 묘청 일파가 서경에서 봉기하자 원수로 임명되어 군대를 이끌고 가 난을 진압하였다.

① 왜구의 근거지인 대마도를 정벌하였다.
② 불씨잡변을 통해 불교 교리를 비판하였다.
③ 화통도감을 설치하고 화약과 화포를 제조하였다.
④ 감수국사로서 왕명을 받아 『삼국사기』를 편찬하였다.

17. (가)에 들어갈 문화유산으로 옳은 것은? [3점]

사진으로 보는 ○○ 시대 문화유산

불상	건축	석탑	회화

| 관촉사 석조 미륵보살 입상 | 수덕사 대웅전 | 월정사 팔각 구층 석탑 | (가) |

①
인왕제색도

②
수월관음도

③
고사관수도

④
몽유도원도

18. 밑줄 그은 '이것'에 대한 설명으로 옳은 것은? [2점]

최근 이것이 유네스코 세계 유산으로 등재되었다고 합니다. 자세한 소식 전해 주시기 바랍니다.

이것은 조선 시대에 주세붕이 설립한 것을 시초로 지방 곳곳에 세워졌습니다. 이후 흥선 대원군에 의해 정리되고 47곳이 남았었는데, 이 중 대표적인 9곳이 유네스코 세계유산으로 선정되었습니다.

① 좌수와 별감을 운영하였다.
② 중앙에서 훈도가 파견되었다.
③ 선현의 제사와 성리학 교육을 담당하였다.
④ 유학부와 기술학부를 편성하여 교육하였다.

19. 다음 정책을 처음 실시한 왕의 업적으로 옳은 것은? [2점]

의정부에서 상소하기를, "서울과 외방의 고할 데 없는 백성이 억울한 일을 소재지의 관아에 고하여도 이를 다스려 주지 않으면, 나와서 등문고를 치도록 허락하소서. 등문한 일은 사헌부로 하여금 추궁해 밝혀서 억울한 것을 펴게 하고, 그중에 사사로이 원망을 품어 감히 무고를 행하는 자는 반좌율을 적용하여 참소하고 간사한 것을 막으소서."라고 하니, 그대로 따랐다. 등문고를 고쳐 신문고라 하였다.

① 당백전을 발행하였다.
② 대동법을 실시하였다.
③ 6조 직계제를 시행하였다.
④ 삼정이정청을 설치하였다.

20. (가)에 들어갈 문화유산으로 옳은 것은?   [1점]

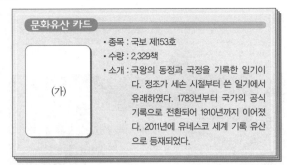

문화유산 카드

(가)

- 종목 : 국보 제153호
- 수량 : 2,329책
- 소개 : 국왕의 동정과 국정을 기록한 일기이다. 정조가 세손 시절부터 쓴 일기에서 유래하였다. 1783년부터 국가의 공식 기록으로 전환되어 1910년까지 이어졌다. 2011년에 유네스코 세계 기록 유산으로 등재되었다.

① 일성록   ② 동사강목
③ 동의보감   ④ 악학궤범

21. 다음 정책이 시행된 시기의 경제 상황으로 옳지 않은 것은?   [2점]

역사 신문

제△△호   ○○○○년 ○○월 ○○일

신해통공 실시되다

육의전을 제외한 시전 상인의 특권을 폐지하는 조치가 전격적으로 실시되었다. 시전 상인들은 반발하고 있지만 난전들은 환영하는 입장을 보였다. 정부는 이 정책의 시행으로 상업 활동이 활발해지고 수공업이 발달할 것으로 기대하고 있다.

① 건원중보와 해동통보가 주조되었다.
② 덕대가 광산을 전문적으로 경영하였다.
③ 독점적 도매상인인 도고가 성장하였다.
④ 국가에 관수품을 조달하는 공인이 활동하였다.

22. (가)에 들어갈 민속놀이로 옳은 것은?   [1점]

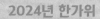

2024년 한가위
민속놀이 한마당

○○문화원에서는 임진왜란 때 이순신 장군의 전술에서 유래되었다고 전해 오는 (가) 행사를 개최합니다. 이웃과 손잡고 둥글게 돌며 노래 부르면서 풍성한 한가위를 보내세요. 유네스코 인류 무형 문화유산인 이 민속놀이에 관심 있는 분들의 많은 참여 바랍니다.

- 일시 : 2024년 10월 4일 20:00
- 장소 : △△ 민속 운동장
- 주관 : ○○문화원

① 고누놀이   ② 강강술래
③ 줄다리기   ④ 차전놀이

23. 다음 전쟁 중에 있었던 사실로 옳지 않은 것은?   [2점]

권율은 정병 4천 명을 뽑아 양천에서 강을 건너 행주산 위에 진을 치고 목책을 설치하여 방비를 하였다. …… 적이 군사를 나누어 교대로 진격해 왔는데, 아침부터 저녁까지 안팎이 모두 사력을 다해 싸웠다. …… 적은 올려다보고 공격하는 처지가 되어 탄환이 잘 맞지 않는 데 반해, 호남의 씩씩한 군사들은 모두 활을 잘 쏘아 쏘는 대로 적중시켰다. …… 적이 결국 패하여 후퇴하였다.

－「선조수정실록」－

① 김종서가 6진을 개척하였다.
② 비변사의 기능이 강화되었다.
③ 곽재우가 의병장으로 활약하였다.
④ 신립이 탄금대에서 배수의 진을 치고 싸웠다.

24. 다음 가상 인터뷰의 주인공이 쓴 저서로 옳은 것은?

[1점]

① 동국통감
② 반계수록
③ 제왕운기
④ 목민심서

25. 다음 사건 이후의 대책으로 옳은 것은?

[2점]

> ○ 임술년 2월 19일, 진주 백성 수만 명이 머리에 흰 수건을 두르고 손에 몽둥이를 들고 무리를 지어 진주 읍내에 모여 서리들의 가옥 수십 호를 불사르고 부수어, 그 움직임이 결코 가볍지 않았다.
>
> – 「임술록」 –
>
> ○ 철종 13년 4월 …… "금번 난민들이 소동을 일으킨 것은 오로지 전 우병사 백낙신이 탐욕을 부려 수탈하였기 때문입니다. …… 이 때문에 고을 인심이 들끓고 여러 사람의 노여움이 한꺼번에 폭발해서 전에 듣지 못했던 변란이 갑자기 일어난 것입니다."
>
> – 「철종실록」 –

① 만권당을 두었다.
② 동시전을 설치하였다.
③ 금난전권을 폐지하였다.
④ 삼정이정청을 설치하였다.

26. (가) 왕의 정책으로 옳은 것은?

[2점]

① 균역법이 제정되었다.
② 척화비를 건립하였다.
③ 경국대전이 완성되었다.
④ 초계문신제를 시행하였다.

27. 밑줄 그은 '이 법'에 대한 설명으로 옳은 것은?

[2점]

이 법은 경기·강원 두 도에서 실시되고 있지만 충청도에서는 아직 시행되지 못하고 있습니다. 부호들은 반대하지만 공납의 폐단에 고통받는 백성들은 이 법의 시행을 기뻐합니다.

김육

① 양반에게도 군포를 징수하였다.
② 결작을 부과하는 계기가 되었다.
③ 육의전을 제외한 시전 상인의 특권을 폐지하였다.
④ 관청에 물품을 조달하는 공인이 등장하는 배경이 되었다.

28. (가) 전쟁 중에 있었던 사실로 옳은 것은? [2점]

이곳은 조헌과 영규가 이끄는 의병들이 묻힌 칠백의 총입니다. (가) 당시 이들은 금산으로 진격한 왜군과 혈전을 벌이다 순절하였습니다.

① 장용영이 조직되었다.
② 금위영이 배치되었다.
③ 2군 6위가 편성되었다.
④ 훈련도감이 설치되었다.

29. 밑줄 그은 ㉠에 대한 탐구 활동으로 옳은 것은? [1점]

이 수자기(帥字旗)는 어재연 장군이 이끄는 ㉠조선군이 미군과 전투하는 과정에서 빼앗긴 유물입니다. 미국에 보관되어 있다가 2007년에 우리나라에 돌아왔습니다.

① 운요호 사건의 결과를 알아본다.
② 조사 시찰단의 파견 목적을 살펴본다.
③ 제너럴 셔먼호 사건의 영향을 조사한다.
④ 외규장각 도서의 반환 과정을 정리한다.

30. 밑줄 그은 '이 운동'의 전개 과정에서 있었던 일로 옳지 않은 것은? [3점]

사진 속 모습은 이 운동을 주도한 전봉준이 재판을 받기 위해 이송되는 장면입니다.

① 집강소가 설치되었다.
② 제물포 조약이 체결되었다.
③ 백산에서 4대 강령이 발표되었다.
④ 농민군이 황토현에서 승리를 거두었다.

31. (가)에 들어갈 교육 기관으로 옳은 것은? [1점]

1886년에 정부가 세운 (가) 은/는 이와 같은 규정에 따라 운영되었으며, 영어, 수학 등 근대 학문을 가르쳤습니다.

• 외국인 3명을 교사로 초빙한다.
• 문벌 가문의 인재를 선발하여 서양어도 공부하게 한다.
• 월말, 연말 등에 정기적으로 시험을 본다.
• 섣달 말과 한여름에는 방학을 한다.

① 대성 학교   ② 육영 공원
③ 배재 학당   ④ 원산 학사

32. 다음 사건에 대한 설명으로 옳은 것은? [2점]

○○○○의 전개

선혜청 습격 → 흥선 대원군의 재집권 → 청군의 개입

① 김옥균, 박영효 등이 주도하였다.
② 제물포 조약이 체결되는 계기가 되었다.
③ 평양에서 시작되어 전국으로 확산되었다.
④ 서북인에 대한 차별이 원인이 되어 발생하였다.

33. (가) 시기에 있었던 사실로 옳지 <u>않은</u> 것은? [2점]

환구단

1897년 고종은 환구단에서 하늘에 제사를 지낸 후 황제에 즉위하였다. 그리고 국호를 (가) (으)로 선포하였다.

① 지계를 발급하였다.
② 원수부를 설치하였다.
③ 대한국 국제를 반포하였다.
④ 재정을 호조로 일원화하였다.

34. 다음 가상 인터뷰의 (가)에 들어갈 내용으로 옳지 <u>않은</u> 것은? [2점]

내각 총리대신 김홍집과의 대담

이번에 새롭게 실시하는 개혁의 주요 내용은 무엇입니까?

태양력과 건양 연호 사용, (가) 등이 있습니다.

① 소학교 설립
② 단발령 시행
③ 신분 제도 철폐
④ 우편 제도 실시

35. (가) 의병 부대에 대한 설명으로 옳은 것을 〈보기〉에서 고른 것은? [2점]

얼마 전 이인영 선생이 전국에 통문을 돌려 의병들의 봉기를 강력하게 촉구했다는 소식을 들었나?

들었네. 그래서 각지에서 모여든 1만여 명이 양주에 집결하여 (가) 을/를 결성했다더군. 총대장에는 이인영 선생이 추대되었네.

보 기

ㄱ. 서울 진공 작전을 추진하였다.
ㄴ. 공화정 수립을 목표로 활동하였다.
ㄷ. 해산된 군인의 일부가 합류하였다.
ㄹ. 일제의 탄압을 피해 자유시로 이동하였다.

① ㄱ, ㄴ
② ㄱ, ㄷ
③ ㄴ, ㄷ
④ ㄴ, ㄹ

36. (가)에 들어갈 내용으로 옳은 것은? [1점]

(가)	(나)	(다)
		역사 신문 (가)
역사 신문 박승환 대대장, 군대 해산에 항의하며 순국하다	역사 신문 헤이그 특사, 을사늑약의 부당성을 폭로하다	

① 삼국 간섭이 일어났다.
② 아관 파천이 단행되었다.
③ 운요호 사건이 발생하였다.
④ 고종이 강제로 퇴위당하였다.

38. (가)에 들어갈 내용으로 옳은 것은? [2점]

2024년 한국사 교양 강좌

우리 학회에서는 '백암 박은식 선생의 사상과 활동'이라는 주제로 교양 강좌를 준비하였습니다. 관심 있는 분들의 많은 참여 바랍니다.

◑ 강의 주제 ◐

제1강 황성신문 주필 등 언론 활동 전개
제2강 ┃ (가) ┃
제3강 대한민국 임시 정부 제2대 대통령 취임과 헌법 개정

- 일시 : 2024년 ○○월 ○○일 ~ ○○월 ○○일 매주 수요일 오후 2시
- 장소 : □□대학교 대강당
- 주최 : △△학회

① 국혼을 강조한 역사서인 한국통사 저술
② 조선 중립화론을 제안한 서유견문 집필
③ 민중의 직접 혁명을 주장하는 조선 혁명 선언 작성
④ 식민 사학의 정체성론을 반박하는 조선사회경제사 집필

37. 다음과 같이 전개된 운동에 대한 설명으로 옳은 것은? [2점]

서울에서 민족대표의 독립 선언	전국으로 확산	국외 지역으로 확산
학생과 시민들이 탑골 공원에서 만세 운동 시작	학생, 상인, 노동자, 농민 등이 적극적으로 참여	만주, 연해주, 미주 지역 등에서 만세 운동 전개

① 진주에서 시작하여 전국으로 확산되었다.
② 러시아의 절영도 조차 요구를 저지하였다.
③ 일제의 무단 통치가 바뀌는 계기가 되었다.
④ 순종의 인산일에 학생들의 주도로 전개되었다.

39. 다음 법령이 시행된 시기에 볼 수 있는 모습으로 옳은 것은? [2점]

제1조 회사 설립은 조선 총독의 허가를 받아야 한다.
제2조 조선 밖에서 설립된 회사가 조선에 본점이나 지점을 둘 때에도 조선 총독의 허가를 받아야 한다.
⋮
제5조 회사가 본령 혹은 본령에 기초해 발표된 명령 및 허가의 조건을 위반하거나 또는 공공의 질서 및 선량한 풍속에 반하는 행위를 했을 때에는 조선 총독은 사업의 정지, 금지, 지점의 폐쇄 또는 회사의 해산을 명령할 수 있다.

① 토지 조사령이 제정되었다.
② 국가 총동원법이 공포되었다.
③ 소학교가 초등학교로 개칭되었다.
④ 여자 정신대 근로령이 시행되었다.

40. 다음 가상 시나리오의 피고인에 해당하는 인물로 옳은 것은? [1점]

> S# 25. 1932년, 일본 도쿄의 형무소
> *예심 판사가 피고인을 신문하고 있다.*
>
> 판　사 : 상하이로 건너가 김구와 무슨 이야기를 나누었는가?
> 피고인 : 독립운동 단체에 들어가 활동하고 싶다는 뜻을 전하였소.
> 판　사 : 김구와 무엇을 모의하였는가?
> 피고인 : 일왕을 죽이면 조선 독립이 촉진될 것이라는 데에 뜻을 같이하였고, 폭탄을 구해 주면 거사를 결행하겠다고 말했소.
> 판　사 : 그래서 지난 1월 8일 도쿄 경시청 앞에서 폭탄을 던진 것인가?
> 피고인 : 그렇소. 일왕의 목숨을 빼앗고 싶었소.

① 윤봉길　　　　② 이봉창
③ 강우규　　　　④ 안중근

41. 다음 인물이 속한 단체에 대한 설명으로 옳은 것은? [3점]

이 달의 독립 운동가
김상옥

1923년 1월 12일 밤, 김상옥은 한국인을 탄압하기로 악명 높은 종로 경찰서에 폭탄을 던졌다. 그는 일본 경찰이 대대적으로 추적하자 1월 22일 수백 명의 일본 경찰과 서울 도심 한복판에서 총격전을 벌였다. 일본 경찰 수십 명을 살상했지만 탄환이 다 떨어져가자 마지막 남은 한 발의 총탄으로 스스로 목숨을 끊었다.

① 국채 보상 운동을 주도하였다.
② 고종의 밀지를 받아 결성되었다.
③ 김원봉 등이 만주에서 조직하였다.
④ 파리 강화 회의에 대표를 파견하였다.

42. (가)에 해당하는 단체로 옳은 것은? [2점]

역사 신문

제△△호　　　　　　　　　○○○○년 ○○월 ○○일

〈화제의 인물〉
장산사 사장 정세권

종로 일대에 한옥을 보급하며 조선인 거주지를 지키는 데 앞장서 온 정세권 씨가 한글 맞춤법 통일안을 제정한 (가) 에 새로운 회관을 기증하여 화제가 되고 있다. (가) 의 회원인 이극로 씨는 단칸방에서 활동했던 지난날을 회고하며 정세권 씨의 후원에 깊은 감사를 표했다.

① 보안회
② 독립 협회
③ 대한 광복회
④ 조선어 학회

43. (가) 인물에 대한 설명으로 옳은 것은? [2점]

(가) 이/가 이곳에서 74세의 나이에도 불구하고 을사늑약의 체결에 항거하여 의병을 일으켰습니다. 그는 의병을 이끌고 싸우다 체포되어 일제에 의해 대마도에 끌려가 순국하였습니다.

무성서원(전라북도 정읍시)

① 사상 의학을 확립하였다.
② 왜양일체론을 주장하였다.
③ 대동여지도를 제작하였다.
④ 오적 암살단을 조직하였다.

44. (가)에 해당하는 인물로 옳은 것은? [3점]

조사 보고서

○○ 모둠

1. 주제 : [(가)], 붓과 총으로 독립을 외치다
2. 방법 : 문헌 조사, 인터넷 검색 등
3. 조사 내용
   - 의병가 8편을 만들어 의병들의 사기를 높임
   - 중국으로 망명하여 항일 인재 양성을 위한 노학당을 설립함
   - 항일 투쟁을 위해 조선독립단을 조직함

①
권기옥

②
남자현

③
윤희순

④
김마리아

45. (가) 사건이 발생한 지역의 역사적 사실로 옳은 것은? [2점]

이 조형물은 [(가)] 때 희생된 주민들을 추모하기 위해 만들어진 거란다. [(가)] 당시 남한만의 단독 선거에 반대하는 무장대와 이를 진압하려는 토벌대 간에 무력 충돌이 있었거든. 그 과정에서 수많은 주민이 희생되었지. 2000년에 진상 규명 등에 관한 특별법이 공포되었단다.

① 신미양요 때 미군의 공격을 받았다.
② 정약전이 자산어보를 저술한 곳이다.
③ 김통정의 지휘 하에 삼별초가 항쟁하였다.
④ 러시아 견제를 구실로 영국이 불법 점령하였다.

46. 다음 자료에 나타난 민주화 운동에 대한 설명으로 옳은 것은? [2점]

민주시민회보 제9호 1980.5.26.

우리 다 같이 애도합시다. …… 계엄 당국과 협상 중이니 …… 시민군을 믿고 적극 협조합시다. 시민군은 우리 시민의 안전을 위해 불철주야로 고생하고 있습니다.
○ 매일 오후 3시 도청 앞 광장에서 민주 수호 범시민 총궐기 대회를 개최합니다.
○ 행방 불명자를 파악하고 있습니다.
○ 질서 회복에 다 같이 노력합시다.

– 광주 시민 일동 –

① 유신 헌법에 반발하여 일어났다.
② 신군부 세력의 퇴진을 요구하였다.
③ 대통령이 하야하는 결과를 가져왔다.
④ 대통령 직선제 개헌이 이루어지는 계기가 되었다.

47. (가)~(라)에 들어갈 내용으로 적절한 것은?   [3점]

〈2024년 하계 한국사 특강〉

대한민국 경제의 발자취

우리 연구소에서는 대한민국의 경제 상황을 시기별로 살펴보는 온라인 특강을 준비하였습니다. 관심 있는 분들의 많은 참여를 부탁드립니다.

■ 특강 주제 ■

제1강 1950년대.	(가)
제2강 1960년대.	(나)
제3강 1970년대.	(다)
제4강 1980년대.	(라)

• 일시 : 2024년 ○○월 ○○일 10 : 00~17 : 00
• 주관 : ○○○○ 연구소
• 신청 : 홈페이지 공지 사항 참조

① (가) – 산업 구조의 재편과 3저 호황
② (나) – 삼백 산업과 원조 경제 체제
③ (다) – 중화학 공업의 육성과 석유 파동
④ (라) – 외환 위기 발생과 금 모으기 운동

48. (가) 단체의 회의가 결렬된 이후의 상황으로 옳은 것은?   [3점]

1945년 12월 모스크바에서 미국, 영국, 소련 3국의 외상들이 모여 우리나라 문제를 논의하였다면서요?

네. 임시 민주 정부 수립과 신탁 통치 문제를 협의하기 위해 (가) 를 구성하기로 하였다는군요.

① 국민 대표 회의를 개최하였다.
② 좌우 합작 위원회를 결성하였다.
③ 민족 유일당 운동을 전개하였다.
④ 반민족 행위 특별 조사 위원회를 발족하였다.

49. 다음 문서를 작성한 정부 시기의 사실로 옳은 것은?   [2점]

장발 단속 계획 보고

1. 보고 주문
   국민의 주체 의식을 확립하고 건전한 사회 기풍을 정착화하기 위하여 별첨과 같이 장발 단속 계획을 수립 실천키로 하였기에 보고합니다.

2. 보고 이유
   가. 장발 단속은 그동안 경찰에서 지도 단속과 아울러 자율적인 각성을 촉구하여 왔으나 일부 사회 지도층을 비롯하여 국민의 무관심과 이해 부족으로 그 실효를 거두지 못하고 있는 실정으로서
   나. 앞으로 행정부 산하 각급 공무원이 솔선수범함은 물론 …… 도시 새마을 운동으로 발전시켜 점차 범국민 운동으로 추진하고자 함.

① 긴급 조치가 발표되었다.
② 한일 월드컵 대회가 개최되었다.
③ 가족 관계 등록법이 시행되었다.
④ 금융 실명제가 전격 실시되었다.

50. 밑줄 그은 '정부'의 통일 노력으로 옳은 것은?   [2점]

○○신문

제△△호   ○○○○년 ○○월 ○○일

드디어 국제 통화 기금 관리 체제 종료!

정부가 국제 통화 기금(IMF)으로부터 빌린 차입금 최종 잔액을 모두 상환함으로써 3년 8개월 만에 IMF 관리 체제가 정식으로 종료되었다. IMF 총재 호르스트 쾰러는 한국의 외채 조기 상환을 '획기적인 일'이라고 평가하면서 한국 경제의 안정과 회복에 대한 확신을 표시하였다.

① 남북한 유엔 동시 가입
② 남북 기본 합의서 채택
③ 6 · 15 남북 공동 선언 합의
④ 한반도 비핵화 공동 선언 발표

2024

한국사능력검정시험
실전모의고사

기본

제3회

한국사능력검정시험
실전모의고사

기본

제4회

시스컴
SISCOM

기본 제4회 한국사능력검정시험 문제지

1. (가) 시대의 생활 모습으로 옳은 것은? [1점]

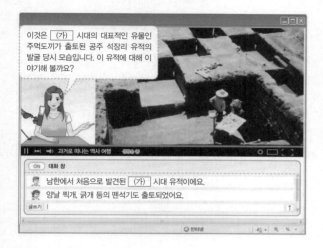

이것은 (가) 시대의 대표적인 유물인 주먹도끼가 출토된 공주 석장리 유적의 발굴 당시 모습입니다. 이 유적에 대해 이야기해 볼까요?

ON 대화 창

남한에서 처음으로 발견된 (가) 시대 유적이에요.

양날 찍개, 긁개 등의 뗀석기도 출토되었어요.

글쓰기 |

① 철제 쟁기로 밭을 갈았다.
② 빗살무늬 토기에 식량을 저장하였다.
③ 반달 돌칼을 사용하여 벼를 수확하였다.
④ 주로 동굴에 살면서 사냥과 채집을 하였다.

2. 다음 퀴즈의 정답으로 옳은 것은? [2점]

제시된 단계별 힌트를 종합하여 알 수 있는 국가는 어디일까요?

1단계	무천이라는 제천 행사를 열었다.
2단계	읍군, 삼로라는 지배자가 다스렸다.
3단계	읍락 간의 경계를 중시하는 책화가 있었다.
4단계	단궁, 과하마, 반어피 등이 특산물로 유명하였다.

① 부여
③ 고구려
② 동예
④ 고조선

3. 다음 가상 인터뷰에 등장하는 왕의 업적으로 옳은 것은? [3점]

수도를 웅진에서 사비로 옮기셨는데, 앞으로 어떤 정책을 구상하고 계신가요?

중앙에 22개의 관청을 설치하려고 합니다.

① 독서삼품과를 실시하였다.
② 국호를 남부여로 바꾸었다.
③ 동진으로부터 불교를 수용하였다.
④ 국자감을 설립하여 인재를 양성하였다.

4. 다음 답사에서 볼 수 있는 문화유산으로 옳은 것은? [3점]

길 위에서 만나는 백제의 숨결

백제의 옛 도읍지를 함께 걸어요!

● 장소: △△시
● 날짜: 2024년 ○○월 ○○일

〈답사 안내도〉

① 공산성
② 풍납토성
③ 오녀산성
④ 항파두성

5. (가) 나라에 대한 설명으로 옳은 것은? [2점]

① 낙랑과 왜에 철을 수출하였다.
② 골품제라는 신분제도가 있었다.
③ 경당에서 글과 활쏘기를 가르쳤다.
④ 국가 중대사를 정사암에서 논의하였다.

6. 밑줄 그은 '이 국가'에 대한 설명으로 옳은 것은? [2점]

① 한의 침략을 받아 멸망하였다.
② 신라에 침입한 왜를 격퇴하였다.
③ 교육 기관으로 주자감을 두었다.
④ 9서당 10정의 군사 조직을 갖추었다.

7. 밑줄 그은 '왕'의 업적으로 옳은 것은? [2점]

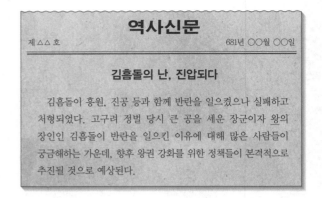

① 12목에 지방관을 파견하였다.
② 이사부를 보내 우산국을 정벌하였다.
③ 관료전을 지급하고 녹읍을 폐지하였다.
④ 이차돈의 순교를 계기로 불교를 공인하였다.

8. (가)에 들어갈 검색어로 옳은 것은? [1점]

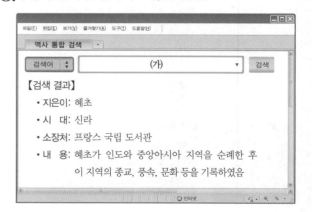

① 삼국유사   ② 삼강행실도
③ 동국여지승람   ④ 왕오천축국전

9. 밑줄 그은 '이 날'로 옳은 것은? [3점]

이 날은 불을 금하고 음식을 차게 먹었다고 한다. 또한 '귀신이 꼼짝하지 않는 날'로 여겨 조상의 묘를 찾아 돌보고 제사를 지냈다. 조선 시대에는 4대 명절 중 하나로 중시되었다.

① 설날　　　　② 동지
③ 칠석　　　　④ 한식

11. (가) 왕의 정책으로 옳은 것은? [2점]

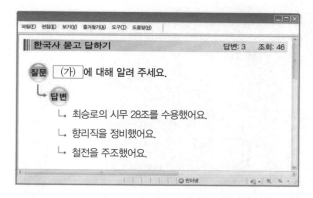

한국사 묻고 답하기　　답변: 3　조회: 46

질문　(가)에 대해 알려 주세요.
답변
ㄴ 최승로의 시무 28조를 수용했어요.
ㄴ 향리직을 정비했어요.
ㄴ 철전을 주조했어요.

① 정방을 폐지하였다.
② 12목을 설치하였다.
③ 과전법을 시행하였다.
④ 진대법을 실시하였다.

10. (가)~(라)에 대한 설명으로 옳은 것을 <보기>에서 고른 것은? [2점]

역사 속의 교육 기관

1. 신라: 국학 …… (가)
2. 발해: 주자감 …… (나)
3. 고려: 국자감 …… (다)
4. 조선: 성균관 …… (라)

보 기
ㄱ. 신문왕 때 설립된 유학 교육 기관이다.
ㄴ. 왕족과 귀족을 대상으로 유교 경전을 교육하였다.
ㄷ. 안향의 건의로 양현고의 부실을 보충하기 위해 설치하였다.
ㄹ. 유교 경전의 이해 수준에 따라 3등급으로 구분해 관리를 등용하였다.

① ㄱ, ㄴ　　　② ㄱ, ㄷ
③ ㄴ, ㄷ　　　④ ㄴ, ㄹ

12. (가)에 들어갈 내용으로 옳은 것은? [2점]

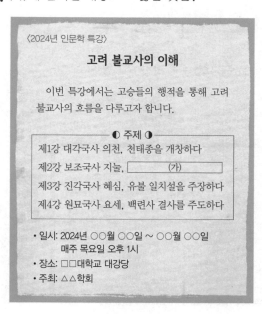

<2024년 인문학 특강>
고려 불교사의 이해

이번 특강에서는 고승들의 행적을 통해 고려 불교사의 흐름을 다루고자 합니다.

● 주제 ●
제1강 대각국사 의천, 천태종을 개창하다
제2강 보조국사 지눌, (가)
제3강 진각국사 혜심, 유불 일치설을 주장하다
제4강 원묘국사 요세, 백련사 결사를 주도하다

• 일시: 2024년 ○○월 ○○일 ~ ○○월 ○○일 매주 목요일 오후 1시
• 장소: □□대학교 대강당
• 주최: △△학회

① 십문화쟁론을 저술하다
② 유불일치설을 주장하다
③ 수선사 결사를 제창하다
④ 화엄일승법계도를 남기다

13. 선생님의 질문에 대한 학생의 대답으로 옳은 것은?

[3점]

몽골식 복장의 유행 | 원예 공녀로 끌려가는 여인들

이와 같은 장면을 볼 수 있었던 시기의 모습에 대해 이야기해 볼까요?

① 상평통보가 사용되었어요.

② 정동행성 이문소를 폐지하였어요.

③ 고구마와 감자가 널리 재배되었어요.

④ 권문세족이 대규모 토지를 소유했어요.

14. (가) 국가의 경제 상황으로 옳은 것은?

[2점]

이것은 (가) 을/를 방문한 송의 사신 서긍이 남긴 기록을 바탕으로 만든 사행 일정과 항로입니다. 서긍은 벽란정에서 여독을 푼 뒤 개경으로 들어갔습니다.

＜서긍의 사행 일정과 항로＞

• 5월 16일 명주 출발

• 6월 3일 흑산도

• 6월 6일 군산도

• 6월 12일 벽란정

• 6월 13일 개경 도착

① 보부상이 전국의 장시를 연결하였다.

② 담배, 면화 등이 상품 작물로 재배되었다.

③ 시장을 감독하기 위해 동시전을 설치하였다.

④ 삼한통보, 해동통보 등의 화폐를 발행하였다.

15. (가)에 들어갈 기관으로 옳은 것은?

[1점]

역사 용어 카드

(가)

고려 회의 기구로 중서문하성과 중추원의 고위 관료들이 모여 주로 국방과 군사 문제를 다루었다. 후에 그 기능과 역할이 확대되어 국정 전반의 중요 사항을 논의하였다. 충렬왕 때에 이르러 그 명칭이 도평의사사로 바뀌었다.

① 주자감　　　　　　② 성균관

③ 도병마사　　　　　④ 전민변정도감

16. (가) 인물의 활동으로 옳은 것은?

[2점]

이곳은 경기도 용인시에 있는 심곡 서원으로, 조선 중종 때 사림의 대표적인 인물인 (가) 의 위패가 모셔져 있습니다. 그는 위훈 삭제 등을 주장하다가 훈구의 반발로 유배되어 사사되었습니다.

① 성학십도를 저술하였다.

② 현량과 실시를 건의하였다.

③ 백운동 서원을 건립하였다.

④ 동국여지승람을 편찬하였다.

17. 밑줄 그은 '이들'에 대한 설명으로 옳은 것은?　[2점]

이들은 조선 정부가 종로에 만든 상점가에서 물품을 팔았습니다.

그렇습니다. 이들은 왕실이나 관청이 필요로 하는 물품을 공급하였습니다.

① 대표적으로 육의전 상인이 있었다.
② 대동법 실시를 계기로 등장하였다.
③ 보부상단을 만들어 결속을 다졌다.
④ 주로 위탁 판매업, 숙박업 등에 종사하였다.

19. 밑줄 그은 '왕'의 재위 기간에 있었던 사실로 옳은 것은?　[2점]

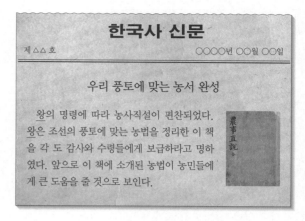

한국사 신문

제△△호　　　　　　　　　　○○○○년 ○○월 ○○일

우리 풍토에 맞는 농서 완성

왕의 명령에 따라 농사직설이 편찬되었다. 왕은 조선의 풍토에 맞는 농법을 정리한 이 책을 각 도 감사와 수령들에게 보급하라고 명하였다. 앞으로 이 책에 소개된 농법이 농민들에게 큰 도움을 줄 것으로 보인다.

① 대동법이 실시되었다.
② 앙부일구가 제작되었다.
③ 노비안검법이 시행되었다.
④ 신문고가 처음으로 설치되었다.

18. (가)에 해당하는 역사서로 옳은 것은?　[1점]

(가) 은/는 역대 왕들의 행적을 날짜별로 기록한 역사서이다. 왕의 말과 행동은 사관이 모두 기록하여 편찬의 기본 자료로 활용하였는데 이를 '사초'라 한다. 왕이 죽은 후 편찬과 간행을 위해 임시 관청을 설치하고 사초와 시정기를 바탕으로 편찬 작업이 이루어졌다. 편찬은 초초, 중초, 정초의 세 단계를 거쳐 이루어졌는데, 모든 작업이 끝나면 편찬에 사용된 사초를 모두 씻는 세초를 하였다.

① 일성록　　　　　　② 대전회통
③ 제왕운기　　　　　④ 조선왕조실록

20. 다음에서 설명하는 것으로 옳은 것은?　[2점]

이것은 원래 송에서 향촌 사회를 교화할 목적으로 만든 것입니다. 조선에서는 중종 때 전국적인 실시를 추진하였고, 이황과 이이 등은 우리나라 실정에 맞게 만들기도 하였습니다. 이것은 무엇일까요?

① 향약　　　　　　　② 향도
③ 두레　　　　　　　④ 유향소

21. (가)에 들어갈 내용으로 옳은 것은? [3점]

① 양반에게도 군포를 징수하였어.
② 1결당 쌀 4~6두로 납부액을 고정시켰어.
③ 양전 사업을 실시하고 지계를 발급하였어.
④ 지주에게 토지 1결당 쌀 2두의 결작을 부과하였어.

22. (가) 인물에 대한 설명으로 옳은 것은? [2점]

① 의산문답을 저술해 지전설을 주장하였다.
② 북한산비가 진흥왕 순수비임을 고증하였다.
③ 사람의 체질을 연구하여 사상 의학을 정립하였다.
④ 서얼 출신으로 규장각 검서관에 등용되어 활동하였다.

23. 밑줄 그은 '왕'의 업적으로 옳은 것은? [3점]

> 왕 13년 기유년에 사도 세자의 무덤을 수원 화산으로 옮기고 이름을 현륭원으로 바꾼 다음 화성을 크게 쌓았다. …… 19년 을묘년에는 자궁(慈宮)*을 모시고 현륭원에 배알한 후 화성 행궁으로 돌아와 술잔을 올려 수(壽)를 빌고 하교하기를, "일찍 아버지를 여읜 나로서 이곳에서 이 예를 거행하고 나니 지극한 소원이 대강 풀린 셈이다." 라고 하였다.
>
> *자궁(慈宮): 혜경궁 홍씨를 가리킴

① 나선 정벌에 조총 부대를 파견하였다.
② 금위영을 설치하여 5군영 체제를 완성하였다.
③ 관리들의 재교육을 위해 초계문신제를 시행하였다.
④ 현직 관리에게 수조권을 지급하는 직전법을 실시하였다.

24. 밑줄 그은 '왕'의 재위 기간에 있었던 사실로 옳은 것은? [2점]

하멜 상선 전시관과 하멜 기념비

① 여진족을 정벌하고 4군 6진을 개척하였다.
② 두 차례의 나선 정벌에 조총 부대가 파견되었다.
③ 문신의 재교육을 위한 초계문신제가 시행되었다.
④ 백성들의 군역 부담을 줄이기 위해 균역법이 실시되었다.

25. (가)에 대한 설명으로 옳은 것은? [2점]

> (가) 은/는 양반 사대부의 자손이지만, 첩의 자식이라 하여 아버지를 아버지라 부르지 못하고 가문의 대를 이을 수도 없었다. 관직에 나아간다 해도 승진할 수 있는 품계가 제한되어 있었다. 이로 말미암아 (가) 에 대한 차별 철폐 요구는 조선 시대 내내 이어졌다.

① 향리직을 세습하였다.
② 최하층인 천인 신분이었다.
③ 정조 때 규장각 검서관으로 발탁되기도 하였다.
④ 사회적 차별을 타파하고자 조선 형평사를 조직하였다.

27. (가) 인물에 대한 설명으로 옳은 것은? [2점]

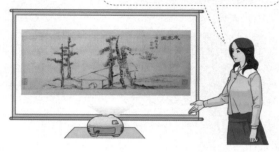

> 이 그림은 세한도입니다. (가) 이/가 제주도에서 유배 중일 때 제자 이상적이 귀한 책들을 청에서 구해다 준 것에 대한 답례로 그려 준 것입니다.

① 동의보감을 편찬하였다.
② 사상 의학을 확립하였다.
③ 청 문물의 수용을 주장하였다.
④ 북한산비가 진흥왕 순수비임을 밝혔다.

26. 밑줄 그은 '이 왕'의 업적으로 옳은 것은? [2점]

> 이 법전은 경국대전 완성 이후 만들어진 법령을 정리해 이 왕 때 편찬된 것입니다. 당시 실정에 맞게 형률을 늘리고 형량은 가볍게 만든 것이 특징입니다.

① 직전법을 실시하였다.
② 균역법을 실시하였다.
③ 초계 문신제를 실시하였다.
④ 나선 정벌을 위해 조총 부대를 파견하였다.

28. (가)에 들어갈 내용으로 옳은 것은? [2점]

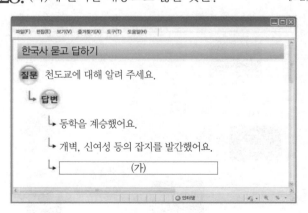

> 한국사 묻고 답하기
> 질문 천도교에 대해 알려 주세요.
> 답변
> ↳ 동학을 계승했어요.
> ↳ 개벽, 신여성 등의 잡지를 발간했어요.
> ↳ (가)

① 중광단 결성을 주도하였어요.
② 기관지로 만세보를 발간하였어요.
③ 항일 운동 단체인 의민단을 조직하였어요.
④ 배재 학당을 세워 신학문 보급에 기여하였어요.

29. 다음 자료에 해당하는 사절단으로 옳은 것은? [2점]

> **동래부 암행어사 이헌영은 들어보아라.**
>
> 일본의 조정여론·정세·풍속·인물·교빙·통상 등의 대략을 시찰하고 오는 것이 좋겠다. 반드시 이 점을 염두에 두고 일본 배를 빌려 타고 그 나라로 건너가 해관이 관장하는 사무를 비롯한 그 밖의 크고 작은 일들을 보고 듣고 …… 그것을 별도의 문서로 보고하라.
>
> – 고종의 봉서

① 보빙사 ② 통신사
③ 영선사 ④ 조사 시찰단

31. 다음 책이 국내에 유포된 이후의 사실로 옳은 것은? [1점]

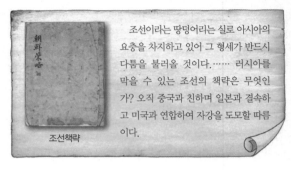

> 조선이라는 땅덩어리는 실로 아시아의 요충을 차지하고 있어 그 형세가 반드시 다툼을 불러올 것이다. …… 러시아를 막을 수 있는 조선의 책략은 무엇인가? 오직 중국과 친하며 일본과 결속하고 미국과 연합하여 자강을 도모할 따름이다.
>
> 조선책략

① 강화도 조약이 체결되었다.
② 이만손 등이 영남 만인소를 올렸다.
③ 프랑스군이 외규장각 도서를 약탈하였다.
④ 오페르트가 남연군 묘 도굴을 시도하였다.

30. 다음 퀴즈의 정답으로 옳은 것은? [1점]

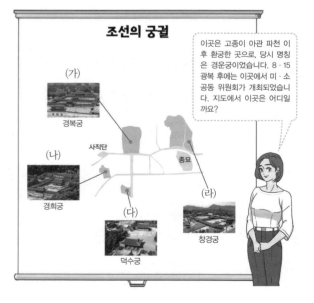

이곳은 고종이 아관 파천 이후 환궁한 곳으로, 당시 명칭은 경운궁이었습니다. 8·15 광복 후에는 이곳에서 미·소 공동 위원회가 개최되었습니다. 지도에서 이곳은 어디일까요?

① (가) ② (나)
③ (다) ④ (라)

32. 다음 서술형 평가의 답안에 들어갈 내용으로 옳은 것은? [3점]

서술형 평가
○학년 ○반 이름: ○○○

◎ (가), (나) 조약이 체결된 공통적인 배경을 서술하시오.

(가) 제3관 조선국이 지불한 5만 원은 피해를 입은 일본 관원의 유족 및 부상자에게 지급하여 특별히 돌보아 준다.
⋮
제5관 일본 공사관에 일본군 약간 명을 두어 경비를 서게 한다.

(나) 제4조 규정에 따라 조선 상인이 북경에서 교역하는 경우와 중국 상인이 조선의 양화진과 서울에 들어가 영업소를 개설하는 경우를 제외하고, 각종 화물을 내지로 운반하여 상점을 차리고 파는 것을 허가하지 않는다.

답안

① 미국에 보빙사가 파견되었다.
② 부산, 원산, 인천이 개항되었다.
③ 구식 군인들이 임오군란을 일으켰다.
④ 영국이 거문도를 불법으로 점령하였다.

33. 밑줄 그은 '이 신문'으로 옳은 것은? [1점]

사진은 서울 양화진 외국인 선교사 묘원에 위치한 영국인 베델의 묘비이다. 베델은 양기탁과 함께 이 신문을 창간하여 일제의 국권 침탈을 비판하고, 국채 보상 운동을 전국으로 확산시키는 데 기여하였다.

①
독립신문

② 제국신문

③
황성신문

④
대한매일신보

34. 밑줄 그은 '개혁'의 내용으로 옳은 것은? [2점]

군국기무처는 오늘 과거제 폐지를 의결하였습니다. 이 기구는 출범 이후 조혼 금지, 과부 재가 허용 등의 개혁을 추진해 왔습니다.

군국기무처, 과거제 폐지 의결

① 신분제를 폐지하였다.
② 단발령을 시행하였다.
③ 별기군을 창설하였다.
④ 원수부를 설치하였다.

35. (가)에 들어갈 내용으로 옳은 것은? [3점]

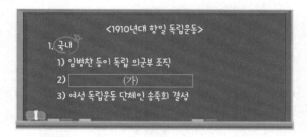

<1910년대 항일 독립운동>
1. 국내
1) 임병찬 등이 독립 의군부 조직
2)   (가)
3) 여성 독립운동 단체인 송죽회 결성

① 김원봉 등이 조선 의용대 창설
② 박상진 등이 대한 광복회 조직
③ 이회영 등이 신흥 강습소 설립
④ 대한 독립군이 봉오동에서 승리

36. 다음 의병에 대한 설명으로 옳은 것은? [2점]

항일 의병 운동
○○ 의병
• 계 기: 고종의 강제 퇴위와 군대 해산
• 의병장: 이인영, 허위 등
• 특 징: 해산된 군인의 합류로 전투력이 향상됨
• 활 동: 국제법상의 교전 단체로 인정해 줄 것을 요구함

① 서울 진공 작전을 추진하였다.
② 공화정 수립을 목표로 활동하였다.
③ 조선 혁명 선언을 활동 지침으로 삼았다.
④ 독립 공채를 발행하여 자금을 마련하였다.

37. (가) 조약의 결과로 옳은 것은? [3점]

> 나는 을사년에 일본에 의해 강제로 맺게 된 (가) 에 항거하여 죽음으로써 동포에게 사죄하려 한다.

민영환

① 갑오개혁이 실시되었다.
② 백두산정계비가 세워졌다.
③ 일본에 외교권을 빼앗겼다.
④ 이만손이 영남 만인소를 올렸다.

38. (가) 운동에 대한 설명으로 옳은 것은? [1점]

대한민국 헌법
전문

유구한 역사와 전통에 빛나는 우리들 대한국민은 (가) 으로 대한민국을 건립하여 세계에 선포한 위대한 독립정신을 계승하여 …… 이 헌법을 제정한다.

> 1948년 7월 17일 제정된 헌법 전문입니다. 각계각층이 참여한 우리 민족 최대 규모의 독립 운동이었던 (가) 의 정신을 강조하였습니다.

① 동아일보사가 주도하여 일어났다.
② 일제가 제암리 학살 등을 자행하였다.
③ 진주에서 시작하여 전국으로 확산되었다.
④ 순종의 인산일에 학생들의 주도로 전개되었다.

39. 다음 퀴즈의 정답으로 옳은 것은? [3점]

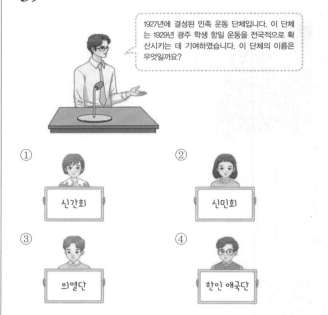

> 1927년에 결성된 민족 운동 단체입니다. 이 단체는 1929년 광주 학생 항일 운동을 전국적으로 확산시키는 데 기여하였습니다. 이 단체의 이름은 무엇일까요?

① 신간회
② 신민회
③ 의열단
④ 한인 애국단

40. 밑줄 그은 '이 단체'에 대한 설명으로 옳은 것은? [2점]

서재필은 정변 실패 후 일본을 거쳐 미국으로 망명하여 의사로 활동하다가 정부의 요청으로 귀국하였다. 그 후 독립신문을 창간하고, 개화 지식인들과 협력하여 이 단체를 창립하였다.

① 만민공동회를 개최하였다.
② 신흥 무관 학교를 설립하였다.
③ 파리 강화 회의에 김규식을 파견하였다.
④ 일본의 황무지 개간권 요구를 철회시켰다.

41. 다음 방송의 소재가 된 인물에 대한 설명으로 옳은 것은? [2점]

① 삼균주의를 제창하였다.
② 서유견문을 집필하였다.
③ 조선 의용군을 창설하였다.
④ 조선 혁명 선언을 작성하였다.

42. 다음 인물 카드의 (가)에 들어갈 인물로 옳은 것은? [1점]

(앞면)

〈연보〉
• 1878년 평안도 강서 출생
• 1907년 신민회 조직
• 1908년 대성 학교 설립
• 1913년 흥사단 조직
• 1937년 수양 동우회 사건으로 투옥
• 1938년 서울에서 별세

(뒷면)

① 나석주
② 윤봉길
③ 안창호
④ 이봉창

43. 다음 상황이 전개된 민주화 운동에 대한 설명으로 옳은 것은? [2점]

역사 신문

제△△호　　　　　　○○○○년 ○○월 ○○일

대학 교수단, 가두시위 나서

오늘 대학 교수단이 '학생의 피에 보답하라.'는 현수막을 들고 거리로 나섰다. 교수단은 '3 · 15 선거를 규탄한다.'는 구호를 외치며 국회 의사당으로 향했고, 1만여 명의 학생과 시민들이 시위에 가담하였다.

① 유신 헌법 철폐를 요구하였다.
② 4 · 13 호헌 조치의 철폐를 요구하였다.
③ 신군부의 비상계엄 확대를 반대하였다.
④ 이승만 대통령이 하야하는 결과를 가져왔다.

44. (가)의 결과로 옳은 것은 〈보기〉에서 모두 고른 것은? [2점]

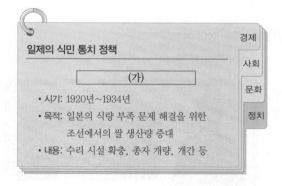

일제의 식민 통치 정책

경제
사회
문화
정치

(가)

• 시기: 1920년~1934년
• 목적: 일본의 식량 부족 문제 해결을 위한 조선에서의 쌀 생산량 증대
• 내용: 수리 시설 확충, 종자 개량, 개간 등

보 기
ㄱ. 동양 척식 주식회사가 설립되었다.
ㄴ. 한국인의 1인당 연간 쌀 소비량이 감소되었다.
ㄷ. 쌀 유출을 막기 위해 함경도에서 방곡령이 선포되었다.
ㄹ. 늘어난 생산량보다 더 많은 쌀이 일본으로 반출되었다.

① ㄱ, ㄴ
② ㄱ, ㄷ
③ ㄴ, ㄷ
④ ㄴ, ㄹ

45. (가)에 대한 설명으로 옳은 것은? [2점]

이 책자는 대한민국 임시 정부 산하 군대인 (가) 의 기관지 「광복」입니다. 한국어판과 중국어판 두 종류로 발행된 「광복」은 (가) 의 선전과 홍보를 목적으로 간행되었습니다.

① 국내 진공 작전을 계획하였다.
② 조선 혁명 간부 학교를 설립하였다.
③ 자유시 참변 이후 3부를 조직하였다.
④ 봉오동 전투에서 일본군을 격퇴하였다.

46. 밑줄 그은 '이 섬'에 대한 설명으로 옳은 것은? [2점]

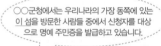

○○군청에서는 우리나라의 가장 동쪽에 있는 이 섬을 방문한 사람들 중에서 신청자를 대상으로 명예 주민증을 발급하고 있습니다.

① 정약전이 자산어보를 저술한 곳이다.
② 영국이 러시아 견제를 빌미로 불법 점령하였다.
③ 미국이 제너럴 셔먼호 사건을 구실로 침략하였다.
④ 대한 제국이 칙령 제41호를 반포하여 영유권을 재확인하였다.

47. (가) 전쟁 중에 있었던 사실로 옳지 <u>않은</u> 것은? [1점]

(가) 사진전

국군의 압록강 철수   흥남 철수   거제 포로 수용소

① 모스크바 3상 회의가 개최되었다.
② 판문점에서 휴전 회담이 진행되었다.
③ 학도병이 낙동강 전선에서 혈전을 치렀다.
④ 국군과 유엔군이 인천 상륙 작전에 성공하였다.

48. 다음 자료에 해당하는 인물로 옳은 것은? [2점]

파리 강화 회의에 파견되어 활동(1919)
좌우 합작 위원회에 우익 대표로 참여(1946)
대한민국 임시 정부 부주석으로 활동(1944)
파리   서울   충칭

① 김규식   ② 이동휘
③ 이상재   ④ 이승만

49. (가)에 들어갈 인물로 옳은 것은? [2점]

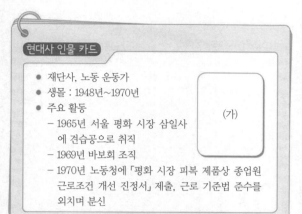

현대사 인물 카드

● 재단사, 노동 운동가
● 생몰 : 1948년~1970년
● 주요 활동
 – 1965년 서울 평화 시장 삼일사
  에 견습공으로 취직
 – 1969년 바보회 조직
 – 1970년 노동청에 「평화 시장 피복 제품상 종업원
  근로조건 개선 진정서」 제출, 근로 기준법 준수를
  외치며 분신

(가)

①
김주열

②
박종철

③
이한열

④
전태일

50. 다음 기사 내용이 보도된 정부 시기의 사실로 옳은 것은? [2점]

① 한반도 비핵화에 공동 서명하였다.
② 한일 월드컵 축구 대회가 개최되었다.
③ 한미 자유 무역 협정(FTA)이 체결되었다.
④ 국제 통화 기금(IMF)에 긴급 구제 금융을 요청하였다.

2024

한국사능력검정시험
실전모의고사

기본

제**4**회

2024

한국사능력검정시험
실전모의고사

기본

제5회

기본 제5회 한국사능력검정시험 문제지

1. (가) 시대의 사회 모습으로 옳은 것은? [1점]

① 고인돌로 덮개돌을 끌었다.
② 철제 괭이로 밭을 일구었다.
③ 갈판과 갈돌로 도토리를 갈았다.
④ 주먹도끼, 찍개 등을 도구로 사용하였다.

2. 밑줄 그은 '이 나라'에 대한 설명으로 옳은 것은? [2점]

○ 이 나라는 크기가 작아 큰 나라 사이에서 핍박을 받다가 결국 고구려에 복속되었다. 고구려는 …… 대가(大加)로 하여금 이 나라의 조세(租稅)와 맥(貊), 포(布), 물고기, 소금 및 기타 해산물을 통괄하여 거두어 천 리 거리를 운반하게 하였다.
　　　　　　　　　　　　　　　　　　　－ 『삼국지』 동이전 －
○ 이 나라의 혼인하는 풍속에서는 여자 나이 10세가 되면 혼인을 허락하고, 신랑 집에서는 여자를 맞이하여 장성하도록 키워 며느리로 삼는다. [여자가] 성인이 되면 친정으로 돌아가게 한다. …… 돈이 지불되면 신랑 집으로 돌아온다.
　　　　　　　　　　　　　　　　　　　－ 『삼국지』 동이전 －

① 영고라는 제천 행사를 거행하였다.
② 특산물로 단궁, 과하마, 반어피 등이 있었다.
③ 사회 질서를 유지하기 위해 범금 8조를 만들었다.
④ 가족의 유골을 한 목곽에 모아 두는 풍습이 있었다.

3. 지도와 같은 형세를 이룬 시기에 있었던 사실로 옳은 것은? [3점]

① 신라가 한강 유역을 차지하였다.
② 백제가 국호를 남부여로 칭하였다.
③ 대가야가 신라의 공격으로 멸망하였다.
④ 고구려가 충주 고구려비를 건립하였다.

4. 밑줄 그은 '이곳'에서 일어난 사실로 옳은 것을 〈보기〉에서 모두 고른 것은? [3점]

이곳은 장수왕 때 천도한 고구려의 수도로, 고려 시대에는 서경이라고 불렸다. 조선 시대에는 활발한 상업 활동을 한 유상의 근거지이기도 하였다.

───── 보 기 ─────

ㄱ. 장보고가 청해진을 설치하였다.
ㄴ. 안창호가 대성학교를 설립하였다.
ㄷ. 조만식이 물산 장려 운동을 시작하였다.
ㄹ. 조선 후기 송상이 근거지로 삼아 활동하였다.

① ㄱ, ㄴ
② ㄱ, ㄷ
③ ㄴ, ㄷ
④ ㄴ, ㄹ

5. 밑줄 그은 '왕'의 업적으로 옳은 것은? [2점]

역사신문

제△△호   553년 ○○월 ○○일

신라, 한강 유역을 차지하다

김무력이 이끄는 신라군은 백제군을 몰아내고 한강 하류 지역을 점령하였다. 이로써 신라는 백제와 함께 551년에 고구려를 공격해 한강 상류 10개 군을 장악한 지 2년 만에 한강 유역 대부분을 차지하게 되었다. 이에 왕은 점령한 지역에 신주(新州)를 설치하고 김무력을 군주(軍主)로 임명하였다.

① 이사부를 보내 우산국을 복속시켰다.
② 화랑도를 국가적 조직으로 개편하였다.
③ 이차돈의 순교를 계기로 불교를 공인하였다.
④ 관리 선발을 위하여 독서삼품과를 실시하였다.

6. (가) 나라의 문화유산으로 옳은 것은? [2점]

찬란한 철의 왕국
[(가)] 특별전
500여 년의 역사를 만나다.
2024.○○.○○.~○○.○○.

①
돌사자상

②
금동 대향로

③
말머리 가리개

④
연가 7년명 금동 여래 입상

7. (가)에 들어갈 내용으로 적절하지 <u>않은</u> 것은? [2점]

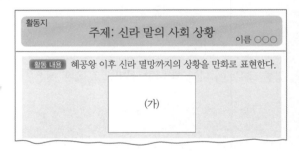

활동지
주제: 신라 말의 사회 상황   이름 ○○○

활동 내용 혜공왕 이후 신라 멸망까지의 상황을 만화로 표현한다.

(가)

①
진골만의 세상은 이제 그만!

②
나라 이름을 후백제로 하겠노라.

③
김흠돌의 난을 속히 진압하라.

④
원종과 애노의 봉기에 동참하세.

8. (가) 인물에 대한 설명으로 옳은 것은? [2점]

검색 결과입니다.

귀족 출신의 신라 승려로 당에 유학하였다. 귀국 후 낙산사 등 여러 절을 창건하고, 현세에서 고난을 구제받고자 하는 관음 신앙을 전파하는 등 신라 불교 진흥에 기여하였다.

(가)에 대해 검색해 줘.

① 세속 5계를 만들었다.
② 화엄일승법계도를 남겼다.
③ 유불 일치설을 주장하였다.
④ 수선사 결사를 제창하였다.

9. 밑줄 그은 '이 국가'에 대한 설명으로 옳은 것을 모두 고른 것은? [2점]

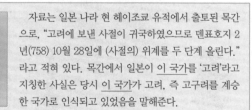

자료는 일본 나라 현 헤이조쿄 유적에서 출토된 목간으로, "고려에 보낸 사절이 귀국하였으므로 덴표호지 2년(758) 10월 28일에 (사절의) 위계를 두 단계 올린다."라고 적혀 있다. 목간에서 일본이 이 국가를 '고려'라고 지칭한 사실은 당시 이 국가가 고려, 즉 고구려를 계승한 국가로 인식되고 있었음을 말해준다.

─ 보 기 ─

ㄱ. 전성기에 해동성국이라 불렸다.
ㄴ. 9서당 10정의 군사 조직을 갖추었다.
ㄷ. 전국을 5경 15부 62주로 나누어 다스렸다.
ㄹ. 지방관 감찰을 위해 외사정을 파견하였다.

① ㄱ, ㄴ
② ㄱ, ㄷ
③ ㄴ, ㄷ
④ ㄴ, ㄹ

10. 밑줄 그은 '이 탑'으로 옳은 것은? [1점]

국보 제126-6호 무구정광대다라니경은 어떻게 세상에 알려지게 되었나요?

경주에 있는 이 탑의 보수 과정에서 발견되었습니다. 국보 안에 또 다른 국보가 있었던 셈이지요.

무구정광대다라니경

①
불국사 삼층 석탑

②
분황사 모전 석탑

③
법황사지 칠층 전탑

④
정림사지 오층 석탑

11. 밑줄 그은 '이 전투'로 옳은 것은? [2점]

이것은 차전놀이입니다. 차전놀이는 왕건이 이 전투에서 안동 사람들의 지원을 받아 견훤에게 크게 승리한 것을 기념해서 시작되었다고 합니다.

① 고창 전투
② 관산성 전투
③ 영릉가 전투
④ 처인성 전투

12. 다음 상황과 관련 있는 고려의 대응으로 옳은 것은?

[3점]

① 용장성을 구축하였다.
② 동북9성을 축조하였다.
③ 화통도감을 설치하였다.
④ 초조대장경을 조판하였다.

13. (가) 인물로 옳은 것은?

[1점]

(가)

① 김종서   ② 김윤후
③ 이성계   ④ 최무선

14. 다음 자료에 나타난 시기의 경제 상황으로 옳은 것은?

[2점]

> ○ 왕 6년, 은병을 화폐로 삼았는데, 은 1근으로 만들되 우리나라 지형을 본뜬 것으로 속칭 활구라 하였다.
> ○ 왕 7년, "화폐를 주조하는 법을 제정하니, 주조한 화폐 15,000관을 재추(宰樞)와 문무 양반 및 군인에게 하사하여 화폐 사용의 시초로 삼으며, 화폐의 명칭은 해동통보로 하라."라고 명하였다.

① 고구마와 감자가 재배되었다.
② 관리들에게 전지와 시지가 지급되었다.
③ 시장을 감독하기 위한 동시전이 설치되었다.
④ 청해진을 중심으로 해상 무역이 전개되었다.

15. (가)에 해당하는 탑으로 옳은 것은?

[3점]

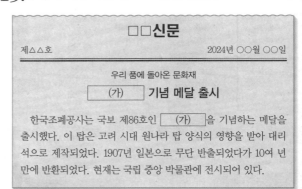

□□신문
제△△호   2024년 ○○월 ○○일

우리 품에 돌아온 문화재
(가) 기념 메달 출시

한국조폐공사는 국보 제86호인 (가) 을 기념하는 메달을 출시했다. 이 탑은 고려 시대 원나라 탑 양식의 영향을 받아 대리석으로 제작되었다. 1907년 일본으로 무단 반출되었다가 10여 년 만에 반환되었다. 현재는 국립 중앙 박물관에 전시되어 있다.

①
정림사지 오층 석탑

②
경천사지 십층 석탑

③
월정사 팔각 구층 석탑

④
화엄사 사사자 삼층 석탑

16. (가) 인물에 대한 설명으로 옳은 것은? [2점]

칭제 건원과 서경 천도를 주장하던 묘청 등이 난을 일으켰습니다. 현재 (가) 이/가 이끄는 관군이 진압에 힘쓰고 있습니다.

서경에서 난이 일어나다

① 정방을 설치하였다.
② 삼국사기를 편찬하였다.
③ 화약 무기를 개발하였다.
④ 고려에 성리학을 소개하였다.

17. 다음 글을 쓴 인물로 옳은 것은? [1점]

훌륭한 재상을 얻으면 육전(六典)이 잘 거행되고 모든 직책이 잘 수행된다. 그러므로 임금이 할 일은 한 사람의 재상을 정하는 데에 있다고 하였다. 재상은 위로는 임금을 받들고 밑으로는 모든 관리를 통솔하여 만민을 다스리는 자리이니, 그 직분이 매우 큰 것이다.

－「조선경국전」－

① 정약용
② 정도전
③ 정상기
④ 주세붕

18. 밑줄 그은 '책'이 간행된 시기의 역사적 사실로 옳은 것은? [2점]

자네, 들었는가? 왕명에 따라 우리 풍토에 맞는 농법을 정리한 책을 처음으로 만든다고 하더군.

아, 그래서 얼마 전 관리가 찾아와 좋은 씨앗 고르는 방법 등 이것저것을 물었던 것이군.

① 칠정산이 간행되었다.
② 동의보감이 편찬되었다.
③ 경국대전이 반포되었다.
④ 대동여지도가 제작되었다.

19. (가) 왕의 재위 기간에 있었던 사실로 옳은 것은? [3점]

이곳은 영창 대군의 무덤입니다. 그는 왕권을 공고히 하고자 했던 이복형 (가) 에 의해 어린 나이에 죽임을 당했고, 어머니 인목 대비는 서궁에 유폐되었습니다. 이 사건을 구실로 서인 세력은 (가) 을/를 몰아내는 인조반정을 일으켰습니다.

① 훈민정음이 반포되었다.
② 동의보감이 편찬되었다.
③ 노비안검법이 시행되었다.
④ 신문고가 처음 설치되었다.

20. 밑줄 그은 '이 전쟁' 시기에 있었던 사실로 옳은 것은? [2점]

이곳은 일본 교토의 귀무덤으로, 코무덤이라고도 불립니다. 도요토미 히데요시가 일으킨 이 전쟁 당시 일본군이 전쟁의 공적을 증명하고자 베어 온 조선인들의 귀와 코가 이곳에 묻혀 있습니다.

① 이종무가 대마도를 정벌하였다.
② 곽재우가 의병장으로 활약하였다.
③ 임경업이 백마산성에서 항전하였다.
④ 김윤후가 적장 살리타를 사살하였다.

21. (가) 제도에 대한 설명으로 옳은 것은? [2점]

이 그림은 (가) 의 시행을 관장한 선혜청을 그린 것입니다. (가) 은/는 토지 결수를 기준으로 공납을 부과하여 특산물 대신 쌀, 베, 동전 등으로 납부하게 한 제도입니다.

① 양반에게도 군포를 부과하였다.
② 1년에 2필씩 걷던 군포를 1필로 줄였다.
③ 비옥도에 따라 토지를 6등급으로 나누었다.
④ 관청에 물품을 조달하는 공인이 등장하였다.

22. 밑줄 그은 '직업'으로 옳은 것은? [3점]

문화 탐방 조선 후기 서민 문화

조선 후기에는 심청전, 춘향전 등 한글 소설책을 전문적으로 읽어 주는 직업이 생겼다. 이들은 인물과 장면, 분위기에 어울리는 목소리로 실감나게 소설책을 읽어서 사람들에게 인기가 많았다.

① 검서관 ② 보부상
③ 여리꾼 ④ 전기수

23. (가)에 들어갈 문화유산에 대한 설명으로 옳은 것은? [2점]

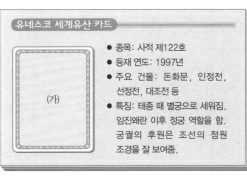

유네스코 세계유산 카드

(가)

● 종목: 사적 제122호
● 등재 연도: 1997년
● 주요 건물: 돈화문, 인정전, 선정전, 대조전 등
● 특징: 태종 때 별궁으로 세워짐. 임진왜란 이후 정궁 역할을 함. 궁궐의 후원은 조선의 정원 조경을 잘 보여줌.

① 서양식 건물인 석조전이 있다.
② 유네스코 세계유산으로 등재되었다.
③ 아관 파천 이후에 고종이 환궁한 곳이다.
④ 태조 때 한양으로 천도하면서 창건되었다.

24. (가)에 들어갈 그림으로 가장 적절한 것은? [1점]

한 · 일 회화 특별전

우리 박물관은 17세기 이후 한국과 일본에서 나타난 회화의 새로운 경향을 엿볼 수 있는 특별전을 마련하였습니다.

● 기간 : 2024년 ○○월 ○○일 ~ ○○월 ○○일
● 장소 : △△박물관 특별 전시실

(가)

조선 민화   일본 우키요에

①   ②

③  ④

25. (가) 종교에 대한 설명으로 옳은 것은? [2점]

역사 신문

제△△호   ○○○○년 ○○월 ○○일

[(가)], 농민 사이에서 급속도로 확산

교조 최제우의 처형 이후에도 [(가)]은/는 교세가 줄지 않고 있다. 제2대 교주 최시형이 교리와 교단을 정비하고 '사람이 곧 하늘'임을 강조하면서, 지배층의 폭정에 시달리는 농민들 사이에서 급속히 확산되고 있다.

① 동경대전을 경전으로 삼았다.
② 단군 숭배 사상을 통하여 민족의식을 높였다.
③ 미륵불이 내려와 세상을 구제한다고 주장하였다.
④ 중국에 다녀온 사신들에 의해 서학으로 소개되었다.

26. (가) 인물에 대한 설명으로 옳은 것은? [2점]

사족이 있는 곳마다 평민을 못살게 하지만 가장 심한 자들은 서원에 모여 있다. …… [(가)]이/가 크게 노하여 "진실로 백성에게 해되는 것이 있으면 비록 공자가 다시 살아난다 하더라도 내가 용서하지 않겠다. 하물며 서원은 우리나라 선유(先儒)를 제사한다면서 도둑의 소굴이 되었음에랴."라고 하였다.
  - 「근세조선정감」 -

① 친위 부대인 장용영을 설치하였다.
② 조선의 기본 법전인 경국대전을 편찬하였다.
③ 환곡의 폐단을 없애기 위해 사창제를 실시하였다.
④ 관리들의 재교육을 위해 초계문신제를 운영하였다.

27. 다음 지도에 대한 설명으로 옳은 것은? [2점]

이 지도는 1402년 김사형, 이무가 발의하고 이회가 실무를 맡아 제작한 세계 지도입니다. 지도 아래쪽에서 조선 초기 학자인 권근이 쓴 발문에 의하면, 중국에서 들여온 세계 지도에 조선과 일본의 지도를 보완하여 새로 편집하였다고 합니다.

① 대량 인쇄가 가능한 목판으로 제작되었다.
② 우리나라 최초로 축척을 사용하여 만들어졌다.
③ 현존하는 우리나라에서 가장 오래된 지도이다.
④ 각 지방의 산천, 인물, 풍속 등이 자세하게 담겨 있다.

28. (가)에서 (나)로 수취 제도를 변화시킨 왕의 업적으로 옳은 것은? [2점]

(가)   (나)

군포 2필 징수   군포 1필 징수

① 집현전 설치
② 직전법 실시
③ 속대전 편찬
④ 5군영 체제 완성

29. 다음 가상 인터뷰의 (가)에 들어갈 내용으로 옳은 것은? [1점]

내각 총리대신 김홍집과의 대담

이번에 새롭게 실시하는 개혁의 주요 내용은 무엇입니까?

태양력과 건양 연호 사용, (가) 등이 있습니다.

① 단발령 시행
② 박문국 설치
③ 대전회통 편찬
④ 삼정이정청 설치

30. (가)에 들어갈 교육 기관으로 옳은 것은? [1점]

근대 교육 기관

1. (가)
   가. 설립 연도: 1886년
   나. 설립 목적: 현직 관료와 양반 자제를 선발하여 근대
       교육을 실시함
   다. 교수 과목: 산학, 지리, 각국 언어 등
   라. 의의: 우리나라 최초의 관립 근대 학교

① 광혜원   ② 박문국
③ 원산 학사   ④ 육영 공원

31. 밑줄 그은 '그'로 옳은 것은? [1점]

그는 1883년에 보빙사의 일원으로 미국을 방문하였다가 1년 여 동안 유학 생활을 하였으며, 귀국길에 유럽 등을 둘러보았다. 그리고 1894년에 군국기무처에 발탁되어 여러 개혁 법안을 입안하였다. 주요 저서로는 서양 문물을 소개한 「서유견문」이 있다.

① 신채호
② 양기탁
③ 유길준
④ 이회영

32. 밑줄 그은 '이 기구'로 옳은 것은? [2점]

이 기구는 1894년에 의정부 산하의 정책 의결 기구로 설치되었다. 여기서 채택된 의안은 국왕의 재가를 거친 후에 국법으로서 효력을 발휘할 수 있었다. 총재에 김홍집, 부총재에 박정양이 임명되었으며, 189개의 개혁 안건을 포함하여 약 210건의 의안을 심의, 통과시켰다.

회의 모습

① 탁지아문
② 삼정이정청
③ 군국기무처
④ 통리기무아문

33. (가)에 들어갈 내용으로 옳은 것은? [2점]

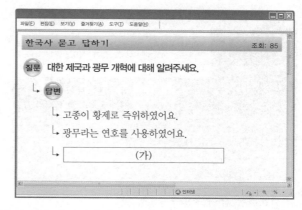

한국사 묻고 답하기   조회: 85

질문 대한 제국과 광무 개혁에 대해 알려주세요.
┗ 답변
  ┗ 고종이 황제로 즉위하였어요.
  ┗ 광무라는 연호를 사용하였어요.
  ┗ _____(가)_____

① 지계를 발급하였어요.
② 재정을 호조로 일원화하였어요.
③ 청에 조공하는 허례를 폐지하였어요.
④ 왜와 내통한 자는 엄벌에 처하였어요.

34. 다음 자료의 민족 운동에 대한 설명으로 옳은 것은? [2점]

지금 국채 1,300만 원은 우리 대한의 존망과 관계되는 것입니다. …… 현재 국고의 상태로는 이를 갚기 어렵습니다. …… 2,000만 명이 3개월만 금연하여 그 대금으로 한 사람에게서 매달 20전씩 거둔다면 1,300만 원을 모을 수 있습니다.

① 조선 물산 장려회의 주도로 전개되었다.
② 신간회의 지원으로 민중 대회가 추진되었다.
③ 일제의 황무지 개간권 요구 철회를 주장하였다.
④ '한민족 1천만이 한 사람 1원씩'을 구호로 하였다.

35. (가) 인물의 활동으로 옳은 것은?   [2점]

이곳은 서울특별시 강북구 수유동에 있는 독립운동가 (가) 의 묘역입니다. 그는 1907년 이상설, 이위종과 함께 네덜란드 헤이그에 특사로 파견되었다가 그곳에서 순국하였습니다. 그의 유해는 1963년이 되어서야 고국의 품으로 돌아와 이곳에 안장되었습니다.

① 조선책략을 유입하였다.

② 영남 만인소를 주도하였다.

③ 한국독립운동지혈사를 저술하였다.

④ 을사늑약 체결의 불법성을 폭로하였다.

36. 다음 자료의 근대 문물이 수용된 시기에 볼 수 있는 모습으로 옳지 <u>않은</u> 것은?   [1점]

| 전화 | 전차 |

① 경인선 개통

② 광혜원 개원

③ 명동 성당 건립

④ 경성 제국 대학 개교

37. 다음 법령이 시행된 시기에 볼 수 있는 모습으로 적절한 것은?   [2점]

제4조 정부는 전시에 국가 총동원상 필요한 경우에는 칙령이 정하는 바에 따라 제국 신민을 징용하여 총동원 업무에 종사시킬 수 있다.
⋮
제8조 정부는 …… 물자의 생산, 수리, 배급, 양도, 그 밖의 처분, 사용, 소비, 소지 및 이동에 관하여 필요한 명령을 할 수 있다.

① 조선 태형령을 관보에 게재하는 관리

② 조선인의 집회를 단속하는 헌병 경찰

③ 치안 유지법 위반으로 구속되는 독립운동가

④ 국민 징용령에 따라 탄광으로 강제 동원되는 노동자

38. 다음 상황 이후에 전개된 사실로 옳은 것은?   [3점]

때는 해동 무렵이어서 얼음이 풀린 소자강은 수심이 깊었다. 게다가 얼음덩이가 뗏목처럼 흘러내렸다. 하지만 앞에 있는 이 강을 건너지 못하면 영릉가로 쳐들어갈 수 없었다. 밤 12시까지 영릉가에 들어가 반드시 공격을 알리는 신호탄을 울려야만 했다. 양세봉 사령은 전사들에게 소자강을 건너라고 명령하고 자기부터 강물에 뛰어들었다.

① 중 · 일 간에 미쓰야 협정이 체결되었다.

② 북로 군정서 등이 청산리 전투에서 승리하였다.

③ 대한 독립군 등이 봉오동에서 적군을 격퇴하였다.

④ 조선 의용대가 조직되어 대일 항일전에 참여하였다.

39. 다음 인물 카드의 (가)에 들어갈 인물로 옳은 것은?

[2점]

(가)	〈연보〉
	1904 경북 안동 출생
	1927 조선은행 대구 지점
	폭탄 투척 사건에 연루
	되어 구속됨
	1939 시 '청포도' 발표
	1940 시 '절정' 발표
	1944 베이징 감옥에서 순국

(앞면)   (뒷면)

①
이상

②
심훈

③
이육사

④
윤동주

40. (가)에 대한 설명으로 옳은 것은?   [3점]

> 1. 상하이와 러시아령에서 설립한 정부들을 일제 해소하고 오직 국내에서 13도 대표가 창설한 한성 정부를 계승할 것이니 국내의 13도 대표가 민족 전체의 대표임을 인정함이다.
> 2. 정부의 위치는 아직 상하이에 둘 것이니 각지의 연락이 비교적 편리하기 때문이다.
>   ⋮
> 4. 정부의 명칭은 [(가)](이)라고 할 것이니 독립 선언 이후에 각지를 원만히 대표하여 설립된 역사적 사실을 살리기 위함이다.

① 경학사를 조직하였다.
② 기관지인 만세보를 발행하였다.
③ 비밀 결사인 대한 광복회를 조직하였다.
④ 구미 위원부를 설치하여 외교 활동을 펼쳤다.

41. 다음 자료의 사회 운동에 대한 설명으로 옳은 것은?

[2점]

> 조선 민족 2천만의 한 사람으로서 갑오년 6월부터 백정의 칭호가 없어지고 평민이 된 우리들이다. 애정으로써 상호 부조하며 생활의 안정을 도모하고 공동의 존영을 기하려 한다. 이에 40여만의 단결로써 본사의 목적인 그 주지를 선명하게 표방하는 바이다.

① 정부에 헌의 6조를 건의하였다.
② 사회적 차별 철폐를 주장하였다.
③ 중국의 5·4 운동에 영향을 주었다.
④ 광주에서 시작하여 전국적으로 확산되었다.

42. (가)~(다)를 일어난 순서대로 옳게 나열한 것은?

[3점]

(가)	(나)	(다)

김좌진, 청산리 대첩	이회영, 신흥 강습소 설립	윤봉길, 훙커우 공원 의거

① (가) - (나) - (다)
② (가) - (다) - (나)
③ (나) - (가) - (다)
④ (다) - (나) - (가)

43. 다음 주장을 펼친 단체로 옳은 것은? [2점]

일본은 황무지 개간권 요구를 철회하라!

조그마한 땅도 절대 넘겨줄 수 없다!

종로상

휴업

① 보안회
② 신간회
③ 신민회
④ 근우회

44. (가)의 회의에서 결정된 내용으로 옳은 것은? [3점]

○ 한국의 독립 부여는 금번 [(가)]의 신탁 관리 결의로서 수포로 돌아갔으니 …… 3천만의 총역량을 발휘하여서 신탁 관리제를 배격하는 국민 운동을 전개하여 자주 독립을 완전히 획득하기까지 3천만 전 민족의 최후의 피 한 방울까지라도 흘려서 싸우는 항쟁 개시를 선언함.

– 신탁통치 반대 국민 총동원 위원회 –

○ 이러한 국제적 결정은 금일 조선을 위하여 가장 정당한 것이라고 우리는 인정한다. …… 문제의 5년 기한은 그 책임이 [(가)]에 있는 것이 아니라 실인즉 우리 민족 자체의 결점(장구한 일본 지배의 해독과 민족적 분열)에 있다고 우리는 반성하지 않으면 안된다.

– 조선 공산당 중앙 위원회 –

① 5 · 10 총선거 실시
② 조선 건국 동맹 조직
③ 미 · 소 공동 위원회 설치
④ 유엔 감시 하에 남북한 총선거 실시

45. 다음 법률에 따라 시행된 정책으로 옳은 것은? [2점]

……
제5조 정부는 다음에 의하여 농지를 취득한다.
  1. 다음의 농지는 정부에 귀속한다.
    (가) 법령 및 조약에 의하여 몰수 또는 국유로 된 농지
    (나) 소유권의 명의가 분명치 않은 농지
  2. 다음의 농지는 적당한 보상으로 정부가 매수한다.
    (가) 농가 아닌 자의 농지
    (나) 자경하지 않는 자의 농지
    ……
제13조 분배 받은 농지에 대한 상환액 및 상환 방법은 다음에 의한다.
  1. 상환액은 당해 농지의 주생산물 생산량의 12할 5푼을 5년간 납입케 한다.
    ……

① 농지 개혁법
② 산미 증식 계획
③ 농촌 진흥 운동
④ 토지 조사 사업

46. (가)에 대한 탐구 활동으로 옳지 <u>않은</u> 것은? [2점]

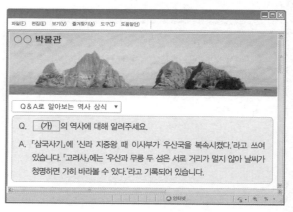

파일(F) 편집(E) 보기(V) 즐겨찾기(A) 도구(T) 도움말(H)

○○ 박물관

Q & A로 알아보는 역사 상식 ▼

Q. [(가)]의 역사에 대해 알려주세요.

A. 「삼국사기」에 '신라 지증왕 때 이사부가 우산국을 복속시켰다.'라고 쓰여 있습니다. 「고려사」에는 '우산과 무릉 두 섬은 서로 거리가 멀지 않아 날씨가 청명하면 가히 바라볼 수 있다.'라고 기록되어 있습니다.

○ 인터넷

① 세종실록에서 지리지 부분을 살펴본다.
② 일본의 공식 기록인 태정관 지령을 찾아본다.
③ 양헌수 부대가 프랑스군을 격퇴한 장소를 조사한다.
④ 대한 제국이 반포한 칙령 제41호의 내용을 분석한다.

47. (가)에 들어갈 장소로 옳은 것은? [2점]

(가) 에 대해 검색해 줘.

검색 결과입니다.

1953년 7월 27일, 6·25전쟁의 휴전 협정이 체결된 곳입니다. 1971년 남북 적십자 예비 회담이 열린 이후 남북한 간의 접촉과 회담을 위한 장소로 이용되고 있습니다.

① 광성보 ② 임진각
③ 건청궁 ④ 판문점

48. (가)에 들어갈 민속놀이로 옳은 것은? [1점]

2024년 한가위
민속놀이 한마당

○○문화원에서는 임진왜란 때 이순신 장군의 전술에서 유래되었다고 전해 오는 (가) 행사를 개최합니다. 이웃과 손잡고 둥글게 돌며 노래 부르면서 풍성한 한가위를 보내세요. 유네스코 인류 무형 문화유산인 이 민속놀이에 관심 있는 분들의 많은 참여 바랍니다.

· 일시: 2024년 10월 4일 20:00
· 장소: △△ 민속 운동장
· 주관: ○○문화원

① 농악 ② 뱃노래
③ 강강술래 ④ 신고산타령

49. (가)에 들어갈 내용으로 가장 적절한 것은? [2점]

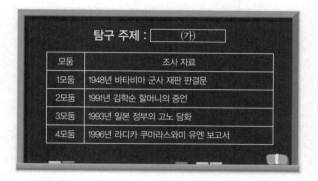

탐구 주제 : (가)

모둠	조사 자료
1모둠	1948년 바타비아 군사 재판 판결문
2모둠	1991년 김학순 할머니의 증언
3모둠	1993년 일본 정부의 고노 담화
4모둠	1996년 라디카 쿠마라스와미 유엔 보고서

① 제암리 학살의 만행 보고
② 사할린 강제 징용의 실태
③ 관동 대지진과 한인 학살 사건
④ 일본군 '위안부'와 전쟁 범죄 문제

50. 다음 정부 시기에 있었던 사실로 옳은 것은? [2점]

● 사진으로 보는 ○○○ 정부 ●

서울 올림픽 개최 / 남북한 유엔 동시 가입

① 개성 공단 조성에 합의하였다.
② 남북 조절 위원회를 설치하였다.
③ 한반도 비핵화 공동 선언을 채택하였다.
④ 처음으로 이산가족 고향 방문을 성사시켰다.

2024

한국사능력검정시험
실전모의고사

기본

제**5**회